中国时尚产业蓝皮书

2014~2015

详实的数据报告　权威的政策研判　可靠的趋势分析

中欧国际商学院《中国时尚产业蓝皮书》课题组◎著

BLUE BOOK OF
FASHION INDUSTRY IN CHINA
2014-2015

经济管理出版社

ECONOMY & MANAGEMENT PUBLISHING HOUSE

图书在版编目（CIP）数据

中国时尚产业蓝皮书 2014~2015/中欧国际商学院《中国时尚产业蓝皮书》课题组著. —北京：
经济管理出版社，2015.5
ISBN 978-7-5096-3746-3

Ⅰ.①中…　Ⅱ.①中…　Ⅲ.①产业发展—白皮书—中国—2014~2015　Ⅳ.①F127

中国版本图书馆 CIP 数据核字（2015）第 088780 号

组稿编辑：申桂萍
责任编辑：申桂萍　梁植睿　侯春霞　高　娅
责任印制：黄章平
责任校对：超　凡

出版发行：经济管理出版社
　　　　　（北京市海淀区北蜂窝 8 号中雅大厦 A 座 11 层　　100038）
网　　　址：www. E-mp. com. cn
电　　　话：（010）51915602
印　　　刷：北京晨旭印刷厂
经　　　销：新华书店
开　　　本：720mm×1000mm/16
印　　　张：17.25
字　　　数：264 千字
版　　　次：2015 年 5 月第 1 版　　2015 年 5 月第 1 次印刷
书　　　号：ISBN 978-7-5096-3746-3
定　　　价：78.00 元

编委会与编写组

编委会成员

编写组成员

王子先（组　长）　商务部政策研究室巡视员
王晓红（副组长）　中国国际经济交流中心信息部副部长、教授
张士明（副组长）　中国海外控股集团公司总裁
张　斌　商务部副处长
姜荣春　对外经济贸易大学副教授
李　蕊　中国国际经济交流中心编辑
高小康　南京大学教授
方　虹　北京航空航天大学教授
盛宝富　上海市商委发展研究中心研究员
黄春燕　同济大学副教授
程　申　中欧·静安国际时尚产业研究中心研究员
高　宁　中国海外政经研究中心副主任
任晓英　石家庄市文化广电新闻出版局处长
马博飞　北京航空航天大学教授
杜　萌　北京航空航天大学教授
潘鑫磊　《中欧商业评论》编辑
徐静雯　中欧·静安国际时尚产业研究中心助理经理

课题协调

费喃吟　中欧国际工商学院市场公关部副主任
马颖慧　上海市静安区商务委员会副主任
支维墉　《中欧商业评论》总经理

关于《中国时尚产业蓝皮书》编写情况的说明

  《中国时尚产业蓝皮书》是系统地反映我国时尚产业发展状况以及全球时尚产业发展趋势的一部年度研究报告。该蓝皮书旨在总结过去、展望未来，兼具详实的数据报告、权威的政策研判和可靠的趋势分析，为时尚产业在华发展提供政策依据和数据支持。本报告主要点评了自 2008 年以来国内外时尚产业发展的主要趋势、地域发展情况和不同领域时尚企业的经营状况，展示丰富的案例，由中欧国际工商学院和上海市静安区人民政府牵头组织，由来自商务部、中国国际经济交流中心、对外经济贸易大学等单位的专家参与本蓝皮书研究起草并负责具体编写工作，通过中欧·静安国际时尚产业研究中心的平台向全球发布，是时尚产业研究的学术标杆和重要文献。

  中欧·静安国际时尚产业研究中心由中欧国际工商学院和上海市静安区人民政府共同创建，致力于国际时尚产业的研究，进一步推进时尚产业和时尚要素在静安区乃至上海市的集聚，促进时尚产业与品牌经济的繁荣发展，为蓬勃发展的国内外各类时尚品牌、时尚企业与机构搭建交流与合作的综合性平台。中欧·静安国际时尚中心有其独到的优势：中欧国际商学院是亚洲唯一一所 MBA、EMBA 和高层经理培训三大课程全面进入世界 25 强的亚太地区极负盛名的商学院，而上海市静安区人民政府致力于推进静安区现代化国际城区建设，欲将静安区打造成为"国际时尚中心核心承载区"，成为经济实力雄厚、产业优势明显、城区功能健全、基础设施完善、生态环境友好、国际交往频繁、文化氛围浓郁、人民生活比较富裕的现代化国际城区。双方集合了中欧的学术资源与静安区的商贸流通、文化创意产业的综合优势，共同创建中国最具影响力的国际时尚产业研究中心。

  《中国时尚产业蓝皮书》的编写组由十多位业内知名专家教授组成，经过历时近一年的时间，得到商务部有关方面与上海市商务委员会的大力支持，在编委会以及编写组组长王子先司长、副组长王晓红教授的带领下，在中欧国际工商学院、上海市静安区人民政府的大力支持配合下，顺利完成了全书写作工作。在蓝皮书编写过程中，编写组对全书框架进行了反复讨论修订，力求系统全面，反映时代特色，编写组专家查阅了大量文献资料，进行了多次反复修改，形成了目前的最终版本。

全书共对八个专题进行了系统研究：专题一，时尚产业的概念、内涵及新元素；专题二，2008 年国际金融危机以来中国时尚产业的突围之路回顾；专题三，世界时尚产业的发展趋势及启示；专题四，国际时尚之都崛起及其启示；专题五，中国时尚产业和时尚品牌的发展现状；专题六，"十三五"期间中国时尚产业发展趋势与前景分析；专题七，"十三五"中国时尚产业转型升级战略目标及建议；专题八，关于上海时尚产业优化升级的对策建议。同时，在写作过程中，编写组还对河北、上海等地时尚产业发展情况进行了深入调研，并形成了案例研究和调研报告。

《中国时尚产业蓝皮书》涉及了包括时尚、设计、管理、商业等在内的不同领域，若书中有漏误及不妥之处，还请读者见谅并不吝指正，以期及时更正。

中欧·静安国际时尚产业研究中心

前　言

本报告认为，时尚产品是指代表当今风尚、具有较高附加值和文化内涵并符合现实需求的产品，既包括衣着、服饰等时尚商品，也包括外出旅行、体育健身、美容美发等生活方式和时尚服务，时尚产业则由两类扩展为三类，即时尚产品制造业、时尚服务业及辅助性时尚业。

本报告对 2008 年国际金融危机以来中国时尚产业的突围之路进行了全面回顾。典型行业方面，我国服装行业从世界工厂、中国制造，逐渐在向中国设计转变。珠宝行业正由快速成长期步入成熟发展阶段，产业链日益完善，行业发展逐步规范，出口快速增长，成为影响世界珠宝市场走向的重要力量。消费类电子产品进入发展转型期，细分市场分化明显，创新多元化特征显著。动漫产业被提升至国家战略层面，产业体系初步形成，行业集中化逐步提升，国际竞争力仍有待提高。化妆品行业规模快速扩张，前景广阔。在区域发展方面，上海独领风骚，首次进入全球最时尚城市前十，成为亚洲最时尚城市。

本报告系统梳理了世界时尚产业的主要趋势和最新动态。国际金融危机压力下，时尚品牌加快分化，坚持走高端路线的时尚宠儿和打造平价奢华的快时尚品牌同台共舞；价值链、产业链、供应链深度整合以最大化利用全球资源，成为时尚企业实施多元化创新战略的重要举措；在资本推动下，产业加速洗牌重组，新兴市场开始冲击传统上欧美对时尚行业的垄断地位；作为全球时尚消费重要新兴力量的中国时尚消费开始理性转型。从未来趋势看，全球时尚文化有望从快时尚向慢时尚回归，绿色环保消费理念长盛不衰；新兴市场和网络时尚将在推动产业发展方面继续扮演重要角色；服务和体验式消费成为时尚产业竞争新高地；消费者忠诚度下降，理性、品位型和个性化消费比重提升，中小品牌将迎来重要发展机遇。

本报告全面总结了世界时尚之都崛起的重要经验和发展趋势。现代时尚文化的轴心性和都市性特征决定了时尚产业的空间集聚性。巴黎在几个世纪中都成为时尚产业集聚和辐射的中心，当代的国际时尚产业集聚中心已形成多头态势，人们习惯于把巴黎、伦敦、纽约、米兰和东京并称"世界五大时尚之都"。金融危机为国际时尚产业集聚形态和发展趋势演变提供了新的重要动力，米兰、东京等传统时尚中心地位下滑，而上海则首次进入世界时尚之都前十名。总体看，与法国、英国、意大利等欧洲传统时尚产业大国相比，中国的时尚产业发展历史短，时尚品牌影响力不足，总体产业水平有待提高；然而，鉴于中国时尚消费能力极为可观，稳居全球占有率最大的奢侈品消费国家，强劲的消费成为推动产业和品牌发展的内在动力，前景值得期待。

本报告深入剖析了中国时尚产业和时尚品牌发展现状。从最新发展看，相较于过去几年，2013~2014 年在时尚消费升级和产业转型的大背景下，受政治、经济、文化领域诸因素的综合影响，中国时尚产业布局和品牌更替呈现出新的特点。例如，消费文化转型为本土品牌带来发展机遇。2013 年十大最具吸引力服饰品牌榜和化妆品/香水品牌榜均一改国外大牌垄断的局面，服饰品牌榜中有了"七匹狼"的位置，化妆品/香水品牌榜中出现了"相宜本草"。珠宝品牌吸引力排行榜前十个席位中，中国品牌占据了五席。腕表和汽车品牌吸引力排行榜前十名中依然难觅中国品牌的踪影。

"全面建成小康社会"是今后十年中国政治经济社会发展的重大目标和中国时尚产业的时代背景，意味着中国时尚消费市场潜力巨大。本报告对中国时尚产业的未来发展趋势和前景进行了展望，预计未来中国时尚消费规模将持续扩大，时尚产业结构将进一步优化升级，时尚产业上下游产业链环境将不断改善，作为一种新的经济形态，时尚产业具有高附加值特性，提高创意、文化、新技术等在时尚产业的含量，促进产业价值链向高端攀升将成为中国时尚产业发展的方向。

本报告认为，时尚产业有可能成为中国产业率先实现向全球价值链中高端升级的领军行业，对我国总体产业升级发挥示范带动和辐射引领作用，报告明确提出了未来十年中国时尚产业转型升级的总体战略目标和若干政策建议。具体包括：提出最终目标为全面提高我国时尚产业在全球价值链、产业链、创新链上的竞争力、影响力和话语权，在总体产业升级和价值链攀升中发挥重要引领和先导作用；结合国家"十三五"规划和全面建设小康社会的总体战略目标，具体划分为中期目标（2016~2020 年）和远期目标（2020~2025 年），并制定了具体实施步骤。在实现产业升级的战略途径方面，提出应以服装行业、时尚产业园区建设等为重要突破口，引领时尚产业升级、树立正确的全球价值链升级思维和发展理念等是核心节点，时尚产业价值链升级的四大关键内容为工艺升级、产品升级、功能升级和链条升级。在对策建议方面，建议将时尚产业发展纳入国家中长期规划，加强行业协调服务体系建设；主张坚持区域差异化发展路径，打造一批时尚产业示范都市；推动时尚企业主体的重组升级，打造一大批国际一流的时尚领军企业等。

本报告针对上海时尚产业转型升级进行了具体研究，并提出了有针对性的若干建议。时尚消费日益成为上海新的消费热点之一，由于认识到时尚产业的广泛渗透性和辐射性对于推动上海产业结构升级、加快"四个中心"建设具有重要意义，上海市政府结合自身特点，研究制定了时尚产业发展规划和重点指南，正在建设一批具有开创意义的时尚创意园区，为时尚产业发展升级提供了重要动力。从发展趋势看，上海纺织服装、家化等传统消费品行业加快向时尚产业转型升级，"WOO 妩"、佰草集等部分本土原创品牌已破茧而出，初步具备与跨国品牌同台竞争的资质和能力；时尚产业集聚区如雨后春笋般蓬勃兴起。据不完全统计，上海已形成89个创意产业集聚区，30个设计创新示范企业，在培育时尚文化、人才等方面发挥着重要作用。另外，上海时尚产业发展也存在一些问题，如促进产业持续发展的内在机制尚未形成、时尚产业链发育不成熟、有影响的品牌和原创能力不足、专业人才短缺等。报告认为，上海应充分利用有利机遇，以打造上海时尚品牌，逐步建成新兴国际时尚之都为目标，形成由政府、主管机构、企业和社会中介组织"四位一体"，促进上海时尚产业生长的良好发展环境。

如何建设时尚产业集聚区，加快我国传统文化与时尚元素融合，推动时尚产业创新，已经成为推动时尚产业发展的重点任务。本报告针对上海静安区与河北省时尚产业做出案例分析和调查研究。上海静安区有着深厚的历史底蕴、浓郁的时尚氛围和坚实的产业基础，完全有条件、有能力在上海打造国际时尚中心的过程中发挥更大作用，成为世界第六大国际时尚中心核心区。河北省具有悠久历史和传统文化底蕴，已经形成了邢窑、曲阳石雕、定瓷、武强年画、周窝音乐小镇、衡水内画等特色文化创意产业。近年来，通过加快传统文化与时尚元素融合，形成了具有规模效应、全产业链发展、科技支撑引领创新、产业集聚发展、就业效应显著的态势，促进了传统文化产业向现代时尚产业的转型发展。同时，针对存在的产业规模小、缺乏知名品牌、缺乏创意人才以及税负过高、资金短缺等问题，提出了加强规划引导、加大政策支持、提高设计创新能力、增强园区集聚效应等对策建议。

目 录

时尚产业的概念、内涵及新元素

姜荣春

随着经济全球化的深入，时尚已经成为一个全球化现象，潜移默化地改变着我们的日常生活方式，影响着我们的服装、发型、艺术、食物、化妆品、汽车、音乐、玩具、家具等行业，涵盖几乎从婴儿玩具到商业实践和管理理论、流行杂志到建筑风格和城市景观设计的所有社会经济领域，以及从北美大陆到东亚地区、濒临北冰洋的俄罗斯到南半球的阿根廷和南非的所有地理区域的人类行为，与之相关的产品和服务已成长为价值数百亿乃至上千亿美元的产业，在全球范围内拥有数百万名员工。从学术研究看，时尚一直是一个难以精确界定的词汇，学术界对其实质和内涵的争论由来已久。有观点认为，时尚就是服饰；也有观点认为，时尚是一种作用于众多领域的总体性机制、逻辑或意识形态，而服饰只是其中之一（拉斯，2010）。在现代商品社会，时尚概念不仅是一种生活方式、一种精神风貌、一种文化表达，而且是人们对时尚的追求，不断塑造和改变大众生活模式与行为方式，进而不断创造出新需求，催生新产品带动新产业。当前我国已进入中高等收入阶段，面临结构升级和可持续发展压力，富裕人口快速增加，消费能力和消费需求日益提升，特别是"80后"、"90后"年轻人口日益成为消费主体，带动消费文化和消费模式急剧转型。在上述背景下，促进时尚产业大发展既是提升产业结构、促进可持续增长的有效途径，也是适应主流消费文化演进从而在新阶段塑造健康理性成熟消费文化的必经之路。从其经济属性看，与时尚有关的产品不仅符合所有商业产品所具备的特点，且由于其附加值较高、易传播和受众广的特性，有助于形成时尚产业链，催生巨大的经济效益，进而催生拓展了时尚商品、时尚产业、时尚经济等一系列相关概念及元素。本部分将从时尚的基本内涵出发，依次介绍时尚产品、时尚产业与时尚经济的概念，并紧密结合最新流行趋势，全面阐述时尚经济新元素、新特点。

一、时尚与时尚产品

时尚是指在一定时期和特定社会文化背景下，流传较广的一种生活习惯、行为模式及文化理念，体现在衣着、服饰、消费习惯或生活方式等个人或社会生活的多个领域，它往往由思想意识起步，以各种物质形式来表达，是一种与现实生活紧密联系的社会文化，并与时代大众的精神诉求息息相关，成为一段时期内流行的人生态度和生活方式。

时尚产品是指代表当今风尚、具有较高附加值和文化内涵并符合现实需求的产品，反映了特定时期主流消费者的消费倾向，既包括衣着、服饰等时尚商品，也包括外出旅行、体育健身、美容美发等生活方式和时尚服务。

（一）时尚的本质与内涵

"时尚"一词的用法，汉语中古已有之。从字面意义看，"时"指现在的、当前的、当时、时下，引申为"时下习俗"。"尚"，尊崇、注重，引申为社会上共同遵从的风俗、习惯、行为模式等，如唐朝韩愈《师说》中，"李氏子蟠，年十七，好古文，六艺经传皆通习之，不拘于时，学于余"。又如明朝刘基《〈苏平仲文集〉序》中，提及"移风易尚之机，实肇于此"。"时"、"尚"并用，专指当时的风尚，一时的习尚。当上述含义应用于消费领域和日常生活时，就指某种消费观念、习惯和生活方式得到推崇并在特定人群甚至全社会流行。史料记载，大体以开元、天宝为界，由于社会财富日益丰裕，唐代消费理念和消费文化经历了由俭入奢的变革和转型，此前以"尚俭"为主流，而之后逐渐转向"崇奢"。特别是上层社会崇尚奢侈靡丽，或"侈于游宴"，或"侈于书法、图画，侈于博弈，或侈于卜祝，或侈于服食，各有所蔽也"。奢靡之风不仅广泛体现在日常生活中，还延伸到更广泛的领域，比如在居室建筑方面，不仅崇尚高檐重瓦、雕栏玉砌，取材装饰华贵，且求大、求新、求绮丽。上行下效，由官僚贵族到平民百姓，从物质到精神，享受型消费乃至奢侈型消费成为一时风尚（张雁南，2009）。这种奢靡之风并非唐代独有，明清时期的福建地区因商品经济发达，也曾出现普遍性讲求服饰饮食、热衷排场铺张的奢侈型消费风尚（赵建群，2006）。时尚的初始含义一直延续至今。根据《中华在线字典》的解释，在现代汉语中，时尚是指外在行为模式很快流传于社会的现象，如衣着、发型、语言等方面的一种异乎寻常的亚文化及其行为模式，往往很快吸引许多人竞相模仿，广为流传。

在西方社会，时尚是自文艺复兴以来西方文明中影响最深远的现象之一，曾引发某些社会科学家的关注。艺术史家安妮·霍兰德将"时尚"定义为：任一给定时间内，所有吸引人的漂亮服装款式，包括"高级时装，所有形式的反时尚及非时尚，以及那些声称对时尚不感兴趣的人的衣服和首饰"。文化史学家伊丽莎白·威尔森的观点与此类似，"时尚即服装，其主要特征是迅速而且持续的款式变迁"。道德哲学家和经济学之父亚当·斯密在人类学研究中也曾给予时尚重要地位。他认为，时尚最先和最重要的应用是那些品位概念占据中心位置的领域。尤其适用于服饰和家具，但也同样适用于音乐、诗歌和建筑，并且，时尚对于道德也有一定影响。西美尔在《时尚的哲学》一书中，对时尚和服装作了区分，认为时尚是一种更广泛的社会现象，服饰占据了重要位置，但语言的使用、礼仪等也属于时尚范畴。拉斯·史文德森也持这种观点，他认为并非所有时装都能被涵盖于"时尚"之下，还有很多可以被描述为"时尚"的现象并非服装，时尚很自然地存在于学术圈与知识界之中，它也影响着艺术和科学（拉斯，2010）。现代英文中与时尚相关的词汇有"fashion"、"style"、"mode"、"vogue"、"trend"、"fad"等，这些名词指"衣服、装饰、行为或生活方式在特定时间里流行或为众人喜爱的方式"，最常用、最接近的为"fashion"一词，最初译为"流行"，现多译为"时尚"。

时尚同时具有集体和个人主义的双重含义。一方面，时尚是特定社会历史、文化、传统的现代化和商业化的集体表达。例如"波希米亚风潮"、"复古风潮"是和社会节奏快、人们精神紧张相关的，那种充满艺术气息的流浪风格以及浪漫的古典气质必然会让忙碌的心灵得到慰藉；"未来风格"、"金属风格"是符合了现代人没有安全感，对未来感到迷茫的心理状态；在全球气候与生态环境持续恶劣的情况下，时尚潮流则与绿色、健康、环保概念联系得异常紧密，因而"乐活"①一词迅速风靡全球；崇尚"简单即美"的极简主义则是在现代社会中忙碌奔波的人们对信息爆炸时代的快节奏生活模式的反思和厌倦，希望通过回归简约生活，更多关注自己的内心，拥有真正的自我空间。另一方面，特别是在彰显个体价值和个人追求的现代社会中，时尚同时也拒绝绝对同质化，注重标榜差异性，张扬个性和表达自我。因此，不同人群对不同时尚的追求同时也构成思想观念、精神追求和文化品位的个体表述。所谓的时尚达人和时尚领袖，之所以为广大粉丝们追捧，与其具有鲜明个性、审美情趣和独特品位并能以时尚方式展现其追随者所认同的世界观和生活态度有关。

综上，我们仍沿用《中国时尚产业蓝皮书 2008》中对时尚内涵的界定，即时尚是指在一定时期和特定社会文化背景下，流传较广的一种生活习惯、行为模式及文化理念，体现在衣着、服饰、消费习惯或生活方式等个人或社会生活的多个领域，它往往由思想意识起步，以各种物质形式来表达，是一种与现实生活紧密联系的社会文化，并与时代大众的精神诉求息息相关，成为一段时期内流行的人生态度和生活方式。简言之，作为一种象征性的表达，时尚反映了我们的社会和我们自己，具体指向有狭义、广义之分，狭义的时尚概念，多围绕着高级时装领域打转，也就是说，当人们提到时尚时，有相当大的比例依然是有关最新的服装、化装、服饰配饰等流行性信息，比如 *COSMOPOLITAN* 作为全球著名、主要针对女性读者的时尚类杂志，其主要功能就是提供这类信息；广义的时尚概念，既指服装配饰、汽车等有形产品，也包括外出旅游、体育健身、音乐舞蹈、美术摄影、厨艺美食等为特定社会群体在特定时期所推崇的主流服务性消费和流行生活方式。

---

① 1998 年，美国社会学者保罗·瑞恩在《文化创意者：5000 万人如何改变世界》一书中首次提出"乐活"一词，其英文名字为"LOHAS"，由"Lifestyles of Health and Sustainability"句中每个英文单词的第一个字母组成，意为"健康、可持续的生活方式"。由于其顺应了当前社会发展大趋势，乐活生活方式迅速流行于欧美发达国家，并已开始蔓延到中国。

（二）时尚产品

按照马克思对于商品的定义，一个物件成为商品应该同时具有价值和使用价值，使用价值还要进入市场交易，具有交换价值。结合上文对时尚的理解，当生产制作的产品或所提供的服务不仅限于提供物质层面的实用价值而兼有提供文化审美价值和符号性特征，甚至后者更加重要时，这种产品或服务就成为时尚产品，在发达的商品经济社会中，绝大部分时尚产品都是为交易而生产的，都属于时尚商品。简言之，当商品不仅具有使用价值与交换价值，也具有波德里亚意义上的符号价值时（刘飞，2007），就成为时尚商品。

更一般意义上，在现代商品社会，进入市场交易的产品大体可分为如下几类：普通品、奢侈品和时尚品。从产品特征和功能看，普通品是满足人们衣食住行用等基本生活需要的一般产品，通常这类产品文化品位和附加值不高。奢侈品在国际上被定义为"可拥有但并非必需"，是超出人们生存与发展需要范围并具有高贵身价的产品，价格一般要高于同类必需性消费品数倍甚至数十倍，奢侈品除了产品本身和品牌以外，往往还具有独特、稀缺、珍奇等特点，并附带一些附加的增值服务，以增加产品特性，强化品牌精神，来巩固其顶级细分市场上的高价位。有些奢侈品还有意沿用传统手工制作和限量版的生产模式维持高价。奢侈品是昂贵却并不实用的符号性商品，其作为消费物的意义在于"情调、趣味、美感、身份、地位、氛围、气派和心情"（王宁，2001）。比如手表，1000元左右的手表用来看时间是没有问题的，而奢侈品的手表却要卖到几十万元到上百万元，单就功能而言二者没有太大区别，作为奢侈品的手表因为镶满了钻石而价格不菲。但奢侈品体现着特定群体的身份和社会地位乃至与之相关联的生活方式与文化品位，其核心是满足人们的独特精神需求和自我认同感，通常具有相对稳定的品牌形象和受众群体。

而时尚品则指代表当今风尚、具有较高附加值和文化内涵并符合现实需求的产品，反映了特定时期主流消费者的消费倾向，既包括衣着、服饰等时尚商品，也包括外出旅行、体育健身、美容美发等生活方式和时尚服务。狭义的时尚品，介于普通品和奢侈品之间，价格高于普通消费品但远远低于顶级奢侈品，由于其既在质量和实用方面具有超越普通消费品的优良品质，也具备一定的文化内涵，能够在一定程度上满足个性消费者的情感需求，凸显其超凡品位与独特个性，提升其身份和品位；其价格虽高于普通消费品，但与奢侈品相比又相对低廉，既不超过中等收入群体的消费能力，也不至于让高收入的理性消费者感觉过于昂贵，从这个意义上讲，我们可以将时尚品界定为在实用价值之外带有一定文化特质和精神关照，集使用价值、文化审美价值和商业价值（或称经济价值）于一体的商品。

表 1-1　普通品、奢侈品与时尚品的界定和典型特征

类别	定义	主要功能和特点	价格	主要受众	案例
普通品	满足人们衣食住行用的基本生活需要的一般产品	实用；同质化；采用现代化工业流程，大规模制作；文化品位与附加值较低	低	中低收入群体为主	服装、服饰、鞋类，通常为不知名的小品牌或广为人知但定位比较低端，如双星鞋 汽车品牌，如雪佛兰、捷达、沃尔沃等
奢侈品	超出人们生存与发展需要范围并具有高贵身价，主要用于满足消费者情感愉悦，反映消费者身份和社会地位的产品	具有卓越品质，能够体现消费者高贵身价，自我身份认同，实用价值不大；往往具有独特性、稀缺性、珍奇性和难以替代性等特点，通常附带一些高附加值服务；高度个性化；某些奢侈品具有悠久历史，部分流程坚持采用精湛的手工制作，以彰显其高品质与独特性	极高，一般要高于同类普通品数倍乃至数十倍上百倍	高收入群体以及热衷于炫耀性消费的中等收入群体	服装、服饰、鞋类，如纪梵希、范西哲、阿玛尼、LV、爱马仕、阿迪达斯等 汽车品牌，如宝马、凯迪拉克、劳斯莱斯等
时尚品	代表当今时尚、具有一定附加值和时代先进性的符合现实需求的产品，往往代表特定时期主流消费者的消费倾向	除具备超越一般消费品在质量和实用方面的优点之外，还具备吸引人的情感内涵，凸显使用者的超凡品位和独特个性，在一定程度上提升消费者的身份；采用工业化生产方式，适当融入艺术因素，有时实施刻意差异化策略，如多款式和限量版，体现个性化，但本质仍属于大众化产品，即"大众时尚"；由于更新换代快，也称"快时尚"	中等价位，高于普通品，但显著低于奢侈品	中等收入群体以及持理性消费观的高收入群体	服装、服饰、品牌，如 H&M、Zara、贝纳通、斯沃琪、雅戈尔等 汽车品牌，如别克等

资料来源：姜荣春.发展时尚产业，启动国内中高端消费市场 [J]. 今日中国论坛，2009 (2-3)：46.

另外，奢侈品与时尚品并不存在绝对清晰的界限。产品定位并非一成不变，部分奢侈品还常因节日折扣、尾货、断码、清仓等借口打折出售，以在维护品牌形象的同时，扩大销量，其打折后价格通常与时尚品相差无几。因此，广义的时尚品通常把奢侈品涵盖在内。从中长期看，奢侈品也往往会随着经济环境和社会结构特别是财富分配格局和社会主流文化的变化而不断演进。此外，随着社会发展转型、收入增长、生活方式和消费结构的变化，有些产品的整体定位也在发生变化。比如在我国，最初由于拥有汽车的人占少数，汽车产品整体属于奢侈品，近些年随着拥有汽车和自己开车的人越来越多，汽车本身成为一个常见的大众化代步工具和出行方式。汽车产品也有了偏重实用功能的普通品，彰显身份、地位和财富的奢侈品之分以及展现个性的时尚品。再比如在发达国家，只有劳斯莱斯、宾利才属于奢侈品，而在新兴经济体能列入奢侈品的轿车范围要宽泛一些，在工业化起步阶段的发展中国家，可能普通汽车就被列为奢侈品。再比如 20 世纪 90 年代，一部手机动辄上万（俗称"大哥大"），无疑属于奢侈品，如今一款设计精巧、中等价位的新潮智能手机顶多算是时尚品，但是，对高达上万甚至十几万美元又是镶嵌钻石的限量版，就应该归为奢侈品了。

二、时尚产业与时尚经济

时尚产业是指涵盖时尚理念的设计和传播、时尚产品的制造采购和销售、时尚服务的设计和提供等系列经营活动，是横跨服务、制造、文化和传媒等多种产业形态和产品形态的产业和企业集合。

时尚经济则是指与时尚产业发展相关的一系列经济活动和经济形态的总称。但时尚经济不是时尚产业的简单机械组合，而是与时尚产业在双向互动、交叉融合中，形成的具有广阔发展前景的全新的产业经济形态。

与其他经济形态相比，时尚经济本身仍是一个涉及文化和心理层面的意义体系，具有独特的内在属性和主要特征。

（一）时尚产业的界定及行业分类

1. 时尚产业的源起及演变

在传统社会和手工业时代，时尚主要局限于贵族圈，主要是对极少数上层人士奢侈消费的模仿，产品和市场极为有限；1789 年法国大革命之后，原隶属于王公贵族的能工巧匠们开始离开深宫，尝试为日益富庶的新兴资产阶级服务，原本只为贵族提供的奢侈品也由华贵雍容逐步转变为精致得体。19世纪 30 年代初至 50 年代末，欧洲奢侈品品牌频繁诞生，如爱马仕、路易·威登、百达翡丽、卡地亚、欧米茄、天梭、宝诗龙、巴宝莉等知名奢侈品品牌。它们集中产生在法国，少量品牌产生在瑞士（王海忠、王子，2012）。20 世纪60 年代以后，西方社会出现了职业模特，大多数妇女有能力偶尔购买时装，穿着高雅成为比较普及的消费观，时尚正式进入大众的视野，与此同时，纺织服装业的技术进步使服装业逐步摆脱纯手工制作，进入机械化半机械化时代，产业化既丰富了产品范围也提升了效率，开始出现 "fashion industry"（时尚产业），英文字典将其解释为 "makes and sellers of fashionable clothing"，即 "时髦服装的制造者和出售者"，由此可见，时尚作为一种产业始于西方社会的服装产业化，其中，法国巴黎与意大利米兰是时尚服装制造业的发源地和集聚地。

到 19 世纪 90 年代中期到 20 世纪 20 年代，借助于工业革命带来的先进生产技术，品牌产品的生产在更大范围、更高水平上突破了传统上高度依赖手工制作的局限，艺术与工厂管理技术的进步也对此阶段的品牌发展产生了巨大影响。因此，在日常消费领域，又涌现出一批奢侈品牌如劳力士、香奈儿、普拉达、古奇等，也是在这个时期，出现了第一批大众化、工业化时尚品牌如福特汽车、妮维雅化妆品等；在地域方面，仍然以法国、意大利等发达欧洲地区为主，但已开始向英国及美国等更多国家扩展，逐步形成巴黎、米兰、伦敦、纽约等几大时尚中心。

20 世纪 90 年代以来，时尚早已由一个社会学概念蜕变为消费领域的核心词汇，以时尚产品和时尚服务的生产和销售为核心，形成了体系完整、规模庞大的时尚工业体系和价值链运营体系。所谓时尚产业，是指涵盖时尚理念的设计和传播、时尚产品的制造采购和销售、时尚服务的设计和提供等系列经营活动，是横跨服务、制造、文化和传媒等多种产业形态和产品形态的产业和企业集合，作为一种典型的现代都市型产业，在驱动消费经济持续运行中扮演着永动机角色。

2. 时尚产业的行业分类

尽管时尚产业在国民经济中的地位日益重要，但并未形成统一的行业划分标准，各国之间在时尚产业的具体涵盖范围方面说法不一，但时尚产业的范围在不断扩展已成共识。

基于社会心理学角度的研究认为，时尚产业包括的范围已从流行的服装或者发型设计行业延伸到以下领域：第一，建筑装潢艺术、室内设计等；第二，美体、美容、美发，香水、化妆品等；第三，美食、舞蹈、音乐；第四，体育、游戏、娱乐；第五，政治、新闻、宗教；第六，礼仪、科技、经济。清华大学经济管理学院、法国时尚学院（IFM）和巴黎 HEC 商学院在其联合开发的高级时尚管理培训项目手册中，把纺织品、服装、皮草、香水、化妆品、珠宝、钟表、眼镜和餐具等行业归入时尚产业。中华全国工商联纺织服装商会会长陈经纬认为，时尚产业应该包括：城市规划、景区建设、工业设计、视觉艺术、音乐与表演艺术、文化展演设施、工艺、电影、广播电视、出版、广告、艺术设计、数码娱乐、建筑、创意生活、服装服饰等。[①] 谢群慧（2004）认为，时尚产业有狭义与广义之分。狭义指时装、饰品、化妆品、皮具、皮鞋、家纺等行业；广义的还包括家饰家具、美容美发、礼品工艺品，以及相关产业如零售、会展咨询、传媒、出版、流行色及其服装等。赵磊（2007）认为，时尚产业可分为三个不同的层次，分别为核心层、扩展层、延伸层。核心层包括服装服饰、鞋帽衫袜、箱包伞杖、美容美发、珠宝首饰、眼镜表具等；扩展层包括家纺用品、家饰装潢、家居用具等；延伸层包括手机、MP3、数码相机、电玩、动漫等。

国内外各界基于不同视角对时尚产业范围的探讨加深了我们对时尚产业的理解，根据研究需要和当前国内时尚产业发展现状，我们沿用《中国时尚产

---

① 转引自陈虹. 让时尚回归产业本色 [N]. 解放日报，2005-04-20.

业蓝皮书 2008》把时尚产业分为时尚产品制造业和时尚服务业两大类的既有分类思路，结合近几年的最新发展实践，将时尚产业重新划分为三大类：一是时尚产品制造业，主要包括服饰配饰、皮草皮具、珠宝首饰、名车名表、护发护肤产品、香水彩妆、消费类时尚电子产品等。二是时尚服务业，主要包括美容美发、体育健身、外出旅游、室内装饰装潢、时尚店铺设计、建筑景观设计、服装设计、流行音乐、艺术摄影、动画漫画、时尚杂志、厨艺美食、餐馆酒吧、综合性时尚消费娱乐中心等。三是辅助性或弱时尚性产业。辅助性时尚产业，主要指《时尚》、《瑞丽》、《罗博报告》等各种以报道时尚生活方式和时尚产品（或服务）为主的时尚杂志和时尚媒体行业，时尚类媒体与时尚产业相伴而生，同时也是时尚产业的重要组成部分，目前中国拥有的时尚类期刊已达 250 余种，成为最畅销的杂志门类之一；随着新媒体的兴起，电子时尚杂志也在蓬勃发展。弱时尚性产业，主要指融入较多时尚元素的其他新兴领域，如小米手机、三只松鼠休闲小食品、江小白时尚白酒等，并非传统意义上的时尚产品或服务，但凭借其创意鲜明的商业模式具有了时尚品的典型特征。

结合当前中国时尚产业发展现状，蓝皮书将重点研究服装服饰、珠宝首饰、消费类电子产品、动漫、化妆品等几大主要时尚行业。

表 1–2　时尚产业分类

时尚产业	时尚产品制造业	服饰配饰、皮草皮具、珠宝首饰、名车名表、护发护肤产品、香水彩妆、家具家饰用品、消费类时尚电子产品等
	时尚服务业	美发美容整容、体育健身、外出旅游、室内装饰装潢、时尚店铺设计、建筑景观设计、服装设计、流行音乐、艺术摄影、动画漫画、时尚杂志、厨艺美食、餐馆酒吧、综合性时尚消费娱乐中心等
	辅助性或弱时尚性产业	辅助性时尚产业，如《时尚》、《瑞丽》等各种时尚杂志和媒体行业各种时尚媒体；弱时尚性产业，指融入较多时尚元素的其他新兴领域，如近几年异军突起的小米手机、三只松鼠休闲小食品、江小白时尚白酒等以"80后"、"90后"年轻受众为目标消费市场，注重客户体验，融入众多时尚和创意要素，虽价格并不贵，但属于新兴时尚产品。随着"草根"创业潮的兴起，这类时尚疆域有望继续扩张

资料来源：笔者基于《中国时尚产业蓝皮书 2008》分类标准，结合最新两年的发展态势进一步补充完善整理而成。

（二）时尚经济、时尚产业生态系统与全球价值链

1. 时尚经济

如果说，时尚产业侧重于从供给方描述围绕时尚产品和服务的生产经营活动，时尚经济则涵盖了与时尚产品和时尚服务有关的消费活动，是指所有与时尚直接或间接有关的经济活动。

从深层动因看，时尚经济的兴起和发展是社会生产力达到一定水平的客观必然现象，是主流消费群体有意愿、有能力大量消费时尚产品，从而促进其生产规模化、专业化发展，形成特定经济形态和经济网络结构的结果。与普通品相比，时尚消费是对文化和创意的消费，时尚经济本质上也就是文化经济和创意经济，社会生产力低下的阶段，时尚只是局限于权贵圈子中的小众潮流，不乏种类繁多的奢侈品，但无法形成时尚经济。同理，随着社会生产力的持续提升和人们精神享受需求的增加，越来越多的生产活动和消费行为将成为文化事件，依赖大量创意和时尚要素的全面、持续和深度介入，因此，时尚经济的疆域将持续拓宽。

从全球层面看，时尚经济发展已全面进入全球化阶段，但各国之间的发展水平并不均衡。从西方发达国家看，时尚经济已发展相当成熟，主要分为时尚设计与时尚营销两大领域。时尚设计指从时尚概念的确立、创意方案的设计到数据管理、产品开发以至最终形成时尚产品的全过程，而时尚营销则包括了在制造和零售过程中所有为目标客户计划、设计、发展产品线及营销的全部活动。[①] 前者包括了设计环节，几乎涵盖了时尚产业的各个流程，但更强调营销战略的针对性是特定的目标客户，为时尚产品消费者服务；后者虽然也以满足潜在消费者的偏好为目标，目的是提供完整的时尚产品（中国时尚产业蓝皮书课题组，2008；姜荣春，2009）。与之相比，发展中国家的时尚经济整体发展水平较低，特别是在品牌管理模式和实践方面与国际时尚品牌存在较大差距，主要作为低成本的劳动力提供者融入时尚产业链价值链低端以及少数富人购买高档时尚品特别是传统奢侈品进入全球时尚消费市场。

---

① Annamma Joy，中国上海千禧上海大酒店"时尚营销"培训资料。

2. 时尚企业、时尚品牌与时尚城市

时尚企业和时尚品牌构成时尚经济的核心。时尚企业是生产和销售时尚产品（或服务）并进行品牌塑造和传播的主体，也有些时尚企业甚至并不直接生产产品，而是通过对时尚品牌的设计、定位、管理和营销来盈利，例如苹果公司和利丰集团。品牌是时尚产品的生命线，时尚经济天然是品牌经济。品牌是超出于质量之外而能够给消费者带来溢价、产生增值的一种无形资产，是特定人群对特定产品以及服务的认可，源于品牌商与顾客购买行为之间相互磨合的衍生物，增值的源泉来自于消费者心智中形成的关于其载体的固有印象，并通过名称、术语、象征、记号或者设计及其组合等与竞争者区别开来。简言之，时尚品牌是时尚产品经营的重要组成部分，是消费者梦想的结晶。在绝大多数情况下，时尚消费者首先会就品牌进行选择，然后才会选择具体产品。

时尚作为一种群体性行为，只有人口聚集才可能产生并对外传播，现代城市的高人口密集度、高收入群体、快节奏和文化多元化为时尚产生、流动和变迁提供了最适宜的土壤，因此，时尚天然与城市相伴而生，后者作为前者的诞生地和发射台，通常具有很强的辐射能力，按照时尚中心城市、大城市、中小城市、郊区和农村的顺序加以传播。时尚中心城市通常聚集了大量时尚企业，为时尚经济的兴起和发展提供了必不可少的支点，构成时尚企业和时尚产业发展最重要的外部支持性系统和产业发展生态环境。因此，时尚产业主要体现为都市型产业，时尚经济主要体现为都市经济。时尚元素融入城市发展，也是城市文化进步的重要动力、结果和外在表现。有国际五大时尚之都美誉的巴黎、伦敦、米兰、纽约和东京之所以能够长期在国际上保持高品牌影响力正是得益于时尚经济的持续发展，而上述城市的国际化、多元化、包容性与开放性也为其长期稳居时尚经济中心提供了合意的产业生态系统和外部发展环境。

另外，时尚中心城市或称时尚之都作为时尚之源，在一个地区一个国家的时尚产业发展和升级中发挥着核心和引领作用。像巴黎等几大国际时尚中心周边无不聚集了大量时装、化妆品、珠宝、数码等时尚产业活动主体，汇集了大量国际一流设计师、主流时尚媒体等时尚产业要素，成为大量时尚企

业总部、时尚街区和时尚品牌的摇篮，引领国际时尚潮流的策源地以及时尚文化的交汇点，时尚活动的荟萃地。正是受益于此，法国、意大利、英国、美国、日本等在时尚产业价值链中牢牢占据价值链高端。

3. 时尚产业生态系统、价值链与供应链

所谓产业生态系统是指基于生态学视角，将产业视为一种类似于自然生态系统的封闭体系，主要由产业要素、资源要素和环境要素等构成，良好的产业生态系统是实现可持续发展的前提和必要条件。时尚产业生态系统则由时尚品牌、时尚企业、设计师、时尚消费主体等核心要素以及相关支持性系统共同构成，时尚经济的健康发展有赖于上述要素之间的有效互动。综观巴黎、米兰、伦敦、纽约等时尚之都的形成和发展，都离不开良好的时尚产业生态系统的有效运行。具体来说，合意的时尚产业生态系统主要由几大支撑要素构成：一是关键产业要素的聚集和成熟完善的产业价值链，至少要包含部分附加值较高的时尚环节和流程，如研发设计、新品展销、高水平设计师、成熟的时尚品牌和有实力的时尚企业等；二是市场要素，主要是要有挑剔的有品位的消费者；三是环境要素，包括发达的城市软硬件服务体系、有影响力和吸引力的城市品牌、发达的商业经济、浓厚的文化氛围和历史传统。此外，环境要素还包括政府的支持、与时尚经济发展有关的政策设计、完备的法律法规、宏观经济环境等。运作良好的产业生态系统有利于时尚产业和时尚经济实现健康和可持续发展，而不利的产业生态系统则会产生制约作用。例如，若知识产权保护不力，容易造成山寨商品横行，不利于时尚品牌和有志于长期发展目标的时尚企业的生存和可持续发展，从而也不利于构筑有竞争力的时尚产业价值链和供应链。时尚产业生态系统是在区域层面而言的，既可以指全球，也可以指一个国家或者地区，但更多用来指一个城市或更小的街区。

所谓价值链则是指，一项产品（或服务）为了实现价值增值，必然要经历从原料采购组织生产到最终产品消费和回收处理的全生命周期过程，所有参与这个过程的相关企业或机构组成价值链，并共同参与整个链条上的价值和利润分配。从产业经济属性看，由于时尚产业具有跨产业、跨企业的内在特征，具有高度交叉和重叠性，例如一件时装从设计到生产出售和消费，不仅涉及纺织制造业，还涵盖原材料采购、服装设计与制造、品牌管理和推广、批发与零售以及售后服务等众多产业部门，时装的价值是由上述相关参与者共同创造的，也由其按照特定规则共同分享。其具体生产运营过程适于从价值链理论视角进行分析。所谓时尚产业价值链，就是时尚企业通过提供时尚产品或服务满足消费者审美价值和时尚追求而实现价值增值的过程，必然要由设计师对时尚要素的捕捉、设计和再生产，时尚企业或机构进行产品开发、生产或服务提供，时尚媒体和时尚达人传播和推广，最终通过消费者购买和消费体验完成整个链条循环，从而完成价值创造和价值实现过程，价值分配由时尚价值链上的参与者按照特定规则共同分享。时尚产业就是相关产业主体以满足人的审美价值为手段，通过对时尚要素的捕捉、创造、设计、传播、推广和消费，推动资本、技术、信息、情感、审美理念等要素在价值链上流动从而实现价值增值和分配的过程，贯穿从原料采购到消费者消费的全过程。时装的价值链构成模拟图如图 1-1 所示。

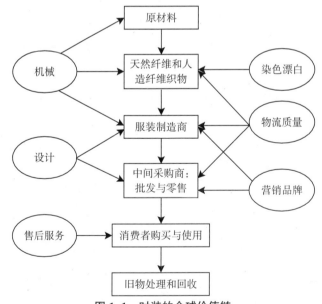

图 1-1　时装的全球价值链

资料来源：联合国工业发展组织. 联合国工业发展报告（2002/2003）——通过创新和学习参与竞争 [R]. 北京：中国财政经济出版社，2003.

在跨国公司的主导下，时尚价值链已进入全球化运营阶段。因此，时装的原料采购、机械生产、染色漂白、服装设计与制造、物流以及品牌和质量管理、批发零售、最终消费及旧物处理和回收都是跨越国界和全球分布的，已形成全球价值链（GVC），全球价值链上的相关主体共同参与价值创造、分配和实现的过程，共享价值增值所带来的经济收益并根据特定规则进行分配。不仅在时装业，在其他时尚经济领域的利益生产和分配也已经进入全球化时代，例如星巴克一方面在云南推广咖啡种植，另一方面加快终端开店数量，力推在中国构筑从田间到咖啡馆的全价值链咖啡产业，既会增加星巴克的收入，也会带动包括云南咖啡种植者在内的经济收益。

供应链是指核心企业通过对信息流、资金流、物流的有效控制和管理，实现从原材料采购到制成中间产品和最终产品，最后由销售网络把产品送到消费者手中的全过程，这个过程把包括品牌商、供应商、制造商、分销商、零售商直到最终用户等在内的所有参与主体连成一个整体的功能网链结构，这个功能网链结构被称为供应链，与价值链相似，跨越国界的供应链活动通常称为全球供应链。与价值链相比，供应链强调核心企业对物流、资金流、信息流的有效控制与管理，主要强调通过价值链或全球价值链运营实现利益创造最大化和分配公平化。

时尚从业者构成时尚价值链、供应链的利益相关主体。通常包括生产商、品牌商、零售商和时尚媒体，如果进一步细化，生产商则要整合原料供应商、印染公司、皮革公司，具体取决于时尚产品的类别，品牌商则需要雇用设计师、造型师、模特、广告设计师、选择销售模式和批发零售商等，零售商则需要雇用导购、选择店铺等，时尚媒体包括传统时尚杂志和电子媒体。此外，鉴于时尚产业具有较强时效性，安全高效的物流公司也是不可或缺的一环。

在上述各利益相关者中，品牌商在供应链或全球供应链中担任核心企业的情况较为常见，例如 Zara 和优衣库等快时尚品牌都以高效灵活的全球供应链著称，并成为其核心竞争力的来源之一。供应链公司也有可能在时尚供应链中担任核心角色，例如利丰集团凭借其供应链优势已发展成为大中华区最大的高级男士服装零售网络之一。

4. 时尚消费主体

良好的时尚产业生态系统和全球价值链供应链的高效运转都最终依赖于

消费主体的消费行为来实现。因此，研究消费者群体的消费行为和动机始终是时尚经济研究的核心内容。就当下中国时尚消费市场发展现状而言，不均衡、多层次、多元化特征尤为明显，按照不同分类标准，时尚消费主体可以有不同分类。按消费区域分布，可以分为一线城市、二三线城市、小城镇以及农村市场，这一分类也是时尚品牌销售策略中使用较多的分类标准，一二线城市已发展较为成熟，小城镇和农村市场的时尚消费尚未受到足够关注。

按消费群体的年龄，可以分为新生代消费群、中年实力型消费群、银发族消费群。目前新生代消费群和中年实力型消费群已得到较多关注，例如快速时尚品牌通常以新生代客户为主要销售目标，而奢侈品的主要目标顾客则是比较有经济实力和重复购买能力的中年消费人群；与之相比，银发消费市场则未受到充分关注和开发，老年人对于舒适、健康、美观和材质具有独特偏好，随着中国老龄化时代的到来，银发族将成为时尚消费的重要力量。

按消费者品位和习惯，可以分为奢侈品爱好者、轻奢族、新奢族等，随着"80后"、"90后"进入社会，轻奢族和新奢族群体快速崛起，成为个性化小品牌的主要受众。按行为特征，可以分为理性消费者和冲动型消费者，个体的消费行为是否理性与先天的心理特征、个性倾向、年龄、性别、收入状况、工作环境、教育水平等多方面因素有关；从社会整体来说，当物质生活逐步走向丰裕，消费文化将趋向成熟，理性消费逐步取代冲动消费，当前中国时尚市场正处于由冲动消费向理性消费的转型期。

按照消费动机，可以分为炫耀性消费、品位型消费、享受型消费、情感型消费等。炫耀性消费通常被视为新富阶层的消费特征；品位型消费与家庭教养、教育经历、生活环境和文化偏好有关；享受型消费通常与生存型消费、发展型消费相对而言，这种类型的顾客一般都具有一定的社会地位或"经济实力"，有时享受型消费兼有炫耀性动机，有时则纯粹是为了满足自身精神需要和丰富人生体验，在一些情况下，享受型消费与发展型消费也有重合，例如近些年渐成时尚的旅游活动，既是为了放松身心，愉悦精神，也可以拓展视野，增长知识；情感型消费是指消费者受情感驱动而发生的购买行为，消费者看重商品的象征意义超过其实用价值，时尚消费大都属于情感型消费。上述动机并非泾渭分明，当消费者进行时尚消费时，通常兼有多重功能。

（三）时尚经济的主要特征

在经济商品化和政治民主化的现代社会，时尚已经不再与阶级划分和贵族圈子有关，但与其他经济形态相比，时尚经济本身仍是一个涉及文化和心理层面的意义体系，具有独特的内在属性和主要特征。

1. 时尚消费动机由符号标识功能向自我表达的工具转变

符号消费性，最早从凡勃伦在《有闲阶级论》中提出来的"炫耀性消费"①的概念引申而来，符号消费同商品的符号属性相联系，时尚产品不仅具有使用价值和交换价值，还有符号价值，符号价值在于其示差性，即通过符号显示与其他商品的不同。时尚产品消费者既通过消费行为实现了使用价值也完成了对时尚理念的演绎和体验，满足了对于精神享受的需求。"服装不是主要作为身体的防护物而存在，而是作为身体的延伸物而存在"（拉斯，2010），"时尚是品位的延伸"、"时尚就是让眼光比生活高一点"（谢群慧，2004），正如日本学者星野克美（1991）在《符号社会的消费》中指出的那样，"消费者已不限于'物的消费'这一行为，更是转化为有关产品感性和意向的消费行为"，清楚表明了时尚产品已成为自我表达的工具。

时尚的符号消费性植根于贵族社会通过对顶级奢侈品的消费标识其社会地位和阶级身份，此后又被资产阶级新富阶层用于昭示其拥有的社会财富和权力。到了工商业高度发达的现代消费社会，已经很难通过一个人的穿衣打扮直接判别其社会地位和收入水平，例如有些消费者收入水平并不算高，但可能会通过缩减其他支出，通过长时间财富积累，实现购买自己喜欢的奢侈品的意愿。同时，也有一些高收入的精英人群却喜欢买花样翻新很快但价格不高的产品来追求时尚，此外，还因为一些高收入人群时间稀缺，并不频繁购买时尚品。显然，时尚的符号消费性功能已逐步淡化，不再用来直接展示其身份和地位，而是主要用于表达其自我意识、独特个性与审美情趣。

当然，这并不否认消费者对时尚的偏好也必然要受到年龄、性别、种族、职业、收入水平、受教育程度等物质性因素的制约，体现了特定社会群体对

---

① 这类消费的目的不在于实用价值，而在于炫耀自己的社会地位、财富和身份。

其所消费的时尚产品所具有的象征意义的集体认同，进而对其身份归属产生符号标志功能，但不再是严格社会分层的标志。

2. 时尚消费是经济、政治、文化等复杂社会生活的晴雨表和度量衡

首先，经济是基础，经济发展水平的高低和不同经济周期直接左右着时尚领域的发展。比如在物资匮乏年代，人们对衣服的偏好倾向于结实耐用；而在经济繁荣的时代，更看重健康、舒适、美观。有一个著名的"裙摆理论"形象地刻画了经济与时尚的密切关系（中国时尚产业蓝皮书课题组，2008；姜荣春，2009）：女人裙摆的长度和经济有着某种神奇的关系，经济萧条，女人们的裙摆变长；而经济繁荣，女人们的裙摆则会变短。[①] 总体来看，生产力水平越高，人们的精神消费需求水平越高，时尚经济一体化的趋势就会越明显。其次，时尚也不可能脱离政治影响而独立存在。从历史上看，时尚能够成为无处不在的力量正是 18 世纪资产阶级的出现并与封建贵族为了政治权力而斗争的结果。资产阶级取得胜利后，开始用服装来表明自身社会地位。再如，中国最近百年的服装时尚演进史无不反映了从传统中国向现代中国的转型过程，伴随时代变迁，依次经历了清末满汉共存的传统中式服装，民国时期的中西合璧，新中国成立初的中山装、列宁装，"文革"时期的绿军装、工人装以及改革开放以来的全球化多元化时期。进入 2014 年以来，政府持续开展的大范围反腐运动在一定程度上遏制了受众对大品牌服装服饰的奢侈性消费，小品牌服饰消费日益成为推动服装市场发展的新动力。最后，时尚与文化也有着千丝万缕的关系。时尚与一般消费品不同在于其具有审美价值，艺术和美本身就是文化的体现，文化是提供审美价值的基础和来源。例如为了增加其产品的文化品位，可可·香奈尔花费大量时间与知名艺术家打交道，资助舞蹈表演，举办豪华晚宴邀请文化名人，以增加其本人、公司和产品的文化内涵和文化品位（拉斯，2010）。许多时尚企业也采用资助拍摄影视作品的

---

① 关于裙摆理论的解释：经济萧条时，大众的购买力下降，于是会对购买的每一件物品反复斟酌，在相同的价格情况下，精明的女人们会选择性价比更高的商品，也就是长一些的裙子，会认为这样划算；而经济繁荣时，这样斤斤计较的人就会减少，女人们会更多考虑喜好、美观，去选择那些能让自己看起来更美的裙子。所以，"裙摆理论"的真谛在于消费者的消费心理学。简言之，经济的繁荣与萧条通过影响消费心理学，进而决定着女人们对时尚潮流的感觉。

方式提升其产品价值内涵,乃至催生一种新的广告形式,例如《杜拉拉升职记》中的有关卡地亚、爱马仕等大量时尚产品的植入广告取得了巨大成功,"拉拉服"一度在网店热销。

3. 时尚产品具有特定生命周期和循环往复性

作为一种消费风潮,时尚是有生命周期的,大体可分为导入阶段、接受阶段、衰退阶段。时尚设计师的设计理念通常是时尚革新的起源,这些理念最早为时尚前卫人士所接受,并逐渐为更多人接受,当这种风格在市场中达到饱和,就因不再新颖而逐步退出时尚市场,成为随处可见的普通消费品乃至廉价品,最后全部退出市场。如图 1-2 所示,ABC 为导入阶段,包括革新期 AB 和上升期 BC;CDE 为接受阶段,包括加速期 CD 和普遍认同期 DE;EFG 为衰退阶段,包括下降期 EF 和退出期 FG。时尚产品在引入市场的初级阶段发展比较缓慢,然后市场接受度上升到快速增长阶段,得到普遍认同后达到顶峰,之后进入下降期,逐步成为过时产品直至完全退出市场。

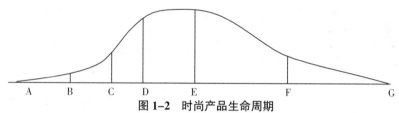

图 1-2 时尚产品生命周期

资料来源:迈克尔·R. 所罗门,南希·J. 拉博尔特. 消费心理学:无所不在的时尚 [M]. 北京:中国人民大学出版社,2013.

从周期延续时间长短看,理论上讲,一种时尚风潮可以延续数月或数年,但实际上,由于网络普及水平提高、技术创新加快、全球化、产业价值链和仿制品生产链条的高效运转等多方面因素的影响,大部分时尚产品的周期越来越短,从以往以年为周期缩短到五个月甚至更短。当一种时尚产品迅速风靡又很快消失,通常被称为流行产品,其生命周期线的形状极为陡峭,比如早年流行过的喇叭裤、健美裤、松糕鞋等如今已很少见到。当然,也有少量时尚产品周期较长,甚至历经几十年而不衰,这类产品或设计风格就成为经典,例如香奈儿套装、白色衬衣和蓝色牛仔裤等。经典产品的生命周期线通常是扁平的。

时尚的周期性还体现在一些时尚潮流会循环出现。由于人的天性决定，对于美的感觉经常呈现周期性往复的现象，如果有些衣服保留的时间足够长，会迎来"再次发生的时尚"。时尚界的流行法则认为，时装风格每隔 25 年就会有一次循环，如各种各样的"怀旧思潮"每隔一段时间就会再现，当然，再现也并非简单重复，往往会结合现实背景加一些新元素、新设计进行再创造、再发展。

4. 时尚消费具有显著"棘轮效应"

"棘轮效应"即"Ratcheting Effect"，又称"制轮作用"、"不可逆转效应"，由美国经济学家杜森·贝利最早提出，是指消费者易于随收入提高而增加消费，但不易随收入降低而减少消费，以致产生有正截距的短期消费函数，简言之，当人的消费习惯形成之后有不可逆性，易于向上调整难于向下调整，尤其是在短期内消费因习惯效应较大，呈现不可逆性。这种习惯效应，使消费取决于相对收入，即相对于自己过去的高峰收入，易于随收入的提高增加消费，但不易于因收入降低而减少消费，即"由俭入奢易，由奢入俭难"。

这种"棘轮效应"现象很适合解释人们的时尚消费行为。由于人们对时尚的偏好深受内在精神追求和文化因素的影响，消费倾向较为稳定，在消费行为方面表现出的刚性尤为显著，一旦形成对特定时尚商品或服务的消费偏好，短期内甚至终生难以改变，当消费能力下降时，宁愿削减传统商品的开支，也不愿意降低时尚消费支出水平。因此，即使在经济萧条期消费者可支付能力停滞甚至下降的情况下，通常也不会对时尚产业发展产生显著消极影响，甚至还可能因某些时尚产业具有精神抚慰功能，反而更加繁荣。以西方对音乐剧的消费为例，金融危机期间，人们并没有减少在此方面的支出，西班牙等重灾区反而增加了在音乐剧方面的消费。在中国，也出现电影消费逆势增长的情况。再以香水为例，2009~2010 年，中国香水市场加速成长，从 6.0 亿美元增长到 7.6 亿美元，年增长率达 25.62%，到 2013 年已增长至 12 亿美元左右。上述现象充分展示了一些时尚产品及企业应对经济低迷的较好弹性和显著"棘轮效应"。

5. 经济萧条期的"口红效应"

所谓"口红效应"，是指当经济进入萧条期，口红等某些相对廉价的时尚产品（或服务）消费量反而上升的经济现象。最早是在 20 世纪 30 年代的经济大萧条时期，美国某些著名化妆品公司发现口红销量反倒出现逆势上扬的现象，这一现象被经济学家称为"口红效应"。2001 年"9·11"事件发生后的经济衰退期，再次出现口红销量上涨现象；2011 年美国口红销量增长 13%，再次印证了"口红效应"理论。有经济学家基于消费心理学和消费行为学视角对于"口红效应"的内在驱动机制做出相应解释，由于经济冲击造成普遍性的焦虑、迷茫和悲观情绪，消费者对于精神抚慰的需求进一步提升，因经济压力会选择放弃购买珠宝首饰等高档奢侈品，转而增加购买价格相对低廉又具有情感关怀的时尚品来满足心理需求，口红类产品正好能够符合这一特性，从而产生了逆周期现象。在现实中，不仅是口红，具有类似特征的时尚品或服务都可能在经济低迷期出现"口红效应"，如男性会倾向于购买高档啤酒或新奇有趣的小商品。再如电影、音乐剧等既具备文化关怀和精神抚慰作用，消费价格又在大部分人可承受范围之内，其"口红效应"也在一定程度上得到实践验证。[①]

6. 时尚产品的"凡勃伦效应"

"凡勃伦效应"是指某些商品价格定得越高，越能受到消费者的青睐。这种商品价格越高消费者反而越愿意购买的消费倾向，最早由美国经济学家凡勃伦注意到，因此被命名为"凡勃伦效应"。由于高价格能够显示产品的珍贵性和独特性，有些消费者特别是新富阶层希望能通过消费昂贵产品显示其拥有的财富和社会地位，在这种情况下，价格越高，购买意愿越强烈，而低价被视为低品质的象征，所谓"便宜没好货"，某些具有炫耀性功能的时尚品特别是高档时尚品往往能够满足这一心理需求，具有"凡勃伦效应"。在这种情况下，高价成为一种有效的促销手段，由于发展中国家新富阶层往往具有强烈的炫耀动机，这可以部分解释为什么很多时尚品在发展中国家比在发达国家定价更高。

---

① 例如，在过去几十年中，美国遭遇了七次经济低迷，有五次出现电影票房逆势上涨现象；2008~2009 年危机以来，纽约百老汇的歌剧、西班牙的音乐剧都呈现出一派繁荣景象，收入高涨；2009 年，中国电影票房收入增长也高达 43%，此后一直延续快速增长趋势。分析人士认为，经济压力促使消费者希望在文化消费中逃避现实，享受生活。

7. 时尚产业具有高投资、高风险、高回报特征

作为流行文化的一部分，时尚永远处于变化之中。时尚产业旨在通过系统整合经济资本、社会资本、文化资本和符号资本等综合要素捕捉快速流动的动态感觉，持续为消费者提供超出实用性的精神愉悦，其核心竞争力蕴含于概念设计、产品开发与市场营销等知识密集型服务环节，最终价值形成和输出高度依赖于对人类精神世界和社会潮流的深刻理解与精确把握，这需要不断做出时尚预测并在此基础上持续创新，因此，对时尚做出正确预测是其生存和发展之本。然而，即使在大数据时代的今天，时尚预测与其说是一门科学，不如说是一门艺术，在互联网时代，人们消费趣味的更迭更为迅速，即使负有盛名、多次成功的营销学家，也不止一次在时尚预测方面出现偏差和失误。不过，类似风险投资，一旦有少量产品畅销，就能保证足够高的利润，属于典型的高风险、高回报的特征。以音乐剧制作为例，只有10%的节目能够赚钱，但成功的音乐剧会产生经久不衰的艺术魅力和商业价值，如《歌剧魅影》从1986年至今，已经演了28年，收入超过56亿美元。与主要以成本优势、规模经济和低价竞争取胜的普通品相比，时尚产业的品牌创立和维护以及对持续创新的要求都需要保持相当水平的长期投入，有些行业不仅风险大，往往投资周期也比较长，例如都市主题公园的平均投资回收期长达七年。

三、当前时尚经济中流行的新元素、新趋势

全球化与本土化结合日益紧密，时尚全球化进入高级发展阶段。传统顶级奢侈品与时尚品日益融合。时尚产业的商业伦理和企业社会责任（CSR）问题受到越来越多的关注。本土高端时尚消费增长降温，但整体时尚消费仍然强劲且潜力巨大。中小城市时尚消费需求快速增长，产业发展前景广阔。"炫耀性消费"向"品位型消费"转型，草根创业潮方兴未艾。境外购物和时尚网商的崛起驱动时尚产品消费模式急剧转型。时尚产业国际合作迎来快速发展期，将由简单输出输入模式向产业链层面的深度合作转型和延伸。

（一）全球化与本土化结合日益紧密，时尚全球化进入高级发展阶段

就时尚产业而言，其本身早已是一个全球化现象。信息技术进步全面推动全球化在政治、经济、文化和生活领域深入快速发展，媒介的全球化运作更使我们日益生活在"地球村"，在这个"地球村"中，一方面，越来越多的消费者特别是年青一代往往热衷于能体验到文化多样性和具有全球领先性的商品和服务，另一方面，对于生产者来说，由于坚持一定的价位水准以及本地市场的有限容量，时尚产品很难在一个国家拥有足够规模的客户群，走向全球到不同国家开拓市场就成为必经之路，来自需求和供给端的双重驱动力，使得时尚生产、传播和消费很自然地成为全球化现象，在网络和信息化时代流行速度之快、流传范围之广更是前所未有，国际同步性趋势不断加强，例如，欧洲年轻人中流行的新音乐、风尚、时装等，往往几乎同时为北美和亚洲乃至全球的年轻人所分享，同时也导致其生命周期大大缩短。此外，不仅品牌和消费是全球化的，时尚企业为优化配置全球资源，生产过程也开始全球布局——尽管时尚产业特别是奢侈品和高端时尚品的离岸生产始终存在不少争议，但有些行业的全球化布局已成为一贯和普遍性现象，并取得成功，例如苹果公司早已将 iPhone 和 iPad 的生产过程转移到中国，由富士康负责生产。除了最基本的消费和生产领域，时尚品的研究设计、品牌管理和相关服务等环节也实现了全球化布局，例如，奇瑞有一款走时尚精品路线的轿车将造型设计委托给意大利设计公司，车内装饰则雇用英国设计师来完成；总部设在首尔的韩国 Caffe Bene 公司主打时尚路线，致力于打造都市咖啡新文化，短短几年就走出韩国，进军美洲、东南亚和包括中国在内的东亚，部分原因来自于其品牌创立之初就充分考虑和积极利用的全球化因素，Caffe Bene 中的Bene，源于拉美、法国、意大利等世界多个国家语言中通用的"好的感觉"这个词源，寓意"good or well"，还容易让西方人联想到莎士比亚名剧《罗密欧与朱丽叶》中的人物 Benvolio——罗密欧的堂兄，一位崇尚和平、拥有爱心的人。在品牌营销和推广中，不仅邀请韩国当红人气明星代言，还拟选用中国明星强化 Caffe Bene 品牌形象。

　　然而，毕竟由于时尚潮流的本质是一种文化现象，除了满足消费者的简单需求外，还受到地域性文化和消费习惯的影响，因此，地方和区域性因素仍是影响时尚经济走向的重要因素，正如法国品牌顾问阿丽克斯·布里扎多芙所言，"能够持久存在的，是全球性的趋势，但那只是一种潜在的趋势；时断时续的，是区域性的风尚，那才是现实"（多米尼，2009）。事实也是如此，在时尚产业中，当全球化的产品或服务与当地文化相结合时更有可能取得成功。20世纪80年代晚期，日本经济学家在《哈佛商业评论》发表的文章中就曾提出"全球本土化"的概念，[①]这一概念一经诞生，立即风靡全球。与彻底全球化和地方化相比，全球本土化趋势更为常见和有效。麦当劳的成功是全球本土化的经典案例之一。麦当劳作为一家总部设在美国的全球企业，为了适应当地人们的口味，其连锁店的菜单各不相同，并因此取得巨大成功，完美地诠释了全球本土化。以在中国的经营为例，自1990年进入中国市场以来，麦当劳就通过多样化的本地化战略深入消费者，截至2014年4月底，已拥有2000家餐厅。为应对国内时尚快餐业竞争日益激烈的局面，麦当劳近期再次重申全球本土化的品牌目标，发展具有中国文化特色的全新设计旗舰店，2014年4月在广州的旗舰餐厅设计，大量采用灯笼、算盘、青砖墙面等富有中国文化特色的设计，以期进一步拉近与中国消费者的距离。本土化战略并非仅限于中国而是在全球层面展开，在法国、意大利、日本等地，麦当劳也结合当地特色进行了变革：法国麦当劳店内配备了豪华现代的餐桌、高档舒适的座椅，以及极具表现力的壁纸店，在店外，专卖店的视觉形象和标志非常低调，行人路过几乎都看不见，除非客户走到餐厅的正对面；意大利麦当劳里面不仅有大型的人体雕塑，还有拱形门和大圆柱，上下两层楼，可容纳450位客人就餐；日本麦当劳的颜色由以红、黄为中心的亮丽设计改为黑、茶色等淡雅设计，以便让顾客能悠闲享受用餐时光，还导入了沙发及隔断等设备。再如上文提及的Caffe Bene品牌全球化的案例同时也是全球本土化的具体体现。

---

　　① 英文表述为 Glocalization，由 Globalization 和 Localization 组合而成，即 "think globally and act locally"，意为 "全球化的思想，本土化的操作"。

本质上看，时尚产业的全球本土化是时尚企业国际化与地方化战略相互渗透、有机结合的结果，本质上是全球化向地方化的深层渗透以及地方化对全球化的逆向效应，全球本土化战略的深入推进，表明时尚产业已进入全球化发展的更高级阶段。

（二）传统顶级奢侈品与时尚品日益融合

为了应对财务危机，吸纳新兴富裕阶层客户以扩容市场，传统顶级奢侈品品牌越来越多地实行下沉策略，以覆盖低价产品，由此导致"平价奢华"或称"轻奢品"。所谓"平价奢华"或"轻奢品"，可以理解为"精致得体、低调简约"，同时具备较好的价格优势和更好的消费体验，从而区别于顶级奢侈品的"华贵奢靡"和大众时尚品的"轻佻张扬"，属于低端奢侈品和高端时尚品的重叠区，例如欧莱雅就是平价奢侈品的典型品牌，它模仿了奢侈品品牌的元素，又通过电视广告和时尚媒体等普通消费品的传播渠道与大众交流，以扩大口碑和品牌影响力。一些意大利传统奢侈品牌如阿玛尼则推出一系列不同价格的商品和子品牌，为不断壮大的新兴中等收入群体和大众服务。我国当下兴起的反腐、轻奢风和简约风，大幅度减少了对顶级奢侈品的需求，进一步迫使原本定价高昂的奢侈品牌放下身段，精心打造"轻奢品"的概念，所谓轻奢，是指同时拒绝过度挥霍和低质廉价，坚持适中价格、品质和设计的高标准以及独特的文化品位，崇尚乐活、自我宠爱和自我享受，而非炫耀。在时尚媒体和时尚达人的共同引领下，已渐次成为导航新时尚的风向标。与此同时，在传统奢侈品牌下沉压力的挤压下，原有的二线奢侈品则加快向大众消费品转型，如 Coach（蔻驰）从轻奢侈品牌向大众化时尚定位的转型。

（三）时尚产业的商业伦理和企业社会责任问题受到越来越多的关注

时尚不仅仅是一种消费潮流，它代表着一个时代和一个社会的文化精神、生活方式和人生态度，一种对超越简单物质层面的精神福祉的深刻关怀，是一种足以引领社会发展趋势的强大文化力量，这决定它比其他行业承担着远超出其产品本身的社会责任。当今世界，在跨国公司的主导下，时尚产业已经是一个全球性产业，动用全球资源来生产时尚产品并在全球销售，这激起了公众对于其全球社会责任和商业伦理问题的密切关注和关心，这些议题范围之广囊括了发展中国家的童工雇用、工作环境、工人工资及福利、环保、动物权益以及公平交易等。例如苹果公司就曾因其富士康员工跳楼事件遭受众多指责，迫使其加强对供应链的管理。但是，由于发展中国家的发展阶段、风俗习惯、道德伦理和法律法规等现实环境与发达国家存在显著区别，针对一些特定条件下的具体问题，发达国家的价值标准未必完全适合发展中国家的发展实际。但是，总体看，这种关注仍有其巨大的进步意义：一方面，督促跨国公司不得不在利用发展中国家廉价资源促进收入增长和赢取利润的同时，持续提升技术和改善供应链管理，以促进当地经济共同发展；另一方面，也为当地带来示范效应和竞争效应，迫使当地企业在成长过程和时尚品牌塑造中考虑民生、环境、文化、健康、环保等经济以外的社会责任议题，实现与利益相关者及外部环境的良性互动和共同发展。

（四）本土高端时尚消费增长降温，但整体时尚消费仍然强劲且潜力巨大

最近十几年，中国奢侈品市场快速增长，已成为位居全球前列的主要奢侈品消费国之一。从最新趋势看，近期政府开展的大规模反腐运动对一些围绕顶级奢侈品的炫耀性消费形成显著抑制作用，本土高端时尚品消费陷入相对低迷期，奢侈品消费收入年增速从过去几年的 20% 以上降低到 5% 左右，2014 年已出现负增长，但整体时尚消费势头并未减弱，2013 年，本土奢侈品消费只有 280 亿美元，但境外消费则高达 740 亿美元，总体看，中国人买走了全球 47% 的奢侈品，是当之无愧的第一大市场。此外，"80 后"新贵消费群体更加成熟理性，为小众个性品牌和轻奢产品的时尚消费市场提供了新动力。据瑞银证券预计，2020 年，中国消费总额会在现有基础上翻番，达到 10 万亿美元，中国将成为未来 10 年对全球消费增长贡献最大的国家，其中与休闲娱乐相关的时尚消费将占据日常消费的主要部分。

从内在发展规律看，时尚产业的发展和向普通人群的扩展有其内在必然性。根据马斯洛的需求层次论，一旦低水平物质需求逐步满足，人们的需求

将转向高层次精神领域。随着社会生产力水平的提高，物质财富日益丰富，人们不再仅仅满足于基本生活需要，而是转向追求生活品质，将内在审美情趣与精神追求等个人偏好融入衣食住行等日常消费过程中，消费动机由解决生存问题转向展示和表达自我，这必然构成驱动消费文化转型和时尚产业发展的内在动力；另外，生产技术持续进步、市场经济制度环境日益完善以及全球化的深入发展，也为之提供了适宜的外部发展环境。因此，目前我国已进入中上等收入国家行列，从全面建设小康社会到实现全面建成小康社会将加快主流消费群体从过去追求价格、数量的消费观转向尚质、尚品的精致生活消费观，持续的消费结构升级必将导致消费行为与时尚元素结合越来越紧密，为时尚经济发展迎来更大空间。支持时尚产业发展，在基本满足物质需求的基础上，不断满足人民群众日益增长的精神需求，符合我们全面建成小康社会的总体目标，也是拉动国内有效需求、促进经济结构转型升级的重要动力之一。

（五）中小城市时尚消费需求快速增长，产业发展前景广阔

随着北京、上海、深圳等一线城市已经进入理性消费转型期，二三线城市的时尚消费成为新亮点。根据时尚传媒集团近期进行的一项关于国内城市时尚消费的调查报告，南京、天津这样的"过渡型城市"最为亮眼，其时尚消费力超过了广州、深圳这样的"一线城市"。"过渡型城市"的人均时尚消费增速超过了收入增长的速度，进入"超前型消费"时代，这些城市的时尚消费并不只受家庭可支配收入的影响，还受到历史文化和消费习惯的影响。例如，沈阳、南京、成都、天津四大都市的人均年时尚消费支出均突破了5万元，与广州和深圳两大一线城市基本持平。更为重要的是，四大都市人均年时尚消费支出在个人年收入中的占比均在70%以上，以沈阳最为突出，其时尚消费投入比高达88.5%，紧随其后的是南京、成都和天津，投入比例均在70%以上。

但是，与京沪等一线城市相比，这些城市的时尚消费环境、店铺数量、商品丰富性、品牌多样性以及服务态度专业水平仍存在巨大差距。随着一线城市市场趋于饱和，竞争日益激烈，时尚品牌将逐步加大对二三线城市的投

资力度。例如，2011 年所有品牌在二三线城市投入的广告额高达 2.2 万亿元，为一线城市的 4 倍之多。过去两年，武汉新增快时尚品牌超过 10 家，门店总数已跃居中国第三，仅次于上海和北京，2013 年，日系时尚企业无印良品在武汉的增幅超过 150%。2012 年重庆新开业五星级酒店就多达 5 家，包括凯宾斯基、凯悦、希尔顿等。为应对一线城市成本上涨和激烈竞争所带来的增长压力，满足更多二三线城市对咖啡所代表的现代时尚品位的追求，星巴克加快在石家庄、济宁等二三线城市的开店速度，积极构筑中国咖啡产业链，截止到 2014 年 9 月，已有 1200 余家门店，将在 2015 年实现运营 1500 家门店的愿景。

除了二三线城市，小城镇的消费需求正在快速释放。有调查表明，[①] 中国网购市场是典型的长尾市场，尽管居住在一二线城市的 2.6 亿人掌握着时尚话语权，但居住在三线以下城市的 9.6 亿人口才是真正的主流消费人群。例如，按照家庭月均网购消费额计算，一二线城市消费 560 元，而三线以下城市则达到 600 元，服装、鞋子、妇婴用品、箱包、手表、手串等都是中小城市新生代人群所钟爱的消费对象。目前一二线城市的网络渗透率达 55%，而三线以下城市的网购渗透率若能达到 30%，就会增加 22 个北京网购市场的规模。然而，三线以下城市市场长期缺乏开拓，常常成为被忽略的商机。

（六）炫耀性消费向品位型消费转型，"草根"创业潮方兴未艾

与以高价为最大特质的炫耀性购买和消费相比，品位不仅意味着人们的着装远离廉价、低俗和粗制滥造，还意味着令人愉快和与所处情境相匹配，反映着一个人的内在审美和长期修养，相对于一夜暴富，更需要良好的生活工作环境的长期浸淫和时间积累。按照一般发展规律，一个社会在财富快速积累期，炫耀性消费会成为时尚消费的重要动力；但当一个社会进入全面消

---

① 电商研究院. 3~6 线城市才是真正新生代消费人群［EB/OL］. http：//mp.weixin.qq.com/s?__biz=MjM5NTkwNzM0Mw==&mid=202419517&idx=6&sn=723437e9a884894c1008fe4fce536429&scene=2&key=79cf83ea5128c3e53ff5e629585db284f0869ee548d89079de8a080469a2015d04845ce005d9388f4758c728254752ca&ascene=14&uin=MTczOTA3MTY4MA%3D%3D&devicetype=iPhone+OS8.1.2&version=16010014&fontScale=100&pass_ticket=UlVuTzJg%2FN%2F2Fo6HraXsyPCc7PRHl5MzwvhPY40x1G8smsEyF5aJ%2BjBVzJCi3egO.

费经济时代，教育和文化资本在消费模式中的作用凸显，人们开始从炫耀"奢侈"到炫耀"品位"，以经济资本为基础的炫耀性消费逐步让位于以文化资本为基础的品位型消费。当前我们已基本完成小康社会建设，进入全面建成小康社会的丰裕阶段，消费在经济发展中占据越来越重要的地位，相应带动时尚消费由炫耀性消费向自我享受型动机的品位型消费转型。

社会结构是影响时尚经济走向的主要因素之一，当前的消费动机和消费模式转型也与主流消费群体的代际更替有关。与"50 后"、"60 后"父母辈相比，"80 后"、"90 后"消费新贵成长和生活在网络时代，受教育程度更高，自我意识更强，消费行为更加理性成熟，在他们眼里，时尚主要与个体感受和情趣体验有关，已由以往时尚消费中存在的盲目攀比、追求高价转向更关注品质和工艺、性价比、历史文化以及自我愉悦等因素，既有消费需求又有消费能力，这一新型消费潮流与正在勃兴的众包、众筹、创客等民主化、"草根"化创业潮紧密结合，共同促成左右时尚潮流走势乃至企业兴亡的重要力量，为时尚产业发展转型和可持续增长带来新机遇。例如 2012 年成立的三只松鼠电子商务公司，通过将包装设计和销售语言动漫化等一系列更关注年轻消费者体验和心理需求的营销手段，将坚果、干果、花果茶等传统行业做成充满现代感的时尚休闲产业，2013 年，年收入已超过 3 亿美元，2014 年，仅仅"双十一"期间，营收就超过 1 亿美元。白酒属于传统行业，2013 年集体陷入寒冬，但"生于 20 世纪 80 年代"、"爱文艺爱摇滚"的江小白借助于社交媒体打出"时尚白酒"的概念，主打"健康"、"有趣"、"个性"、"时尚"和"青春"，定位于年青一代的目标受众，同样取得不俗业绩。

（七）境外购物和时尚网商的崛起驱动时尚产品消费模式急剧转型

在时尚消费模式方面，出现两种重要趋势：一是在高端时尚品消费领域，海外购物占据中国时尚消费总额的比重持续攀升，已成为时尚消费的主要渠道。例如 2013 年，中国人奢侈品消费额折合人民币高达 3000 亿元，占全球总额的 47%，但发生在境内的消费不足 1/4，绝大部分是以境外购物的方式消费的。

二是网购成为时尚消费的另一重要渠道，正在催生一批时尚品牌网商。随着中国成长为全球第一大网络消费市场，时尚消费迅速转向网购市场，为一批主营时尚产品的电子商务企业提供了成长契机。如天猫、尚品网、唯品会等已迅速以高端时尚品购物平台树立业界口碑。天猫网声称已拥有4亿多买家，5万多家商户，7万多个品牌，仅在2014年11月11日这一天，交易额就突破571亿元。尚品网定位于"中国领先的奢侈品与高端时尚全购物平台"，同时又打出轻奢主义与消费民主化的口号，致力于将"全球最好的时尚带回中国"，已与全球近百家现代品牌和设计师品牌达成战略合作，成为其在中国的首家授权网络经销商，2011年收入就已超过2亿元，迅速在国内高端消费领域树立口碑，发展成为高端电子商务领域的领导品牌。唯品会定位于正品名牌特卖业务，成立三年就已在纽交所上市，2013年净收入已达17亿美元，2014年，仅第三季度的收入就高达8.8亿美元。2014年2月，为继续拓展业务范围，投资1.125亿美元，收购女性时尚美妆电商乐蜂网75%的股份。此外，越来越多的中国消费者开始利用虚拟私人网络（VPN）登录海外品牌和第三方网站购买海外商品，也为国际时尚企业提供了增长机遇。如由两个法国人分别于2009年和2010年先后在日本和中国设立电商平台的魅力惠，过去四年的年均销售增长率高达92%，日均交易2000~3000笔，2014年中国大陆销售额将突破6亿元人民币。截至2014年9月，已与1500多个国际著名时尚及奢侈品牌官方授权合作，有300多万个时尚客群。预计未来一段时间，时尚品牌将全线进入电商领域，迫使传统零售商加快商业模式转型。

（八）时尚产业国际合作迎来快速发展期，将由简单的输出输入模式向产业链层面的深度合作转型和延伸

随着包括文化产业在内的服务业成为新一轮开放重点，我国时尚产业对外合作迎来黄金发展期。以韩国为例，近年来，韩国的时尚文化发展迅猛，来自韩国的服装服饰、化妆品、护肤品、整形整容服务、影视作品、妇婴用品、小五金、赴韩旅游等形成风靡一时的韩流时尚（K-fashion），国内时尚界随之出现大量哈韩族。目前中韩自贸区已就全部实质性内容达成一致，有望于2015年正式生效，在未来20年里，90%以上贸易税目的税率将降至零，不仅会大幅度提高货物流通的便利程度，而且还将增进服务、资本、技术和人员跨境流动的便利性，包括进口成衣、面料、化妆品等将大幅度降低关税和通关成本，更有利于引进时尚产业人才，与韩国的优势产业服装美容、文化娱乐等方面达成深度合作，可以预见，中韩在文化时尚产业中的合作也将日益密切、深化和多元。例如，国内服装企业朗姿公司向韩国童装第一品牌阿卡邦投资 3 亿元，收购韩国童装品牌阿卡邦，还将进一步借力韩方资源，加快向文化时尚产业转型；中国最大、最具影响力的皮革时尚中心海宁皮革城斥资建立 12 万平方米韩国时尚中心，专门用于展示韩国风尚产品，体验韩国服务。再如随着中韩电影合拍协议①的签署，影视作品也将由较为单一的输入输出模式向合拍和协作共赢模式转型。韩国时尚产业能够继美国、日本之后风靡全球特别是东亚地区，离不开其文化立国政策和文化产业振兴计划的大力扶持，值得处在转型期的中国借鉴。

此外，中国与法国、俄罗斯等也在探索深入合作的具体模式，时尚产业链层面的深度合作正在成为潮流。

参考文献

[1] James Laver. Taste and Fashion from the French Revolution to Today [M]. London：Harrap，1937.

[2] Vincent Bastien, Jean-Noël Kapferer. 奢侈品战略——揭秘世界顶级奢侈品的品牌战略 [M]. 谢绮红译. 北京：机械工业出版社，2014.

[3] 卞向阳. 国际时尚中心城市案例 [M]. 上海：上海人民出版社，格致出版社，2010.

[4] 多米尼·古维烈. 法国不死？——关于时尚的终极诘问 [M]. 北京：中国纺织出版社，2009.

[5] 高蓉. 上海打造国际时尚之都的探索与实践 [M]. 上海：上海人民出版社，格致出版社，2010.

[6] 顾庆良. 时尚产业导论 [M]. 上海：上海人民出版社，格致出版社，2010.

[7] 黄克非. 2007 国际时尚产业热点回顾 [J]. 中国服饰，2007（11）.

① 2014 年 7 月 3 日，中国国家新闻出版广电总局的代表与韩国文化体育观光部，在韩国总统官邸青瓦台正式签署了《中韩电影合拍协议》，协议的签署代表着从即日起，中韩合作拍摄的影片将在中国市场享受国产片待遇，不再受进口片条件限制。在中国电影市场快速增长的条件下，预计将引发中韩电影投资合作的热潮。

［8］黄文潇，江小白. 用小米精神制贩酒［J］. 中国企业家，2014（3-4）.

［9］姜荣春. 发展时尚产业，启动国内中高端消费市场［J］. 今日中国论坛，2009（2-3）.

［10］拉斯·史文德森. 时尚的哲学［M］. 李漫译. 北京：北京大学出版社，2010.

［11］郎咸平等. 本质——破解时尚产业战略突围之道［M］. 北京：东方出版社，2007.

［12］联合国工业发展组织. 联合国工业发展报告（2002—2003）——通过创新和学习参与竞争［M］. 北京：中国财政经济出版社，2003.

［13］刘聪. 中国奢侈品行业报告：消费新贵崛起［EB/OL］. http://www.fortunechina. com/business/c/2014-06/10/content_208949.htm，2014-11-10.

［14］刘飞. 从生产主义到消费主义：炫耀性消费研究述评［J］. 社会，2007（4）.

［15］迈克尔·R. 所罗门，南希·J. 拉博尔特. 消费心理学：无所不在的时尚［M］. 北京：中国人民大学出版社，2013.

［16］帕提·沃德米尔，查尔斯·克洛弗. 海外时尚品牌抢占中国网购市场［EB/OL］. http://www.ftchinese.com/story/001057738，2014-08-15.

［17］赛迪网. 尚品网——演绎电商时代的"轻奢主义"［EB/OL］. http://news. xinhuanet.com/tech/2013-10/22/c_125576398.htm，2013-10-22.

［18］时尚传媒集团. 时尚传媒集团企业责任报告 1993-2009［EB/OL］. http://www. trendscsr.com.cn/，2014-11-18.

［19］唐亚男. 朝阳大悦城：谁说年轻人背叛了实体店？［J］. 销售与市场，2014（8）.

［20］托斯丹·凡勃伦. 炫耀消费［M］. 任海音译. 北京：中国对外出版集团公司，中国对外翻译出版有限公司，2012.

［21］王海忠，王子. 欧洲品牌演进研究——兼论对中国品牌的启示［J］. 中山大学学报（社会科学版），2012（6）.

［22］王宁. 消费社会学［M］. 北京：社会科学文献出版社，2001.

［23］向勇，权基永. 韩国文化产业立国战略研究［J］. 华中师范大学学报，2013（7）.

［24］谢群慧. "时尚之都"催生时尚产业［J］. 经济观察，2004（11）.

［25］新华网. 网购渐成中国人消费奢侈品的重要渠道［EB/OL］. http://news.xinhuanet. com/2014-05/02/c_1110503765.htm，2014-11-17.

［26］星野克美. 符号社会的消费［M］. 黄恒正译. 中国台北：远流出版，1991.

［27］须聪. 麦当劳本土化变身［EB/OL］. http://www.vmarketing.cn/index.php?mod= news&ac=content&id=7286，2014-05-29.

［28］杨源. 中国服饰百年时尚［M］. 呼和浩特：远方出版社，2003.

［29］印度中文网. 印度贵族、富人、精英的现实生活［EB/OL］. http://www.indiacn. com/national/introduce/10154.html，2014-11-18.

［30］张仁良. 发展时尚创意产业，打造国际时尚都心［J］. 科学发展，2010（8）.

［31］张雁南. 唐代炫耀性消费异化析论［J］. 河南师范大学学报（社会科学版），2009，32（3）.

［32］赵建群. 明清福建地区奢侈性消费风尚透析［J］. 福建师范大学学报（社会科学版），2006（1）.

[33] 中欧国际工商学院《中欧商业评论》时尚产业研究中心，"中国时尚产业蓝皮书"课题组.中国时尚产业蓝皮书2008——时尚产业升级之道 [R]. 2008.

[34] 子涵.走进三只松鼠 [EB/OL]. http：//wenku.baidu.com/link?url=d2oxAMFh2zo UOc9AABfVua0bMi6YxwlPD4igb1b1hmvSLlsHHEqXLJDO5GRRxuXucOSPW_GB -PABmxBdMV ZUw_r76YG00Fy65aus3R8fp7i，2014-11-19.

[35] 陈虹.让时尚回归产业本色 [N].解放日报，2005-04-20.

[36] 赵磊.时尚产业的兴起和发展 [J].上海企业，2009 (9).

（作者单位：对外经济贸易大学）

2008 年国际金融危机以来中国
时尚产业的突围之路回顾

李　蕊

一、中国时尚产业主要行业的特点

（一）服装行业

服装行业是我国国民经济的重要组成部分，与人们生活密切相关，是经济和社会发展水平的重要体现。随着我国经济快速发展和人民生活水平不断提高，服装行业也得到了快速发展。2008 年国际金融危机以来，我国服装行业从世界工厂、中国制造，逐渐向中国设计转变，经历着不同寻常但充满机遇的重要时期。随着经济全球化的深入推进，服装行业的竞争日益激烈，逐渐向科技化、健康化等方向发展，这对服装行业发展提出了更高要求。通过对近几年中国服装行业的分析，其主要有以下特点。

1. 总体规模较大，经历震荡波动

我国是世界上最大的服装生产国，同时也是最大的服装消费国，庞大的人口基数本身就组成了一个庞大的服装消费市场。

据国家统计局统计数据显示，我国服装产量 2008~2013 年分别为 206.52 亿件、237.50 亿件、285.23 亿件、254.20 亿件、267.28 亿件、271.01 亿件。2009 年、2010 年我国服装产量大幅上涨，分别同比增长 15%、20.09%，2011

年下滑 10.88%，2012 年、2013 年再次呈现增长态势，但与之前增速相比较为平缓，仅分别为 5.15%、1.39%。

根据海关总署数据，服装及衣着附件在我国出口重点商品中位列第四，2008~2013 年我国服装及衣着附件出口商品量值分别为 1197.9 亿美元、1070.5 亿美元、1294.8 亿美元、1532.2 亿美元、1591.4 亿美元、1770 亿美元；2009 年比 2008 年同比大幅下降 11%，2010 年、2011 年又分别同比大幅上升 20.9%、18.3%，2012 年增速显著减缓，同比上升 3.9%，2013 年增速再次攀升至 11.3%。

由上述内容可以看出，我国服装行业产量及出口量值，均经历了大幅上涨、大幅下滑、平稳增长等阶段。其中，出口量值的波动更加剧烈，同时在美国、欧盟和日本这三大主要出口市场所占份额均出现不同程度的下降。一方面是由于出口市场不振、需求不旺，另一方面也对我国服装行业在产品健康和安全以及环境影响等领域提出了实施更高标准的要求。

2. 设计能力有所提升，但仍缺乏国际化品牌

我国是全球最大的服装制造国，服装销往全世界，很多中国企业已经成为国际大牌服装产品的加工厂，但却没有一个有竞争力的国际化品牌，服装设计能力较弱是硬伤。自 2008 年金融危机以来，国际市场需求下降，委托加工减少，我国服装行业经历了重新洗牌，中国企业正在努力改变，靠创新的技术和设计理念缩小差距。近年来，随着中国服装企业实力不断增强，不少企业都从贴牌转做自主品牌，但处于代加工阶段的小企业仍占多数。越来越多的中国企业希望能通过提高自身设计能力，拥有创新技术和理念，来增强核心竞争力，赢取更多的市场份额。

中国国际时装周创立于 1997 年，经过多年的发展与完善，已成为时装、成衣、饰品、箱包、化妆造型等新设计、新产品、新技术的国内顶级的专业发布平台，成为中外知名品牌和设计师推广形象、展示创意、传播流行元素的国际化服务平台。截至目前，已有来自中国（含港澳台）、日本、韩国、新加坡、法国、意大利、美国、俄罗斯、瑞士、德国、荷兰、瑞典、丹麦、英国等国家的 380 余位设计师、390 余家品牌和机构举办了 869 场发布会，有 3000 余位设计和模特新秀参加了 113 场专项大赛总决赛。每届中国国际时装周都吸引数百家中外媒体参与采访报道，不断地推动中国服装行业向国际前沿发展。但中国服装行业与国际先进水平相比，在新材料和新技术的应用上，还没有形成规模。设计上的提升对中国来讲，仍是一条漫长之路。中国设计师整体而言，和国际相比仍有差距，这种差距正是中国服装业提升发展的空间。

中国服装行业诞生了李宁、安踏、七匹狼、百丽、宝姿国际、朗姿、雅戈尔、杉杉、报喜鸟、波司登等众多的知名品牌，集中了几十家上市公司，它们的品牌实力较强，规模和竞争力都处于服装行业前列。但是与国际一线服装品牌相较，这些品牌在知名度、规模、盈利能力等方面还是有很大差距。目前，中国企业对品牌投资、品牌维护的重视程度不高，缺少长期投入的内在驱动力。与年销售 170 亿美元的国际时尚品牌 GAP、年销售 50 亿美元的 Zara，每年投入 1 亿多美元专做品牌推广的力度相比，中国服装企业现在还不具备国际竞争力。

3. 产业集群日益集中，企业管理模式有待提升

近年来，我国服装产业日益向集群化发展，以长江三角洲、珠江三角洲、环渤海三大经济圈为辐射中心。根据国家统计局数据，2013 年我国服装行业产量达到 271.01 亿件，产量居前三位的省份为广东省 559840.3 万件、江苏省 392096.1 万件、浙江省 364245.9 万件，分别占服装行业全国总产量的比重为 20.66%、14.47%、13.44%，三地合计占全国比重为 48.57%。在服装主产区广东、浙江、江苏、山东、福建等地，围绕着专业市场、出口优势、龙头企业形成了众多以生产某类产品为主的区域产业集群。如河北容城衬衫、山东诸城男装、江苏常熟羽绒服、浙江杭州女装、宁波温州男装、福建晋江休闲服、广东潮州婚纱晚礼服等。这些服装产业集聚地产业链完善，呈现良好的发展势头，已成为当地经济发展主体，人口、企业和产业集聚促进了区域经济迅速发展，对当地经济发展贡献率日益提高。

虽然我国服装行业集聚效应已经显现，但大部分中国服装企业的管理模式仍是传统制造业模式，结构链也停留在传统设计管理模式，设计手段多停留在纸面放样的落后阶段，设计周期长。服装的新产品周期（设计、成衣到进入销售）在工业发达国家平均为 2 周，美国最快为 4 天，而我国平均是 10

周时间，差距非常明显。试制成本高，造成新产品创新能力弱、开发周期长，就不容易发掘适销对路的产品，进而造成库存积压，影响资金周转。各服装企业之间的竞争也还停留在比较低的层面上，主要还停留在价格、款式等方面的竞争，绝大多数服装企业的产品销售还是以批发市场的大流通为主。

4. 运转模式发生变化，电商异军突起

我国服装行业的现状正是企业能否适应从工业化时代向信息化时代转变的反映。目前，服装行业企业或可分为三种状况：一部分企业积极进行产品快时尚、个性化的开发，营销渠道多元化包括 O2O 商业模式的创新，保持了较好、较快的发展势头。还有一部分大型企业，特别是一些男装企业，业绩出现大幅度滑坡。最后一部分企业，就是"不温不火"地艰难生存。

长期看，互联网对服装行业的影响不容小觑，尤其是来自传统电商的侵蚀，包括移动互联网、O2O 营销与服务等领域的快速创新等都将带动传统服装行业的转型升级。服装产业的不少企业积极地应用移动互联网、大数据、云计算等改造产业链，创新发展。山东红领集团将 3D 打印技术逻辑工厂化、产业化，经过多年的努力，形成了满足个性化需求的大规模定制西服生产线。互联网和智能终端的快速发展将彻底改变零售与服务行业，进而改变服装行业的终端运作模式，以及行业的发展轨迹和竞争格局。淘宝天猫已有大批知名品牌服装旗舰店及独立设计师品牌店，2014 年"双十一"，服饰品牌销售第一的骆驼品牌总成交额为 4.2 亿元，女装类目第一的韩都衣舍集团 2.71 亿元，当天访客数量超过 1500 万人，浏览量突破了 8000 万人次。

（二）珠宝首饰行业

中国珠宝业正在从数量扩张、粗放经营向注重质量、打造品牌转变。多年来，中国珠宝消费已经在国际上占据重要地位，出口一直呈快速增长态势，其市场的走向直接影响国际市场的动向和价格。当前，我国珠宝业正由快速成长期步入成熟发展阶段。产业链日益完善，消费市场稳步扩大，行业发展逐步规范，从业队伍日益扩大，人员素质不断提升。通过对近几年珠宝首饰行业的分析，其主要有以下特点。

1. 市场空间巨大

根据中国珠宝玉石首饰行业协会统计数据，2008~2013 年我国珠宝玉石首饰行业销售总额分别为 1800 亿元、2200 亿元、2500 亿元、3800 亿元、4000 亿元、4700 亿元。另据国家统计局数据，在限额以上企业商品零售额中，2008~2013 年金银珠宝类分别增长 38.6%、15.9%、46.0%、42.1%、16.0%、25.8%。我国黄金、铂金、钻石、白银、玉石翡翠、有色宝石等产品消费均居世界前列，成为全球珠宝玉石首饰行业增长最为明显的国家之一，已成为仅次于美国的世界第二大珠宝首饰市场。

目前，周大福是中国最大的珠宝首饰企业，2012 年销售额 461 亿元，其中大约一半是在中国大陆地区实现的；老凤祥紧随其后，销售额 256 亿元；接下来是豫园商城和周生生，销售额分别为 203 亿元和 147 亿元。我国正处于消费升级阶段，人均可支配收入水平不断提高和消费结构持续改善，消费能力的提升为珠宝首饰行业的长期发展提供了支撑。

2. 研发设计水平不断提高

随着人们消费能力增强和消费心理日渐成熟，珠宝首饰的消费需求正朝着多样化、个性化的方向发展。同时，珠宝首饰行业内部竞争日益激烈，单纯的来料加工所带来的利润空间正在逐渐缩小。从前几年用重金聘请国外设计师和工艺师，不断创新工艺，到如今加大研发力度，组建研发团队，中国珠宝产业从设计、工艺改造等方面都取得了不错的佳绩，不少企业的产品在国内外各项珠宝首饰设计大赛中屡获殊荣。

近年来，随着珠宝产业的转型升级，越来越多的企业意识到科技创新是企业发展的核心战略和提升品牌价值的根本途径，通过一系列的技术改造和产品研发，使得一大批品牌企业始终走在行业前端。2009 年，经国家科学技术奖励工作办公室批准，设立了《中国珠宝玉石首饰行业协会科学技术奖》。由中国珠宝首饰行业协会调研数据显示，2012 年正在申报和已获批的专利为 1234 个，企业研发团队的人数虽然在总职工人数的比例只占到 3%左右，但人员逐年增加，有三成的品牌企业，科研投入超 1000 万元，部分企业的研发投入高达 4500 万元，受访企业平均每家研发投入近 500 万元。

3. 线上线下互联互通

随着互联网技术的进步，O2O 模式成为目前和未来珠宝行业零售终端主流。线上店铺强化了购物体验的真实性，线下店铺实现智能终端推荐、自助网上支付，使选购更广泛便捷、效率更高。目前，国内珠宝电子商务进入白热化竞争阶段。珂兰、佐卡伊、鑫万福等多家钻石电商陆续获得风投，传统珠宝行业品牌周大福、周生生都建立了自己的珠宝网站，欧宝丽等珠宝工厂也开始建立珠宝网站，钻汇易电子商务平台上线。中小珠宝企业在珠宝网购市场中迎来与传统珠宝品牌同一起点发展千载难逢的发展机遇。2013 年天猫"双十一"珠宝类目成交额排在前十位的依次是周大福、周生生、珂兰钻石、佐卡伊、米莱、潮宏基、黛米、中国黄金、喜钻、千禧之星。其中，周大福当日的成交额约达 2239 万元，周生生当日成交额约达 888 万元。

表 2-1　2013 年天猫"双十一"珠宝销售成交金额、成交商品数、成交人数数据

品牌名称	成交金额（元）	成交商品数（件）	成交人数（人）
周大福	22387598	22306	17101
周生生	8878091	7256	5515
珂兰钻石	8833016	4342	3668
佐卡伊	7910230	2520	2243
米　莱	5102143	665	559
潮宏基	4442418	4294	3386
黛　米	4209782	12262	8900
中国黄金	4066619	624	470
喜　钻	2363201	566	525
千禧之星	2167684	1719	1494

4. 抢占中小城市市场

当前，中国珠宝市场的竞争很激烈，除了大陆本地品牌和香港地区品牌外，国际品牌也在不断涌入，而且竞争压力不仅表现在一线城市，也逐步蔓延到了更多二三线城市。近几年，一些知名品牌依靠销售网点的快速扩张，迅速将品牌从一二线城市向三四线城市延伸，如周大福、老凤祥、豫园商城 2012 年新增网点数均在 200 个以上，远远快于大部分竞争对手的扩张速度。根据预测，2015 年中国三线或以下城市将占中国总体珠宝市场逾 40% 的份额，而 2010 年和 2006 年的份额分别为 34% 和 29%。

以周大福为例，2008~2013 年，在三四线城市平均每年新增 85 家门店，快于一线城市的平均 16 家和二线城市的平均 76 家，三四线城市门店占比从 26.7%提升至 38.2%。事实上，进军二三线城市已经成为中国钻石市场的潮流。著名钻石网销商"钻石小鸟"开设的体验店，大部分均在二线城市，如长沙、青岛、重庆等，近年来逐渐向中部城市转移。上海老凤祥有限公司在安徽、河南、山西、陕西等省，分别有 57 家、45 家、20 家及 17 家店面。

（三）消费类电子产品行业

2009 年 2 月，国家工业和信息化部发布了《电子信息产业调整和振兴规划》，明确提出 2009~2011 年振兴中国电子信息产业的六大重点工程，包括平板产业升级和彩电工业转型、数字电视推广应用和产业链建设、计算机和下一代互联网应用等。目前，中国已经成为消费类电子产品的生产大国，同时也是众多生产企业眼中最具消费潜力、发展最快的目标市场之一。通过对近几年中国服装行业的分析，其主要有以下特点。

1. 产业进入中速发展阶段

2013 年全球电子信息产业市场规模增速 2%并将持续低速增长，计算机、电视等传统大宗产品步入零增长甚至负增长的新阶段，市场增长乏力，全球电子整机制造环节向中国的大规模转移已基本结束。据工信部数据，2013 年我国电子信息产品产量，手机列第一位，共生产 145561 万部，增速为 24.6%；第二位是微型计算机，33661 万台，下降 4.9%；第三位是彩色电视机，12776 万台，下降 0.4%。可见，我国计算机、彩电等产业步入低速发展阶段。美国等发达国家在计算机、智能手机等高端制造业实施"再工业化"，东南亚等国家依托生产要素成本优势加速拓展组装加工产业，我国消费类电子产品行业面临前后夹击。中长期来看，我国消费类电子产品行业总体步入中低速发展阶段。

2. 信息技术领域的创新呈现多元化趋势

消费电子产品功能的融合，已经成为消费电子产业的主流趋势。比如在数字技术、无线互联技术、三网融合技术的推动下，电脑、手机、电视等产品正在打破原有的产品界限，实现功能的跨界融合。新技术不断涌现，互联网电视、3D 电视、高能效空调、高端冰箱、智能手机、平板电脑、智能电视等创新产品层出不穷。新一轮科技革命和产业变革正在孕育兴起，信息技术领域创新极为活跃，正日益向融合、智能和绿色的多元化方向发展。计算机领域，企业纷纷实施面向云计算战略转型，"分布式架构＋开源系统"需求给产业发展带来更多机遇。新兴技术产品领域，云计算、大数据、物联网、可穿戴等新技术、新产品潜在的市场空间广阔，对商业模式创新、标准化体系建设、产业政策环境提出了更高的要求。

3. 细分市场分化明显

（1）手机市场规模扩张。2013 年我国手机产量达到 14.6 亿部，增长 23.2%，增速比上年提高 18.9 个百分点。据 IDC 发布的 2013 年全球手机 18 亿部的出货量测算，我国产量占全球出货量份额达到 81.1%，比 2012 年提高 10 个百分点以上，我国全球手机生产制造基地的位置得到进一步稳固。与手机市场规模扩张相伴的是行业竞争进一步加剧，手机产业竞争由原先的单纯产品竞争演变为硬件、软件与服务的全方位竞争。面对市场与竞争结构的不断变化，我国手机企业积极应对，加快产品革新，提升服务质量，行业整体平稳运行，产量规模继续扩张，外贸出口稳步增长，效益质量持续提升，对我国电子制造业、软件业及通信业的发展起到了积极的支撑作用。

（2）电子计算机低速增长。受海外市场需求不振、国内经济增长放缓等因素影响，我国电子计算机行业整体保持低速增长。同时，由于智能手机的井喷式增长，对电子计算机行业带来较大冲击，市场竞争更加激烈，技术变革将改变原有市场格局，传统 PC 将向更便携、更具移动化趋势转变，产业结构面临着深层次变革。2013 年，我国电子计算机行业实现销售产值 22401 亿元，同比增长 5.5%，低于电子信息制造业平均水平 5.5 个百分点。2013 年，我国共生产微型计算机 3.37 亿台，同比下降 4.9%，其中笔记本 2.73 亿台，同比增长 7.9%。

（3）彩色电视经济效益不容乐观。近年来，我国家用视听行业内销市场经历了产业结构加速转型、消费结构加剧升级的阶段，高效节能、绿色环保、智能化、一体化、4K 等高新技术引领行业发展。2013 年，我国家用视听行业内销市场呈现较快增长，全年内销增速始终保持在 20% 以上；相反，出口形势不容乐观，全年连续 10 个月出口增速呈现负增长态势，降幅日趋加大。2013 年，家用视听行业共有亏损企业 207 家，亏损面达 22.2%，高出行业平均水平 3.8 个百分点，亏损企业亏损额同比增长 30.6%，经济效益不容乐观。随着乐视在北京正式推出 60 英寸 X60 智能 3D 网络 LED 液晶电视，成为首家推出自有电视品牌的互联网公司，标志着电视领域开始"互联网化"，随之而来的是以联想、小米等为代表的互联网企业进入彩电领域。彩电行业面临着网络化的巨大变革，我国彩电业正经历着电视制造和互联网服务的相互渗透。

（四）动漫产业

近年来，我国政府十分重视包括动漫产业在内的文化产业的发展，出台了一系列有利于中国动漫产业健康有序发展的政策和措施，动漫产业面临良好的发展机遇。通过对近几年中国动漫产业的分析，其主要有以下特点。

1. 动漫产业被提升至国家战略层

继 2004 年国家广电总局向全国印发《关于发展我国影视动画产业的若干意见》，2006 年《国务院办公厅关于转发财政部等部门关于推动我国动漫产业发展若干意见的通知》发布后，我国动漫产业发展步入快车道；2009 年 1 月 1 日，文化部、财政部、国家税务总局发布的《动漫企业认定管理办法（试行）》开始实施，之后，财政部、国家税务总局联合发布了《关于扶持动漫产业发展有关税收政策问题的通知》，明确了经文化部、财政部、国家税务总局认定的动漫企业将享受增值税、企业所得税、营业税、进口关税和进口环节增值税等方面的税收优惠政策；2011 年 5 月，在文化部的积极推动下，经文化部会签，由财政部、国家税务总局、海关总署联合发布了《动漫企业进口动漫开发生产用品免征进口税收的暂行规定》，对经文化部、财政部、国家税务总局认定的动漫企业进口动漫开发生产用品，实施免征进口税收政策，这是文化产业领域首次获得减免进口税收的优惠政策；2012 年 7 月 12 日，文化部发布《"十二五"时期国家动漫产业发展规划》，是我国动漫产业第一个单列规划，提出"十二五"期间着力打造 5~10 个知名国产动漫品牌与骨干动漫企业，重点培育新媒体动漫，这表明动漫产业发展被真正提升至国家战略层面。

2. 产业体系逐渐形成

2009 年，全国动画片创作生产数量达到 322 部 17 万分钟，比 2008 年增长 31%。原创动画《喜羊羊与灰太狼》票房过亿元，刷新了国产动画电影票房纪录；网络游戏市场规模达到 258 亿元，比 2008 年增长 39.5%。2010 年末我国动漫产值规模达 470.84 亿元，漫画出版物增长到 3.47 亿册，电视动画产量为 26 万分钟，是世界第一大动画生产国，且正以 48.25% 的高速增长，超过美国（7.3%）与日本（5.9%）。2011 年我国动漫产值达 621.72 亿元，较 2010 年度增长 32%；2012 年增速有所减缓（22.23%），总产值达 759.94 亿元，核心动漫产品出口额为 8.3 亿元，同比增长 16.25%；2013 年总产值为 870.85 亿元，同比增长 14.6%；核心动漫产品出口额达 10.2 亿元，同比增长 22.8%。预计到"十二五"期末中国动漫产业产值将达 1000 亿元，现代动漫产业体系逐渐形成。

3. 行业集中度日益提升

目前，我国动漫产业共有企业 4600 余家，从业人数近 22 万人。据《动漫蓝皮书：中国动漫产业发展报告 2013》，综合 2008~2012 年国产电视动画片制作发行情况，东部 11 省市合计产量约占全国 80%，中部 8 个省市约占 15.7%，西部 12 个省市区约占 4.3%，东部省市和中心城市已成为我国发展动漫产业的主要集聚地。取得国产电视动画片发行许可证的制作机构，2008~2012 年无产量的有 100 家（占 15.2%），而 2012 年无产量的有 439 家（占 66.9%），说明国产电视动画片制作机构的更新换代较快，淘汰率较高，行业集中度也日益提升。

4. 动漫产品竞争力不强

我国动漫产量连续多年居全球第一，但行业产值较低，缺乏优秀的动漫作品，具较大影响力的动漫形象也很少。首先，当前我国动漫作品同质化现象比较普遍，缺乏创新，有很多"类型剧"，情节大同小异，还有一些内容粗制滥造，对儿童产生不良导向。其次，我国动漫企业相对实力较弱，商业模式单一，主要是内容版权收入，衍生产品开发不足，动漫品牌及产品商业价值偏低。最后，我国动漫市场有待完善，特别是知识产权保护问题，如电影动画片《宝莲灯》的正版与盗版之比为 1：9，这也导致动漫企业受到严重损害，创作积极性遭到打击。

5. 手机动漫发展迅速

随着移动互联网时代的到来，动漫产业借助 IT 技术，吸收电影、动画以及网络游戏的元素，形成更具生命力、更有发展潜力的手机动漫。手机动漫具有高效、快捷的特点，可体现作者意图，最大程度地保留作品原有风格和最直观的用户体验，但上述特点也对手机动漫产品的风格、种类、样式等提出了更高的要求。以中国移动手机动漫基地为例，自 2010 年以来，该动漫基地已经签约近 1000 家战略合作伙伴，在线正版动漫作品数量超 25 万集，累计使用用户近 2 亿人。2010 年实现收入超 3 亿元，2013 年全国累计收入超 10.23 亿元，比 2010 年增长 2.41 倍。

（五）化妆品行业

中国的化妆品市场仅次于美国和日本，是全球第三大化妆品市场，且未来市场前景十分广阔，这是经济发展和女性社会地位不断提高共同作用的结果。通过对近几年中国化妆品行业的分析，其主要有以下特点。

1. 产业规模不断扩大

2008~2013 年，我国化妆品行业零售总额分别为 597 亿元、740 亿元、889 亿元、1103 亿元、1340 亿元、1625 亿元，复合增长率达到 20%以上。中国化妆品行业从小到大，由弱到强，从简单粗放到科技领先、集团化经营，已经形成了一个初具规模的产业。目前，除女性化妆品外，男性化妆品尤其是男性护肤用品增长速度加快，药用型化妆品发展速度也比较突出，同时儿童护肤品市场潜力也比较大。

2. 市场竞争激烈

首先，国际品牌占据绝对优势，整个化妆品市场占有约 80%的市场份额。其次，剩下 20%的市场份额由全国 4000 多家企业占据，竞争十分激烈。再次，国内企业化妆品主要侧重于中低端，数家国际品牌牢牢掌握整个中高端市场，这对国内企业发展极其不利。最后，国内缺乏大众真正信得过的化妆产品。即使国际知名化妆品牌出现数次质量问题，国民仍然选择国际品牌，而不选择国内品牌。这不仅和国民不理性的消费理念有关，还和国内企业自身产品质量难以保证有关。

3. 安全绿色理念凸显

欧盟新出台的化妆品法规对化妆品的安全性提出了更加严格的要求，明确规定产品必须完成化妆品安全报告后方能上市销售，且不符合规定的化妆品将不得在欧盟成员国销售。国家药监局表示 2013 年公布对现行《化妆品卫生规范》修订标准的征求意见稿，除了修订产品安全要求，还增加了化妆品原料安全要求，完善了禁限用物质表、通用检测方法、毒理学试验方法及人体安全评价方法标准等内容，大幅提高了整个化妆品行业的安全技术标准。

4. 创新服务模式带动产品销售

传统的化妆品行业只销售产品，且产品同质化现象严重，单一产品售价较低。随着消费市场的变化及行业销售方式改变，一部分企业通过体验等服务模式带动产品销售，较传统销售模式显示出更大的优越性，以服务吸引消费者，并利用服务提高消费者的品牌忠诚度，形成固定消费群体。

二、中国时尚产业主要区域特点

（一）上海：亚洲最时尚的城市

由 Global Language Monitor 发布的 2014 年全球时尚城市排名中，上海首次进入排名前十（位列第十），成为亚洲最时尚的城市。上海的目标是打造世界"第六时尚之都"，为此推出了一系列政策措施，积极推动时尚产业迅速发展。

上海市继 2005 年首先推出《上海加速发展现代服务业实施纲要》之后，2008 年 6 月出台《上海市加快创意产业发展的指导意见》，2008 年 9 月，上海市政府办公厅向全市转发上海市经济和信息化委员会、发展改革委员会制定的《上海产业发展重点支持目录（2008)》，明确列入"时尚产业"的条目。2009 年发布《轻工业调整和振兴规划》、《纺织工业调整和振兴规划》指出，要进一步促进轻纺产业与时尚的有机结合。上海市"十二五"规划纲要针对

"国际贸易中心",力主建立具有国际竞争力和国际影响力的国际"购物天堂",积极推进免税商品购物场所,力求引领国际市场潮流,形成创意风向标的品牌和企业群。

上海市建立了一批时尚产业园、文化创意产业园,聚集了大量时尚企业、设计师,与设计院校合作促进产学研结合。2010 年 3 月 15 日,上海市现代时尚产业促进中心(FIPC)成立,为促进中国现代时尚产业发展提供咨询策划、考察投资、规划研发、调研培训、刊物资讯、交流合作、会议展会、市场推广、知识产权维护、信息技术等服务。2013 年 4 月 12 日,上海纺织(SHANGTEX)与上海图书馆联合共建、以时尚产业为主题的"上海时尚产业主题图书馆"开馆,为读者开设了国际数字资源阅览区、数字技术体验区、图书文献阅览室、"远程智库沙龙"报告厅等多个功能区域,为建设上海"时尚之都"做好时尚产业的文献信息资源的建设和服务工作,是时尚产业的公共信息服务平台。目前,亚洲规模最大的时尚中心——上海国际时尚中心已竣工,位于杨树浦路 2866 号,是原上海第十七棉纺织总厂改建项目,集创意、文化及现代服务经济于一体,力争打造远东地区规模最大、时尚元素最为丰富、以纺织概念为主的时尚创意园区,期望成为杨浦区东外滩的又一时尚地标。

为适应全面提升在国际产业链、全球价值链中的地位,时尚产业已成为提升上海城市"软实力"的重要内容。近年来,上海市举办了丰富多彩的时尚活动,包括上海国际服装文化节、上海国际时装周、上海国际首饰时尚节、上海国际电影节、上海国际电子音乐周、上海国际创意产业活动周、上海国际设计周、上海国际动漫节、上海国际时尚美容节等,林林总总,不胜枚举。最为突出的是,上海成功举办了 2010 世界博览会,246 个国家和国际组织参展,展示了人类文明与科技进步,共上演各类文化演出活动 22900 余场,展示了世界文化的多样性和中华艺术的独特魅力,是全世界的一场时尚盛宴。以世博会为契机,上海以网络动漫、影视传媒等为突破口,着力促进文化休闲娱乐业、创意和时尚产业发展。

（二）北京：文化悠久的设计之都

《北京城市总体规划（2004~2020 年）》提出要建设世界城市，2009 年提出实施"人文北京、绿色北京、科技北京"的发展战略，北京拥有的丰富文化、科技、教育和人才资源，使文化创意产业包含时尚产业成为最有潜力的产业。

2006 年，北京成立了北京市文化创意产业促进中心，制定了《北京市促进文化创意产业发展的若干政策》，重点支持动漫游戏研发制作、设计创意等 9 类设计创意产业的发展，每年投入扶持资金 5 亿元。2007 年出台了《北京市文化创意产业知识产权保护和促进办法》，提供良好的知识产权保护措施。北京共认定了北京 798 艺术区、北京 DRC 工业设计创意产业基地、首钢二通厂中国动漫游戏城在内的 30 个文化创意产业集聚区，涵盖九大行业，汇集上万家企业。2011 年 3 月 28 日，总投入 300 余亿元的宋庄"国家时尚创意中心"正式启动，是北京市"十二五"规划重大文化创意产业项目，将建成具有全球影响力的国家级时尚创意中心。按照国家统计局文化及相关产业分类的新标准，2012 年北京市文化产业实现增加值 1474.9 亿元，占地区生产总值的比重达到 8.2%，居于各省区市首位。2013 年，北京文化创意产业占地区生产总值的比重为 12.3%，实现增加值 2406.7 亿元，比 2012 年增长 9.1%。

时尚与设计，两者互为要素。2010 年，北京市制定了《北京市关于促进设计产业发展的指导意见》，重点发展工业设计、集成电路设计、服装设计、工艺美术设计、平面设计、电脑动漫设计、时尚设计等 11 个设计行业。同年，成立了由市长担任主席的"北京申都委员会"，包括市委宣传部、市科委、市教委、市财政局等 11 个部门，推进北京"设计之都"的建设。自此，"设计之都"建设成为北京推动文创产业、时尚产业发展的重要抓手。2010 年，北京举办了至少 428 场与设计相关的交流活动，既有北京世界设计大会、中国国际设计艺术博览会等具有世界影响力的盛会，也有面向市民的科普设计活动和比赛；投入 10 亿元建设总面积达 6 万平方米的中国设计交易市场；发布《"海聚工程"2010 年人才引进专项工作计划》，计划 5 年引进 1000 名海外高层次人才。

2012 年，北京正式加入联合国教科文组织创办的全球创意城市网络，成为"设计之都"。为推进设计之都建设，制定了《北京设计之都发展规划纲要(2012~2020 年)》，提出到 2020 年，北京将基本建成全国设计核心引领区和具有全球影响力的设计创新中心，"设计之都"成为首都世界城市的重要标志，"北京设计"的国际影响力大幅提升，设计产业年收入突破 2000 亿元，设计品牌认知度和创新能力明显增强。

中国设计红星奖，由中国工业设计协会、北京工业设计促进中心等单位共同发起创办，是国际工业设计协会联合会认证奖项，与国际著名的德国红点奖签署了合作协议，分别与韩国"好设计奖"、澳大利亚"国际设计奖"实现了标准互认，搭建了一个向世界展示中国设计、中国创新、中国文化、中国时尚的大舞台。红星奖征集产品包括电子信息、家用电器、新能源和环保、家居用品、服装服饰、玩具、工艺美术、产品包装、医用器械等。2014 年，红星奖参评数量已跃升到千余家企业 6000 多件产品，成为全球首个年参评数量超过 6000 件的产品设计奖项。9 年来，已有 29 个国家、国内外 4322 家企业的 36522 件产品参评，是中国设计界、企业界极具影响力的奖项。在北京"设计之都"大厦建有红星奖博物馆，至今已赴国内外 30 余个城市，举行了110 余场巡展。

(三) 深圳：充满活力的时尚创意之地

深圳作为中国第一个经济特区，改革开放 30 多年以来，传统优势产业已具备了相当的产业基础。目前，深圳家具、服装、钟表、黄金珠宝、皮革、内衣、眼镜等产业已具备较大产业规模和较强的产业基础，在各自的领域都居于国内同行业领先和龙头地位。深圳已汇聚了一大批国内外知名的一线时尚品牌，家具之城、服装之都、珠宝之都、设计之都，这些名片让深圳更加闪亮。深圳时尚产业有关的展会基本上占据深圳会展产业的 1/3，在家具展、服装展、珠宝展、钟表展、内衣展等深圳品牌展会上发布的流行新品，带动了国际、国内新风尚、新潮流。深圳一直高度重视产业转型升级工作，近年来更是进一步加强推进产业调整、优化和升级的决心，出台了一系列政策加大工作力度，着力构建"高、新、软、优"为特征的现代产业体系。

2012 年深圳市政府工作报告中提到："大力发展都市时尚型产业，推动服装、钟表、黄金珠宝等产业高端化，打造更多国内外知名品牌。"深圳目前拥有超过 3000 家服装公司，从业人员 30 多万人，自有品牌 1200 多个，产品畅销国内 100 多个大中城市，仅在国内一线城市，深圳服装就开设了 6 万多家分店或专柜。2013 年深圳服装全行业实现产值 1800 多亿元，出口总值超过 80 亿美元。2008~2013 年深圳服装行业连续 5 年参加伦敦时装周，2013 年深圳首次参加美国纽约时装周活动。深圳钟表企业的研发能力正在向世界一流靠近，2012 年底飞亚达技术中心跻身国家企业技术中心之列，深圳市中世纵横设计有限公司设计的 CIGA Design 非同步追随腕表勇夺 2013 德国"红点至尊奖"。深圳目前已是全球最主要的钟表生产和配套基地，占全球钟表产量的 41%。现有钟表企业 1100 多家，大、中型企业近 100 家，钟表产业的产值、出口值、出口量均占全国的 50% 以上。2013 年深圳被中国轻工业联合会正式授予"中国钟表之都"荣誉称号，并成为全国唯一获此称号的城市。深圳是我国首饰制造加工中心和交易中心，集聚了 3000 多家珠宝企业，形成国内庞大的黄金珠宝企业群集，覆盖原料采购、设计加工、批发销售等环节，形成较为完善的产业链。目前全市珠宝从业人员 20 多万人，注册资金超过 100 亿元，2013 年行业制造加工产值超过 900 亿元，占全国市场份额 70% 以上，成为名副其实的"中国珠宝之都"。

2014 年 3 月 19 日，由深圳市政府倡导，由家具、服装、黄金珠宝首饰、钟表、皮革、工业设计、内衣、眼镜协会等八家深圳传统行业协会与行业内骨干企业自发成立了深圳时尚创意产业联盟，致力促进深圳传统优势行业创新、转型升级，进而提升深圳市民时尚生活品位为目标，树立深圳"时尚创意之都"城市品牌形象。2014 年 9 月 27 日，深圳市时尚文化创意协会成立，目前已拥有来自各行业的逾 140 家知名会员企业。协会的成立将加速实现自主品牌企业的有效集聚和产业整合，带动时尚创意产业快速发展，引领深圳时尚文化创新之风。2014 年度深圳市产业转型升级专项资金共 10 亿元，其中用于时尚产业专项资金 5 亿元。重点支持领域为优势产业中的服装、家具、钟表、黄金珠宝、眼镜、皮革、内衣等行业。深圳将依托良好的时尚产业基础，坚持"市场主导、政府引导、协会带动、全民互动"的基本思路，进一步宣传推广深圳时尚创意形象，吸引全球创意人才汇聚，努力打造中国顶级时尚产品展示中心、发布中心，培养国际顶级时尚设计大师、助建中国的国际时尚品牌，引领中国乃至世界时尚创意行业的发展方向。

（四）大连：爱美爱穿的临港城市

大连是东北最开放的城市之一，在临港城市的优势、服装加工出口的经历和大连人"爱美爱穿"的地域文化熏陶下，大连时尚氛围非常浓厚，服装行业也成为大连市重点打造的产业集群之一。

大连时尚产业活动丰富。1988 年诞生的大连服装节起到"城市名片"的作用，给这个滨海旅游城市增添了时尚色彩，同时对促进大连服装业的发展也起到了至关重要的作用。中国（大连）国际服装纺织品博览会前身是已经成功举办了 17 届的大连国际服装节博览会，2006 年升格为国家级博览会，是国内唯一一个经国务院批准，由中国商务部、纺织工业协会、大连市人民政府主办的行业内专业展会，定位为"春夏季服装流行趋势的发布窗口"、"海外品牌进入中国市场的平台"、"自主品牌的推广和孵化基地"、"地方服装产业发展的助推器"。2011 年，第一届"大连春夏流行时装周"举办，成为大连本土时装、产品发布的专业平台。

此外，大连市政府还推出了一系列促进时尚产业发展的政策措施。2005年，大连市政府出台了《大连市人民政府关于支持服装服饰产业发展意见》；2008 年，大连市与意大利米兰省政府就时尚产业合作签订《米兰省与大连市合作备忘录》，设立 15 个项目，共同投资设立时尚教育中心和实践平台；2010年 10 月 12 日，大连市时尚产业商会成立，致力于提升大连时尚产业及产业研究活力，传播时尚生活理念与方式；2011 年 12 月，大连市 122 家企业与意大利马尔凯 25 家企业进行对接，达成制鞋、服装等多领域合作意向。

三、中国时尚产业的发展环境变化

（一）国际发展环境变化

起源于 2008 年美国华尔街进而席卷全球的国际金融危机，对世界经济和现行国际经济金融秩序造成严重冲击。国际金融危机后，世界经济面临深刻调整，复苏历程一波三折，世界经济格局和全球经济治理结构孕育着许多新变化。

1. 世界经济仍处于深度调整之中，复苏依然艰难曲折

虚拟经济与实体经济相脱节现象一度缓解之后再度凸显，英、德、澳及部分新兴经济体房地产价格泡沫扩大。发展中国家去杠杆化过程才刚刚开始，进程将困难重重。全球治理结构改革迟缓，新兴经济体在 IMF 等国际组织的份额扩大未取得进展。日本主权债务危机风险不断积累，安倍经济学"第三支箭"能否缓解主权债务形势尚待观察。欧元区在通缩压力下，可能走向类似日本那样的"失去的 10 年"。全球贸易自由化越来越艰难，WTO 谈判停滞，而排他性区域自贸易协定数量猛增且推进迅速。全球新经济增长点仍在孕育之中。

2. 新兴经济体地位进一步提升，经济增速持续放缓

2008~2013 年世界、发达国家及发展中国家 GDP 增速放缓（见表 2-2）。一方面，金融危机后，发达国家持续受到后续影响，即使经济复苏也只能维持低速增长，发达国家与新兴市场和发展中国家的力量对比此消彼长，新兴市场和发展中国家在世界经济中的地位进一步提升，世界经济格局发生新的深刻变化。但美国等发达国家在政治、经济、军事和科技等方面领先的优势地位没有发生根本改变，发展中国家在推动建立公正、合理的国际经济新秩序和维护自身利益方面依然任重道远。另一方面，经济危机冲击之后，新兴经济体的深层次矛盾暴露出来，危机前的高速增长难以为继。目前，新兴经济体经济增长率正向潜在水平逼近，深层次问题制约着经济的进一步回升。

表 2-2　2008~2013 年世界、发达国家及发展中国家 GDP 增长率（%）

区域 ＼ 年份	2008	2009	2010	2011	2012	2013
世界	1.5	−2.1	4.1	2.8	2.5	2.4
发达国家	0.4	−3.5	3.0	1.9	1.5	1.3
新兴经济体	5.5	3.2	7.7	5.9	4.8	4.8

资料来源：世界银行 WDI 数据库。

3. 经济全球化深入发展，产业调整转移出现新变化

当前世界各国相互联系、相互依存的程度远高于以往。随着金融危机的平复和经济的逐步复苏，推动贸易投资自由化、便利化和多边贸易体制建设，以及扩大市场开放和继续推动经济全球化进程，仍将是世界各国实现经济发展和繁荣的必然选择。金融危机后，全球产业转型升级和产业转移也出现许多新变化。一是新能源和节能环保产业引领全球产业转型升级。二是发达国家在技术创新、高新技术产业发展和国际分工中仍处于领先地位。三是国际产业转移呈现出多层次、多梯度和多向性，垂直转移与水平转移相互交织，从而形成更加错综复杂的国际分工和产业发展格局。

4. 气候变化和能源资源问题更加突出，对世界经济发展的制约进一步增大

应对气候变化已经成为全球共识，节能减排和发展绿色经济是实现全球可持续发展的必由之路，但也不可避免地增大世界经济发展的成本。金融危机后，随着世界经济艰难复苏和缓慢恢复增长，一段时间内全球能源资源需求进一步增大，而能源资源的供给增长有限，价格不停攀升，加之世界各国对能源资源的争夺不断加剧，能源资源供求紧张和价格高位波动都对世界经济的稳定产生巨大影响。2014 年下半年以来，由于美国页岩气革命，世界油价出现大幅下跌，给石油生产国带来很大冲击。同时，随着气候变化和能源资源对世界经济发展约束的不断加大，世界各国都在探索建立可持续的经济发展模式，实现人与自然的和谐发展。

（二）国内发展环境变化

近年来，中国经济快速增长，2010 年成为世界第二大经济体、世界第一大出口国和第二大进口国，尽管中国的经济发展取得显著成就，但中国仍然

是发展中国家的属性没有变，中国仍处于并将长期处于社会主义初级阶段的基本国情没有变。

1. 宏观发展环境变化

第一，经济保持中高速增长，但增速逐年放缓。根据国家统计局数据，2008~2013 年，中国 GDP 增速分别为 9.6%、9.2%、10.4%、9.3%、7.7%、7.7%。可以看出，自 2008 年金融危机后，中国经济依然保持快速增长，但是 2008~2010 年，增速经历先降后升，2010~2013 年，增速逐年放缓。

第二，贸易总额持续增长，贸易顺差逐步平衡。在国际金融危机以来全球有效需求不足的情况下，中国承担了向全球输出总需求的重要角色，为全球经济增长提供了重要支撑。2009 年，世界总需求下降了 0.6%，而中国实现内需增长 13%，为全球经济增长贡献了 1.6 个百分点。2008~2011 年，中国出口持续下降，但进口快速攀升，促进贸易总额持续增长。2012~2013 年，世界经济逐渐复苏，外需拉动作用增强，中国贸易顺差再次拉大。如表 2-3 所示。

表 2-3 2008~2013 年中国贸易进出口相关数据

年　份	贸易进出口总额（亿美元）	增速（%）	进出口差额（出口减进口）
2008	25616	17.8	2955
2009	22072	−13.9	1961
2010	29728	34.7	1831
2011	36421	22.5	1551
2012	38668	6.2	2311
2013	41600	7.6	2592

第三，依靠创新驱动推动产业结构优化升级。目前，中国已经处于由工业化中期向后期的过渡阶段，传统粗放型生产方式、产业结构已经不能适应现阶段经济发展水平。中共十八大报告提出要实施创新驱动发展战略，强调科技创新是提高社会生产力和综合国力的战略支撑，必须摆在国家发展全局的核心位置。实施创新驱动发展战略，要充分认识新一轮产业变革带来的机遇和挑战，充分认识我国产业转型升级面临的新形势和新要求，采取切实有效的措施，在创新驱动中推进产业转型升级。

第四，以促进消费为重点扩大内需。投资增长不可持续、制造业产能全面过剩、房地产高企之后进入低迷等，导致无论是从应对当前挑战的实际需要看，还是从长远发展的根本目的看，扩大消费特别是居民消费已经被放到扩大内需更加突出的位置。2008~2013 年社会消费品零售总额分别为 108488 亿元、125343 亿元、156998 亿元、183919 亿元、210307 亿元、237810 亿元，分别增长 21.6%、15.5%、18.3%、17.1%、14.3%、13.1%。世界发展史表明，当人均 GDP 超过 1000 美元后，一国经济将进入一个新的发展时期，消费需求将向发展型、享受型升级。根据国际货币基金组织（IMF）公布数据显示，2011 年中国人均 GDP 已经达到 5414 美元，排名世界第 89 位，进入中等收入国家行列。这表明，中国社会正在向消费型国家过渡，以创意文化、个性消费为主要特征的时尚产业将迎来巨大的历史机遇。

2. 微观发展环境变化

第一，原材料成本上升，物价水平趋于稳定。根据《中国统计年鉴》数据，中国 2008 年 CPI 指数为 5.9%，而到 2009 年 CPI 指数急剧下降，变为 -0.7%，2010 年 CPI 指数有所回升，为 3.3%，2011 年 CPI 指数为 5.4%，而 2012 年、2013 年 CPI 指数均为 2.6%，趋于稳定。可以看出，金融危机之后，中国 CPI 经历了大幅波动之后趋于稳定。

第二，就业形势较为平稳，劳工短缺逐渐显现。目前，每 1 个百分点 GDP 增长能吸纳城镇新增就业人数约 160 万人，比 2005 年前后约 80 万人和 2010 年前后约 100 万人的水平提高幅度较大。根据人力社保部统计，2014 年新增就业人数超过 1300 万人，总体就业压力不大，但仍存在大学生就业难和过剩行业企业职工下岗等结构性失业问题。随着经济增长，劳动力成本也正不断上升，使得沿海地区的大批劳动密集型企业压力增大。中国的劳工供求形势正在发生变化，劳工短缺越来越突出。

第三，资源环境约束越来越严重。当前，资源环境问题对我国社会经济发展的制约越来越明显，自然资源利用率低下，环境问题呈现不断恶化趋势。随着近两年能源、原材料、劳动力价格不断上升，土地供应、水、电力供应越来越紧张，企业面临的环保要求越来越严格，持续加大了企业的生产经营成本。

四、中国时尚产业的改革与发展

金融危机后，为摆脱危机影响，西方主要国家加大了研发投入，着力发展信息、生物、数字制造、绿色能源等高端技术，科技创新出现新态势，技术融合呈现新特征，制造方式发生新变化，产业发展孕育新形态。

金融危机也使中国经济结构中的矛盾凸显出来。为了应对金融危机的冲击，中国先后出台了十大产业振兴规划、《"十二五"国家战略性新兴产业发展规划》，以此来推动中国经济加快结构调整，实现产业升级。《2013 政府工作报告》指出，加快推进经济结构战略性调整，是转变经济发展方式的主攻方向。在存量上改造提升传统产业，在增量上培育发展战略性新兴产业，加快发展现代服务业，建立适应国际需求结构调整和国内消费升级新变化的现代产业体系。十八届三中全会为加快转变经济发展方式、培育经济发展新动力、实现经济持续健康发展确定了行动纲领。中央经济工作会议提出大力调整产业结构的主要任务，着力化解产能过剩和实施创新驱动发展。

新一轮产业变革有利于我国加快发展现代产业体系，培育战略性新兴产业，加快传统产业转型升级。时尚产业涵盖范围较广，其改革涉及制造业、文化产业还有服务业，总体而言，时尚产业近几年的改革发展集中表现为以下几方面。

第一，更高标准，更严要求。近几年，在新一轮产业变革的大背景下，中国时尚产业所涵盖的各行各业纷纷推出了各项政策措施、行业标准、认定标准，与国际现代先进的企业体系接轨，对各个行业都提出了更高更严的要求。例如，2006 年 6 月，《纺织工业"十一五"发展纲要》发布，对节能降耗和环境保护等方面的指标提出了明确要求；2006 年 12 月 12 日，中国纺织工业协会发布《中国纺织服装行业企业社会责任宣言》，推行 CSC9000T 管理体系，树立了中国纺织服装企业与世界同步的人文标准。近年来，国家质量监督检验检疫总局和国家标准化管理委员会先后发布了《翡翠分级国家标准》、《钻石分级国家标准》、《珠宝玉石鉴定国家标准》、《珠宝玉石名称国家标准》

等。2014年，上海黄金饰品行业协会牵头制定《黄金珠宝饰品零售店经营服务规范》，对规范上海黄金珠宝饰品零售店的经营管理，加强行业诚信建设，提高服务质量起到促进作用。2013年7月，文化部公布了历时两年多研究编制的《手机（移动终端）动漫产业标准》，有力推动了我国新媒体动漫行业的发展进程，大大提升了中国动漫的国际影响力和竞争力。

第二，生产智能化，制造服务化。云计算、大数据、3D打印、智能机器人技术的发展，形成智慧灵巧的高效生产方式。生产智能化改变了原来的标准化、规模化生产方式，转向多样化、分散化的生产方式，大规模个性化定制将成为可能，标志着个性化消费时代的到来。信息网络技术正在改变服务贸易特征，服务贸易和服务外包迅猛发展，制造服务化态势日趋明朗，服务环节越来越成为价值链增值的主体。品牌的经营管理模式也在向多元化发展，借助信息传播技术出现了更加先进的模式，国际风险投资开始大量介入中国时尚产业的发展。

第三，要素驱动转为创新驱动。时尚产业主要涵盖两个层面：一个是时尚制造业；另一个是时尚服务业。时尚制造业如服装行业、珠宝首饰行业、钟表行业等，所面临的更多的是传统产业升级，推动数字化制造，新技术、新能源以及新材料应用，从要素驱动转向创新驱动、提高创新能力、提升产品附加值、塑造自主品牌。时尚服务业如动漫产业、美容美发行业、流行音乐行业等，其本身就含有大量创意创新，但是水平较低，改革发展一方面是不断提高创新能力、创新质量，另一方面是充分利用信息化技术创新生产、经营模式。

第四，人才培养既重数量又重质量。与产业的快速发展相比，中国时尚产业教育培训体系发展相对滞后，导致专业化、国际化人才短缺，服装行业缺乏设计师人才、珠宝首饰行业缺乏珠宝鉴定人才、消费类电子产品行业缺乏高科技人才、动漫产业缺乏创作人才等。近几年，国内对时尚产业人才的培养，已经从注重数量转向数量与质量并重。《建设纺织强国纲要（2011~2020年)》指出，建设纺织强国的决定性力量将是高素质人才，而不是廉价劳动力。目前，时尚产业也已进入升级转型的关键时期，更需要一大批高素质、高技能的高级人才。首先，通过充分发挥高等院校、科研院所以及各类职业学校学科建设，完善时尚产业技术、管理等方面的教学课程设置，建立产学研相结合的教育创新体系，加快培养适应行业发展的专业人才。其次，建立社会培训体系。由行业协会、中介服务组织等机构牵头，创办各类中短期为主的时尚产业培训课程，着重为企业输送技能人才。最后，加强职工在岗培训。优化企业员工在岗培训环境，大企业尤其应注重提高员工国际化水平。

五、中国时尚产业的突围之路

2008年金融危机之后，面对纷乱复杂的国际国内经济形势变化、产业改革发展及资源环境变化，时尚产业不断寻找突破口，通过制定和完善产业发展政策，提高企业技术创新能力、经营管理能力、市场开拓能力，增强企业的市场竞争力，最终实现率先突围。一是时尚产业培育了一批创新型企业和自主品牌，大幅度提高了时尚产业外观设计、实用新型及发明三项专利拥有量，消费类电子产品行业表现尤为突出。2013年，我国共受理发明专利、实用新型专利和外观设计专利等三种专利申请237.7万件，同比增长15.9%；授权三种专利131.3万件，同比增长4.6%。其中，共受理发明专利申请82.5万件，同比增长26.3%，连续三年居世界首位，共授权发明专利20.8万件。二是形成了若干时尚产业集群，以北京、上海、杭州、深圳、广州、大连、青岛、成都等中心城市带动，以长三角、珠三角、京津冀三大经济圈为龙头，引领中国时尚产业发展的基本布局。时尚产业在不断发展中，找到了多条突围之路。

（一）充分利用"口红效应"外销转内销

"口红效应"又称为"低价产品偏爱趋势"，我国时尚产业处于起步阶段，总体以中低端和低价位为主，由于危机中的"口红效应"，受危机冲击相对较小，服装、消费类电子、化妆品、美容美发、动漫等生活必需品及"放松消费"行业表现尤为明显。同时，2008年金融危机之后，政府出台了一系列的强力刺激措施，国内市场消费需求在经历短暂去库存周期调整之后，总体上保持了相对较为稳定的增长，国内市场销售情况明显好于外销，很多企业通过以外转内来应对危机。

（二）创新驱动创意、科技与时尚相融

近年来，我国文化创意产业蓬勃发展，对时尚产业起到了极大的促进作用。深圳、上海、北京先后成为联合国教科文组织创意城市网络"设计之都"成员，我国是目前为止唯一拥有三个"设计之都"的国家。科技和时尚的结合是一种趋势，未来时尚创业的发展将在很大程度上受制于科技发展的水平。这一点在 IT 数码产品、动漫、游戏、影视等领域显得尤为突出。设计水平的提升，促进了科技成果的转化，为时尚产业赋予了更加丰富、前沿、创新的内容，老字号焕发了新活力，年轻品牌不断涌现。创新驱动成为时尚产业发展的重要推动力量，引领消费者走向更时尚的生活。

（三）加快转型升级向价值链中高端攀升

随着国际国内经济形势的不断变化，"口红效应"逐渐淡化，产业转型升级已经迫在眉睫。我国作为"世界工厂"，许多产业处于价值链低端，但在这个过程中，我们也在不断地引进消化吸收再创新。金融危机之后，时尚产业利用自身优势，总结经验教训，加强品牌意识，不断优化调整产业结构，加快传统产业转型升级，向研发设计和营销服务两端延伸，向价值链中高端攀升，大幅提高了产品附加值和产业竞争力，拓展了产业发展空间。

（作者单位：中国国际经济交流中心）

世界时尚产业的发展趋势及启示

张　斌

从世界范围来看，时尚产业发端于 17 世纪的欧洲，后经过第二次世界大战，逐渐蔓延到纽约，随着亚洲经济的快速发展，尤其是东亚国家的经济振兴，东京、中国香港以及新加坡等逐渐崛起。既有深厚的历史文化积淀，又有现代产业的配套发展，老牌的时尚企业和时尚品牌在保持其传统优势的同时，抓住信息化时代的机遇，大胆将互联网、大数据、供应链、国际化营销等元素纳入其产品中。既保持其高端定位，又能根据时下最流行的消费偏好调整经营战略，将一个小众的时尚产业带入崭新的时代。融合了文化、创意、设计、科技、经典、高端等众多元素的时尚产业出现在世人面前。就连全球销量最大的电脑公司——Apple，也因其独特的设计理念、对时尚的极致追求，而成为时尚业最领风骚的佼佼者。

一、世界时尚产业和品牌发展的现状

每个时尚企业的成功之道各不相同，但却以共同的规律性特征，推动着世界时尚产业的发展。而世界时尚品牌的发展，也从微观层面为时尚产业的发展提供了参考。

（一）世界时尚企业的发展

一个时尚企业的持续良好发展，需要多方面的因素加以支撑。企业理念、国际市场、时尚产品、产业链、创新、价值链等从不同方面决定着时尚企业成功的模式。

1. 理念方面：追求新奇和高端是时尚企业的永恒法则

利用人们追求新奇的心理，时尚企业推出时尚产品时在很大程度上推出的是一个时尚理念，也就是企业的时尚法则。企业产品会给消费者带来怎样的时尚体验，会使人们走到时尚的哪个层面，是时尚追随者比较在意的。时尚企业的成功因素之一，即通过品牌广告创意设计将人们带到时尚的领域中，即使对时尚没有多少接触的人也会在瞬间感觉自己走进了时尚界，把企业产品品牌与时尚联结起来。像 Dior、Channel 这样的顶级时装品牌是不靠卖多少万件衣服度日的，他们有自己的品牌主张，只为顶尖的上层人士专门定制服装。当然，绝对的新颖和奇特未必总是存在的，但是相对新颖却是时尚业永恒的法则。

2. 市场方面：国际化营销是时尚企业的重要策略

小范围的时尚并不能形成气候，时尚是需要追随者的，时尚也是非常有时效性的，时尚的发布传播周期一般都非常短。时尚企业的成功因素之一，即培育国际化企业，从融入国际经济大家庭的战略高度来考虑企业的持续发展，并在短期内将最新推出的时尚推广到世界各地，建立起自身稳定的国际市场和消费者。虽然各家时尚企业都在不断加强人力资源建设，通过引进高端设计师来保持其创新的活力。但由于设计师的灵感不同及世界流行趋势的改变，再有个性的品牌也不得不对一些时尚元素做出改变，而能展现这些改变的就是国际化营销了。当然，如果改变的不合潮流，必将遭到惨败，即使是迪奥也不能保证永远站在时尚的最前沿，所以在全球最有影响力的那些新装发布会的成败也决定了一个品牌能否留住老的客户和吸引新的客户，是一个时尚品牌最重要的宣传手段。

3. 产品方面：快时尚和慢时尚总是交替并存

过去的几年，以 Zara、H&M（包括如 Only、Vero Moda、Etam 等准快速时尚品牌）为代表的一批时尚企业，积极迎合现代年轻人快节奏的生活方式，设计出一些低价的时尚产品，以低价及流行快速满足消费者的需求。快速时尚最显著的特点就是"快速"与"时尚"。"快速"是对市场快速的反应能力，简单来讲就是从产品开发到新货上市的周期较短。然而，正当这些企业销量迅速攀升的时候，一些老牌的时尚专业人士仍然坚持自己的传统和经典，更注重情感与个性的因素，如LV、CD、香奈儿等时尚品牌，能够给予消费者极佳的个人体验。尤其是金融危机后的这几年，随着人们对低价时尚产品的随意性加大，传统经典、高端的时尚品牌设计更加迎合了一部分消费者的心理。因此，快时尚和慢时尚交替出现就成了时尚产业的一大特点。

4. 产业方面：产业链、供应链整合是时尚企业多元化战略的重要举措

诸多顶级时尚公司都有着这样一个现象与特点：企业的时尚形象确立下来并在时尚界占据一定地位后，即发展企业内部的时尚产业链。也就是说，企业的时尚产品并不是单一的，它们的时尚产业链在不断丰富、更新、整合。比如阿玛尼旗下有23条子线，但是都被总公司掌控得很好，从设计、生产、定价、配送、营销到销售、售后服务构成一个完整的产业链。传统企业在坚持高端、追求精致时都会坚持自我产业链条，以保证产品质量的万无一失。然而，近年来，随着全球生产基地成本上涨，以及第三方服务的快速崛起，一些有眼光的时尚企业也开始抓住供应链管理的手段，加强全产业链的质量管控，通过把控标准制定来降低成本和提高利润，实现了创新升级。时尚产业以龙头企业为核心，形成以产业集群和产业联盟为主的产业组织形态，聚集上下游的供应商、零售商、制造商和客户，有着高度发达的供应链体系。并且时尚产业的供应链具有快速反应和敏捷生产的特点，可以快速适应社会文化和市场消费潮流的变化，建立市场导向的管理及业务流程。

5. 发展方面：不断创新才能让时尚企业立于不败之地

现代社会的快节奏让不少传统的时尚企业感到，仅仅依靠传统和经典无法在现代社会立于不败之地。很多新兴行业利用现代科技，并融合了传统文化，通过金融的手段，不断打造出新的时尚品牌。只有抓住机遇，不断创新，才能让企业如凤凰涅槃一般永存。时尚界是一个瞬息万变的世界，时尚企业要在时尚界站稳脚跟，就要时刻关注国际最流行的时尚趋势。各大时尚企业都是不断地推出新品系列，以此来保持企业的活力，每次新品的推出都是时尚企业对市场的一次冲击，也只有不断地推陈出新，才能在消费者心目中留下长久的印象。永恒的时尚企业品牌主题和前卫的时尚产品系列完美融合，是时尚企业立于不败之地的制胜法宝。

6. 价值链：价值链不断升级，全球深度整合资源成为趋势

时尚产业是全球化程度最高的产业之一，随着时尚产业国际分工的不断深化及跨国贸易投资的迅速发展，时尚产业较早就形成了全球加工制造网络；而随着服务全球化和外包化，时尚产业也较早形成了全球生产服务体系，实现了全球制造与服务的高度融合，构建了时尚产业自身复杂庞大的全球价值链、供应链体系，将全球制造与全球营销、全球创意、全球消费及全球服务更密切地结合起来。时尚产业全球价值链是一个由多领域、多行业、多门类、多环节、多流程组成的综合性网络，包括产品的创新、设计、研发、生产制造、品牌、营销、服务等一系列价值增值活动及其相关环节，可能是链条最长的产业之一。设计、品牌和营销则是时尚产业全球价值链的核心环节。近年来，一些时尚类跨国企业占据了时尚产业价值链高端环节，并在全球范围内开展资源整合，实现了价值增值（顾庆良，2010）。

（二）世界时尚品牌在分化中快速发展

经历了国际金融危机的洗礼，时尚品牌也逐渐分化，传统时尚品牌凭借其经典的设计和固有的高端消费群，继续引领全球时尚品牌的发展。其中Burberry、Channel 等龙头企业继续推进经营模式创新；金融危机前后涌现的快时尚品牌则经历了大浪淘沙，逐渐沉淀出 Zara、优衣库、H&M 等代表企业，他们继续凭借其低价和时尚理念在时尚业界攻城略地；而融合了科技与设计、传统与现代的新型高端时尚苹果公司等代表企业则以其技术优势获得更多市场份额；当然，小众品牌的 VVTIME 等企业则通过与强势品牌联姻实现了从灰姑娘到大家闺秀的华丽转身。每个时尚品牌都有着自己的风格和故事，以其独特的设计、时尚品牌以及特有的风格引领着时尚产业的发展。

1. 致力于互联网和积极创新的高端典范——Burberry

Burberry 一直以来都致力于拥抱互联网革命，在众多时尚品牌里面堪称领头羊。早在 2010 年就已经率先将服装秀搬上小荧幕。他们更在 2014 年"伦敦 2015 春夏时装周"，成为首批尝试使用 Twitter 推出 Buy now 按键的品牌。同时，也在秀后即在自家网站上推出限时两个礼拜的"客制化的伸展台"

(Runway Made to Order) 服务，让客人可以从还没上市的春夏设计之中，优先选购与客制化。除了增加互联网销售途径之外，他们也推出了 @burberryservice 的官方 Twitter 客服账号，打着一天 24 小时、全年无休息的招牌来协助解决客户的任何问题。现任公司 CEO Christopher Bailey 认为，当务之急是将关于 Burberry 品牌的各种层面，从服装秀、销售到客服都尽可能整合起来，提供给大众一个最为完整的 Burberry 品牌体验（FI 中文网，2014）。

2. 坚持走高端路线的时尚宠儿——香奈儿

香奈儿的特别之处在于实用的华丽，人们可以明显辨别出香奈儿的品牌风格，比如带有强烈男性元素的运动服饰、象征康朋大街的菱格纹、打破旧有价值观的人造珠宝、双色镶拼的羊皮鞋、带有浓郁女性主义色彩的山茶花图腾，以及奢华与简洁并重、赫赫有名的香奈儿 5 号香水。香奈儿在品牌的定位方面越来越精英化，甚至还加大了其产品中最奢华系列的分量，以吸引更多"有钱人"的腰包。香奈儿品牌已经处于时尚品牌的顶端，高品质和高价格是维持品牌形象和存在价值的关键途径。香奈儿同时采用了品牌年轻化策略，吸引更多新贵的欢迎；同时对新兴市场进行了特别产品的开发，成功占领俄罗斯、中国、巴西等新兴国家市场成为时尚品销售新的增长点；保持高贵的渠道形象，在核心区域开设精品店，体现顶级品质、独一无二的特征，比如在上海外滩半岛酒店开设旗舰店等。

3. 极速打造平价奢华的快时尚品牌——Zara

Zara 以"一流设计、二流材质、三流价格"打造了平价的奢华，其极速供应链模式被当做业界典范。Zara 做到第一时间了解和确定消费者的需求，并想尽办法以最快的速度迎合消费者的需求，而 Zara 的快速反应能力恰恰就是支撑这家企业在世界范围内持续扩张的基础。Zara 设计团队每天都会出现在电影院、酒吧、街头以及各种时装发布会现场，从各种各样的时尚潮流信息来源中捕捉与汇总当前的潮流指标，从中汲取顶级设计理念。首先，在生产小批量约束下，Zara 对新潮流最敏感的款式采用垂直一体化生产，从设计到生产都在 Zara 内部完成，控制质量和速度。其次，Zara 把潮流敏感部分外包给市场就近的供应商以保证速度，更多对价格敏感而不是对潮流敏感的基本款式则外包给亚洲供应商。两者的结合则将"快"与"时尚"体现得淋漓尽致。最后，Zara 的自有工厂按照服装类型实行高度自动化和专业化，并且集中在生产过程中的资本密集型环节，如样式设计、剪裁、加工和检验等。在这个基础下的极速供应链构建就对各个环节的联通和信息处理能力提出了极高的要求。为保证配送速度，Zara 应用了地下传送带、激光条码分拣、订单直配、高速物流等配送手段，从设计到采购、生产、全球各地的服装店上架销售，全过程只需要 15 天时间，其中的配送速度是 24 小时到达欧洲、48 小时到达美国、72 小时到达上海和日本的各个门店（刘真真，2014）。

4. 从高科技公司到时尚企业的华丽转身——苹果公司

苹果公司在时尚业界只能算是一个后来者，这家创立于 1976 年的电脑公司，只是近年来才进入时尚业界。然而却一发不可收。乔布斯和史蒂夫·沃兹尼亚克（Steve Wozniak）1976 年在加州帕罗奥尔托的一个车库里组装了首台平板电脑。在整个行业都不重视设计的年代，他们却把设计置于苹果产品开发流程的核心地位。该公司的设计师全程参与到产品的开发过程中，为产品的最终客户体验贡献了自己的智慧，而不仅仅是按照工程师的要求在外壳上"涂脂抹粉"。事实上，设计师反而为工程师设定了一些具体要求。这在早期是一件很有风险的事情，因为苹果产品的成本会因此增加，而它的与众不同之处却没有多大必要。这在当时的汽车、电脑等主流高档消费品中，丝毫不为大家所重视和采纳。然而，几十年过后，这种"重设计，轻技术"的体验却令苹果公司在一个竞争激烈的市场中立于不败之地。全球品牌资讯公司 Interband 自 2000 年起每年都会发布全球最佳品牌榜（Best Global Brands Report）。2014 年全球最佳品牌榜百强上，苹果以 1180 亿美元的品牌价值蝉联榜首位置，成为当之无愧的全球最富品牌价值的企业。在一年的时间里，苹果的品牌价值增长了 21%。苹果成为当今时代时尚产业与新技术的完美结合的榜样。

5. 以资产化手段实现突围的"灰姑娘"——VVTIME

综观全球的很多知名品牌，特别是时尚品牌，我们都会看到它们的背后有资本的身影在晃动。一个品牌发展到一定阶段的时候，即使它的产品设计跟品牌知名度没有问题，它也面临着扩大市场、开发更多新产品去迎合市场新的需求，因此使品牌资产化，保证资金的持续投入，对于品牌的持续发展具有十分重要的意义。如何使品牌资产化，让企业获得更多利益呢？第一种是通过并购或收购世界上一些衰弱的或由于缺乏资金经营不善的世界顶级品牌，给它注入资本，使它在经营渠道、品牌推广上得到更多的资金支持，使它的产品更具活力，并获得新的市场和消费群体的认同，最终带来市场价值回报。第二种是被一些较好的品牌兼并，通过加入一个资金实力更强的集团，获得更多用于未来持续发展的资金。Richemont（历峰）集团旗下的 VVTIME 品牌，在没有加入历峰集团之前，只是一个地区性的品牌，历峰集团收购该品牌后，利用自己国际化全球资本平台，仅用了短短 11 年的时间就使 VVTIME 这个品牌走向了世界（《中国时尚产业蓝皮书》课题组，2010）。

时尚品牌的领军企业在保持其高端路线的同时，也积极创新升级，呈现一些新特点。最为引人关注的是时尚与科技的跨界融合，不仅仅是时尚品牌开始大范围采用新技术，运用互联网、大数据开拓新的营销方式，一些原本是高科技的品牌也积极融入了时尚元素，成为融合了科技和创意的新的时尚品牌。同时，运用并购等方式进行的品牌管理和资产配置成为时尚品牌应对金融危机，控制产业链关键部位和价值链核心环节的主要方式。

二、国际金融危机以来世界时尚产业发展的新特点、新趋势

2008 年爆发的国际金融危机给全球时尚产业以巨大打击，行业销售大幅萎缩，失业倒闭大量增加，时尚品牌内在价值受到严重削弱，减产、降价、降低库存成为时尚产业的生存策略之一。在金融危机后世界经济缓慢复苏的过程中，时尚企业被迫做出各种调整，时尚产业经历了一次全球范围内的大重组、大调整。一部分企业抓住"危中之机"，通过兼并重组、调整品牌战略和营销战略等方式，实现了凤凰涅槃。而另外一些企业则在全球竞争的大潮中悄然落幕。老牌的时尚品牌经受住了考验，其价值再次得到了世人的认可，一部分新品牌迎合了金融危机中人们消费心理的变化，应运而生，逆势而上。中国等新兴市场领先全球复苏，国际时尚巨头加快进军中国等新兴市场。金

融危机后，全球时尚品牌加速并购重组，也呈现出新特点、新效应。

（一）时尚产业加速洗牌，行业巨头推进全球资源整合

金融危机下，规模较小的时尚品企业纷纷倒闭，兼并收购成为危机以来时尚产业领域的一大趋势，一些大公司借机实现了全球范围内资源的进一步整合，并牢牢占据了全行业的价值链顶端。例如，危机之初，高尔夫运动品牌 Ashworth 就被 Adidas 以 7280 万美元收购，并承担其 4630 万美元的债务。兼并重组的趋势并没有因为全球经济的复苏而减少。根据 Pambianco 年度调查数据显示，2013 年前 9 个月全球时尚业界并购事项达到 81 个，相比 2012 年的 75 个有 8% 的增长，自 2011 年以来，并购数量总体增长 40%。像 LVMH 和 Kering 这样的大集团一直没有停止并购的速度，而私人买家要不就是买回原先的公司，或者像是 Guerrand-Hermes 家族拥有大笔资金，加大投资份额，收购 Arthus-Bertrand 珠宝品牌 45% 的股份。从地域上来看，2013 年前 9 个月的 81 个并购项目中，21 个在意大利进行，占总数的 26%。意大利企业一直是投资人的兴趣所在，Kering 集团收购 Pomellato，LVMH 收购 LoroPiana 和米兰的 Cova 咖啡馆等。如今，超过 50% 的高级时装品牌被掌握在了少数几个巨头手里，如 LVMH、PPR、PVH、Richemont。这几个时尚集团在经济危机的重压之下，保持了其在时尚业界的巅峰地位，同时还通过全球资源的整合实现了时尚产业集中度的进一步提升。目前，始于国际金融危机的这一场时尚行业的兼并重组并没有结束（Pambianco，2013）。

（二）新兴市场国家开始冲击传统上欧美对时尚行业的垄断地位

金融危机后，受全球消费能力下降的影响，一些时尚品牌遭遇了销售额下降，利润大幅下滑的冲击。2008~2009 年度，三大时尚产品集团的股票价格大幅下挫，LVMH 集团和历峰集团的股价分别下挫 55% 和 33%，PPR 的跌幅更是达到 95%，远超同期道琼斯和标准普尔 500 指数 51% 和 38% 的跌幅。尤其是伴随着欧债危机的蔓延，欧洲品牌更加受到国外买家的青睐，尤其是来自中国、日本、印度、俄罗斯和中东地区的买家。一些欧洲品牌已经被一些来自新兴市场的买家收购。2009 年 11 月，印度钢铁业巨头米特尔公司总裁拉

克希米-米塔尔的儿媳 Megha Mittal 收购了德国时尚品牌爱斯卡达（Escada）。2009 年中国义乌美联工贸有限公司收购欧洲一线饰品品牌。2009 年初，威海迪尚集团出资 630 万美元收购巴黎 AVERY 品牌，进军巴黎女时装中档市场。2009 年中，山东舒朗服装服饰有限公司完成收购意大利 4 家企业：男装品牌公司 GuidoBertagnolio、ADRIANORODINA、一家粗纺纱工厂和一家毛纺厂，4 家企业都曾是舒朗的原料供应商和品牌设计合作者。2009 年 7 月，法国皮尔·卡丹公司宣布，将旗下在华成衣和衣饰业务卖给两家中国公司，总价 2 亿欧元。在新兴市场国家纷纷进军欧洲市场的同时，在时尚产品行业曾经被欧美国家一统天下的格局被逐渐打破，新兴市场国家借助于收购等资本手段，实现了一次短道超速（李媛，2009）。

（三）时尚企业不断革新营销模式，以创新维持企业的竞争力

存货压力下的折扣销售，成为危机之初时尚产业的一大特征。在全球各地，以前从不打折的一些时尚品牌，在金融危机中也开始以大幅度的折扣吸引消费者的光顾。2008 年 9 月初，纽约满是时尚品牌形象店的第五大街上随处可见时尚品牌削价销售，YSL、Gucci 等更是出现了 5 折以下的价格，而各品牌的季末大减价也比往年提早很多。在时尚品行业内，提价就如同金科玉律一般从未被打破。然而，2008 年 10 月，香奈儿率先在美国市场降价 7%~10%。继香奈儿之后，范思哲（Versace）、Christian Louboutin 以及 Chloé 也纷纷将各自产品在美国市场的售价调低了 8%~10%。这一行业曾赖以生存的根基被动摇了，其"相对稀有—提价—获取高额利润率"的良性循环也正向"存货增加—降价—利润率下降"的恶性循环演变。在一片降价声中，一些企业也开始积极转变营销模式，开创了一条求发展的新路。LV、Dolce & Gabbana 和 Alexander McQueen 都把 2009 年的秋季时装秀搬上了网络，网络社区 Facebook 和微型博客 Twitter 上每天充斥着有关各个品牌的新闻与图片，而时尚博主们也受邀坐上了秀场的第一排。时尚品牌终于放下一直端着的架子，跑步进入互联网时代，开始身体力行地拉近与消费者，尤其是年轻消费者之间的距离。无论是通过建立粉丝群、举行特别优惠活动或者是简单的标题广告，2010 年大部分的时尚品牌接受并参与到社交网络服务之中。阿玛尼

搭建了一个手机电子商务平台，巴宝莉更是推出了专门的社区网络"风衣的艺术"（Art of the Trench），不仅邀请热门的街拍大师拍摄世界各地穿着自家明星产品风衣的时尚人士，而且消费者还能在网站上"晒"一下自己的风衣搭配，并对他人的照片发表留言、品头论足一番。巴宝莉希望借由社区网络来维系品牌与已有消费者之间的纽带，同时吸引年轻时尚的潜在消费者（周莹，2009）。

（四）品牌战略上更加注重"量体裁衣"，大众时尚兴起

促销降价、与低端品牌寻求合作、减少维护形象的高昂成本开支成为高端品牌迫不得已的生存战略。时尚品牌显然很清楚一贯高调的广告和推广对维持品牌高端形象的意义。LVMH集团总裁伯纳德·阿诺特（Bernard Arnault）指出，金融危机后，消费者对投向时尚品的每一笔钱都变得更为谨慎。经济大环境与消费者心理的变化让时尚品牌审时度势，在保持产品高素质的同时，以阿诺特"时尚DNA"的理论为基础，衍生出一些新的策略。与过往的高高在上不同，时尚品牌集体放低姿态，努力拉近与消费者的距离。从爱马仕到LV再到卡地亚，时尚品牌在各自的主打产品之外都推出了香水、钱包等价格相对较低的入门级产品，而阿玛尼更是拥有针对不同档次消费者的六个品牌，从定制时装到大众品牌一网打尽，而无论哪种做法都是为了同样的目的，即争取更多的消费群体，做大品牌规模。Coach没有选择降价这个可能足以毁掉品牌的方式，而是推出了一个全新的子品牌，并使用新的材料和设计。他们做得更好的是，为新品牌取了一个全新的名字"Poppy"，并设计了自己的款式，同时还为其规划了更精确的细分市场。如此一来，Coach为新品牌赋予了和原有品牌截然不同的故事，同时还有利可图，Poppy系列98元的手提包更成为Coach的畅销款。而最近几年，又多了一个方式，为大众品牌设计限量版的平价系列。设计师也开始关注普通人的生活。Adidas与美国设计师Jeremy Scott合作服装与鞋子系列；Puma和Sergio Rossi合作小型鞋子系列；Sofia Coppola为Louis Vuitton设计手袋和鞋子。时尚高端品牌或者专为时尚品牌设计的大牌设计师们开始名正言顺地吸引众多的低端客户（周莹，2009）。

（五）中国消费者危机之后转向理性消费

国际金融危机之初，欧美消费巨头纷纷瞄准中国市场，中国消费者也没有辜负这些高端时尚品牌的青睐，不断刷新全球购买时尚品的纪录。根据贝恩咨询公司发布的报告，2009年中国时尚品市场增长了近12%，达到96亿美元，占全球市场份额的27.5%，上升3个百分点；据世界时尚品协会相关报告显示，中国在短短几年的时间内就超过美国，成为仅次于日本的第二大时尚产品消费市场。来自NewWestEnd公司的数据，2009年10月中国消费者在英国伦敦Bond Street、Oxford Street以及Regent Street三条商业街上的消费相比2009年9月升高127%，同比上年增加21%。2009年4~9月，中国消费者成为Bond Street上消费支出最多的国家，总共消费金额高达300万英镑。世界知名旅游退税公司"环球退税"在2010年初公布的调查报告显示，2009年中国游客在法国免税店共消费约1.58亿欧元，同比增加47%，成为在法国的"购物之王"。据位于东京及大阪的日本电器连锁店统计，中国游客的平均购物单价在4万~5万日元，明显高于日本人，仅2009年12月利用中国银联卡结算的件数，就是2008年同期的2倍，结算金额超过200亿日元，比2008年增加了89%。一时间，中国似乎成了所有时尚品牌的救命稻草，在华高速增长的销售额也无疑成为各公司年度财务报表里最醒目的一抹亮色。

然而，经历了危机之初两三年的狂热，近两年来中国消费者对全球时尚产品的消费正转向理性。在2011年中国时尚品市场规模同比增速高达30%后，2012年便断崖下跌至7%。于这一年后，在中国大陆市场占比销售1/4的PRADA便逐渐归于平静。尔后，在外滩坚守10年的Giorgio Armani旗舰店于2013年停业，而相隔不远处的外滩六号Dolce & Gabbana、外滩18号百达翡丽和宝诗龙也一并撤离。曾经，上海外滩商业以时尚品牌集体入驻著称，有位掌管外滩一高级物业的外籍高管自豪地表示，排队要进入该物业的国际品牌实在太多，根本无法全部满足。然而数年间，一大批时尚品牌撤离了外滩，Hugo Boss是最早离开外滩的时尚品牌之一。此后，Dolce & Gabbana撤出了外滩6号，该门店被一家买手集合店取代，接着百达翡丽（Patek Philippe）与宝诗龙（Boucheron）也先后撤出了外滩18号。看似风光无限的时尚大牌们纷纷关店，与近年的中国时尚品市场销售完全吻合，据贝恩咨询统计，中国时尚品市场 2013 年规模为 1160 亿元，同比仅增约 2%。2013 年中国人在时尚品上的开支下跌了 15%。然而，衰退的痕迹并未消退。2014 年春节，昔日人头攒动的场景被鲜有人问津所取代。国内春节时尚品消费总额仅为 3.5 亿美元，该数据相比 2013 年的 8.3 亿美元下降了 57.8%，也创造了十年以来历史最低点。瑞士钟表联合会发布的数据也显示中国大陆已跌出瑞士钟表出口的前三名市场，其在中国内地的销售 2014 年 4 月下跌了 6.5%。2014 年 7 月 25 日，排名世界第一时尚品巨头 LVMH 公布了二季度财报，二季度销售实际增速仅为 1.3%。其中，Louis Vuitton 所属的时尚皮具部门销售同比增速对比一季度的 10.7% 下降 75%。业绩萎缩和不及预期的财报，LVMH 管理层了无新意的指向伴随着在华市场需求的下降。颇为暗淡的业绩也令 LVMH 股价一度盘中大跌 7.2%，创下 2009 年以来最大单日跌幅。Louis Vuitton 一直被视为时尚品行业的风向标，其标杆意义引发的效应再现。尾随其后的是另外两大世界时尚品集团——瑞士 Richemont 和法国 Kering。两家公司股价当日分别下跌 3% 和 3.7%。可以说，Louis Vuitton 的萎缩宣告时尚品在中国市场已走向调整。中国消费者已经不再扮演拯救世界时尚行业的救世主。如何转变在华经营策略，拯救时尚行业中的这块新绿洲，成为未来几年国际大牌的时尚品牌需要认真思考的一个问题（禾田，2014）。

三、未来国际时尚产业的发展趋势

近些年来，流行趋势的判断与分析已发展成一个非常复杂的商业领域。全球信息的传播速度为人们带来两种截然不同的影响，它在方便了我们生活的同时，也使之愈加混乱。信息的快速传播更为所有的商业领域带来严峻的考验，而时尚产业更是首当其冲。未来几年，国际时尚产业的发展将呈现以下趋势。

（一）快时尚降温、慢时尚复兴

金融危机前，Zara 成为快时尚的始作俑者。如今流行的快时尚品牌有 H&M、优衣库、Zara、C&A、Jack & Jones、Only、Vero Moda、Mix-Box 等，掀起了一股"快时尚"潮流。快时尚的快感停留在频繁出新、设计新潮、平易近人，其后它的表现就逐渐不尽如人意起来。撞衫是最明显的不快——既然便宜，追捧的人多，那它的四处蔓延就是必然结果。此外，快时尚不仅带来粗制滥造，甚至厂商中会出现雇用童工、原材料过多使用化工有害物质的情况。走过喧嚣的十年，慢时尚逐渐回归，快时尚悄然降温。当消费者长期浸泡在"快"、"花"的消费潮流中，逐渐产生审美疲劳，经典、持久、独特的"慢时尚"时代就回归了。慢时尚是超越季节、超越时间的，是永恒的经典，随着现代"绿色"生活的提倡，"慢"既迎合了消费者的怀旧心理，更回归了自然和经典，让潮流成为生活中的点缀，让生活回归品质。同时，在经济危机后的年代中，"慢时尚"因素之——节俭再度成为生活主旋律，消费者考虑更多的是商品的长期价值。慢时尚的产品追求的是超越季节、超越时间，那意味着产品更经典耐用，它们也不希望产品的生产流程给地球环境带来负担，包括使用天然的面料，减少污染排放，也符合世界贸易组织的要求。从制造上看，慢时尚的"慢"，体现在它们可以为了一个好产品的出炉，等待更长的时间，以"慢"为美。未来几年，慢时尚回归将成为时尚产业的一大亮点。

（二）多元化市场的采购模式与"中国+1"战略并存

在快时尚兴起的年代，采购商为加快产品更新，扩大全球布局、压缩生产周期等因素，多元化市场采购的模式开始成为新潮流。很多西方国家的零售商为了加快市场反应速度，开始在靠近销售点的地区寻找货源，与零售商合作的供应商数量日益减少。靠近美国的中美洲地区凭借其优越的地理位置，成为可以替代中国、极具吸引力的供应基地，也是能够有效提高市场投入和反应速度的理想采购地。同时，越南、巴基斯坦、印度和孟加拉也都成为值得考虑的供应基地。然而，随着快速时尚的逐渐淡出，多元化市场采购模式也在悄然发生变化。虽然各国采购商积极倡导多元化采购战略，但是不可否认的一点是其采购重心仍然集中在中国。全球金融危机以后，中国的生产企业开始尝试转型。为了延长产业链，他们加大了配套力度。虽然配套产品的增加会加大供应商的工作和成本，但能提供更多的服务，为采购商提供一站式采购的便利，降低客户的商务成本。全产业链供应、快速的市场反应能力成为纺织品供应商需应对的新考验，而中国制造商目前的表现或许正是采购商推崇"中国+1"模式的原因所在（《中国纺织报》，2012）。

（三）新兴经济体成为国际时尚产品的主导消费群

在未来 10 年，亚洲市场销售额将占到全球时尚品销售额的 60%。据 Telegraph 报道，到 2030 年，中国预计将成为利润增长的主要驱动力。估计有 1300 万户中国家庭的平均收入超过 15 万美元。印度将有希望成为时尚品的另一个新兴市场。印度年轻的人口和日益繁荣的经济令其成为所有国家中最有潜力的一个。虽然印度政府对外国资本的严格控制至今仍令外国厂商头痛不已。但随着加入 WTO，印度政府势必会放宽政策，并和发达国家建立良好的合作伙伴关系。在接下来的十年，印度家庭平均收入将超过 5 万美元。EIU 首席零售和消费品分析师 Jon Copestake 表示："随着零售品牌对国外投资的开放，这个国家将成为时尚品销售的一个关键战场。"

巴西，是一个高速发展、充满活力的国家，有着轰动全球的时装周以及众多国际品牌和现代的消费观念。俄罗斯的高消费人群主要集中在莫斯科、圣彼得堡等少数城市。但这个国家仍然有着不可小觑的巨大潜力，尤其是在高级时尚品牌方面。至于中国，更是有着巨大的市场规模和消费潜力，会从需求和供给两方面成为世界时尚产业发展的新动力。瑞信 2013 年调研了 8 个国家（巴西、中国、印度、印度尼西亚、俄罗斯、沙特、南非和土耳其）的 1.4 万客户，了解了当年这些客户购买时尚品的计划，以及这些客户愿意为哪些品牌付出高价。总的说来，新兴市场消费结构正在转向，可支配个人支出将重新回到正轨，预计未来的消费前景也较为乐观，全球时尚品牌依然会成为收入增长的最大获益者（和讯网，2013）。

（四）国际时尚品牌的集中度越来越高

根据 Interband 2014 年世界品牌 100 强的统计，有超过 50%的涉及时尚产业。同时，一些国际知名大品牌越来越占据市场主导地位。在时尚产品市场，世界前三大时尚产品集团几乎囊括了全球的时尚品牌。第一大集团：法国的 LVMH 集团，旗下拥有 50 多个世界顶级品牌。第二大集团：瑞士的 Richemont 集团，旗下拥有众多世界著名的珠宝、手表品牌。第三大集团：法国的 PPR 集团，旗下最主要的品牌是 Gucci（古驰），PPR 通过 1999 年换取 Gucci 集团 40%的股份，拥有了该意大利驰名品牌（《时尚产业蓝皮书》课题组，2010）。

（五）网络时尚蔚然成风

近年来，时尚产业不仅赶上了时代的大潮流，还借助最新的技术、理念等完成了蜕变。Threadless 是最早采用众包模式的电商企业之一，它允许用户投票给喜欢的 T 恤设计图，并根据投票结果决定是否进入量产。目前，众多时尚企业都意识到了创造性平台的力量，借助其活跃用户的力量，如 Polyvore 在用户社区发起设计比赛，而 Moxsie 则借助 Twitter 使得消费者变成真正的购买者。越来越多的时尚网站同时尚博主、潮流先锋及名人合作，采用一种编辑的意识做电子商务。位于伦敦的 Stylistpick，会邀请著名的时尚达人为用户挑选各款潮品，进而打造用户专属的单品陈列室；MYMix for eBay 的商品目录是由 The eBay Style Collective 的时尚博主、达人们挑选简历的；Yoox 的部分商品是根据明星的喜好选择的；ASOS finder 的商品目录是由其社区成员挑选的。Google 旗下的 Boutiques.com 采用数据挖掘为用户做商品推荐，但一个成功、高效的推荐系统需要足够量的数据，而且时尚产业又瞬息万变，因此 Boutiquese.com 还有很长的路要走。可以预见，结合搜索引擎推荐及时尚专业人士辅助，会是下一个潮流。店员们已经开始使用 iPad、手机等终端设备为用户提供更多的产品信息。当然，这对店员们的教育水平有一定要求。Tory Burch 为店内销售人员提供 iPad，为他们分配网站的个人登录账号，这样，促销活动等可以被销售人员和分店获得。Burberry 在中国的门店里，消费者在手持 iPad 的销售人员的帮助下，利用信息化手段搭配服饰。从拨号上网时代开始，互联网就在不断消磨着人们的耐心，尤其是当人们可以方便、快捷地获得信息的时候。消费者们看到了喜欢的商品，会想着立即买下，接着在网上点几下，就可以把那些时尚新品收入囊中。与此同时，品牌商们也在努力简化流程，使得一切可以被购买的商品更容易购买，而不管是借助线上或者线下的时尚杂志，还是广告，或者是 Burberry 最新的秋冬时装秀，以及社会化的电商网站 Polyvore、Fanvy、Pinterest、Pinshoppr、Lyst。

互联网正在给予消费者更多的权利。每个人都可以在网上进行店铺比较，消费者可以通过浏览购物比较网站，以确认企业所声称的折扣是否真的优惠。根据尼尔森 2012 年第一季度做的一项调查，美国 79% 的智能手机和平板电脑用户有移动购物行为。智能手机在移动的情况下比平板电脑使用得更多：73%的用户通过手机确定一家商店的地址，42% 的平板电脑用户会这么做；42%的用户在购物时使用手机查看购物清单，16% 的平板用户会这么做；36% 的用户会用手机兑换电子优惠券，11% 的平板电脑用户会这么做。网络时尚正在以燎原的态势蓬勃成长，越来越多的高端品牌开始在网络时尚业崭露头角。时尚产业的网络新时代正在进行之中。

（六）绿色环保理念在时尚业界长兴不衰

近年来，随着全球气候变暖以及国际碳排放谈判的推进，低碳生活、绿色环保的理念越来越受到人们的推崇，随着人们对绿色健康的倡导，绿色时尚将越来越成为时尚产业未来发展的趋势。从《名利场》到 Vogue 杂志，有道德、有责任感的生活方式无不在现实世界中受到广泛关注和推崇，而对于高端时尚产业而言，公平贸易和人道生产现在达到社会认同的顶峰，人们看待时尚品的角度，已经从华丽时尚的外表转向了其背后所承担的社会责任。一些高端时尚品牌也积极行动起来，设计中更加凸显绿色，生产过程中更加强调环保材料。设计师们在设计的环节中，也加入了更多社会伦理的色彩，把环境因素列为重要的考虑条件之一；在生产过程中，更大程度上地去平衡环保及经济效益追求之间的关系，把创新、专业技术、环保知识统一成一个整体，设计一套保证环保、保证利润并又能加强竞争力的产品。这股传递绿色环保、关注环境保护的理念在时装业界最引人注目。2014 年 6 月，在中国香港，长期致力于研究使用可持续发展材料的福特汽车加盟赞助"衣酷适再生时尚设计"可持续时装设计比赛，携手时装界倡导节约资源，传递可持续发展理念。该设计大赛汇集来自亚洲及欧洲的新晋时装设计师，以可持续时装设计和减少纺织废料为主题，设计时尚、新颖的成衣作品。可以预见，随着全球气候变化和碳排放谈判的不断推进，人们追求高品质生活和关注环保的理念会在时尚业界有更加广泛的展现，从时装行业向其他更多的行业扩散。

（七）区域性消费差异并没有因为全球化而削弱

综观全球时尚产品消费现状，各区域性市场还是异质性的，这种异质性来自多方面的原因，诸如历史沿革、文化观念、经济发展水平、地理位置等。例如，在美容产品市场中，亚洲消费者在护肤品（Skincare）的花费远高于彩妆（Make-up）。而不同年龄段人群对使用彩妆持有不同的态度，这跟彩妆在一国发展时间长短有密切关系：彩妆在中国主要的消费者群体是年轻女性，而在彩妆诞生地西方国家主流群体，则是 35 岁以上的女性。因此，在时尚领域里，潮流也不可能都同样地适用于世界各地。高端时尚品牌也会在不同的市场推出不同特色的产品，以迎合当地消费者的需要。和欧洲相比，Zegna 专卖店在中国销售的衬衫在花色上要含蓄得多，因为 Zegna 充分考虑了中国新兴的中产阶层表现欲比较含蓄的消费习惯。正基于此，高端时尚品牌越来越注意客户关系管理，以期为消费者提供量身定做的客户体验。通过客户关系管理技术，这些高端时尚品牌对消费者进行细分和跟踪，发掘客户偏好和购物模式，满足客户的个性化服务需求。

（八）消费者忠诚度下降，对于品质和价格的关注高于品牌

在这样一个快节奏的互联网时代，消费者已经不会像传统的消费者那样对某几个品牌保持长期的高度忠诚度，如今的消费者变得比以前更加地缺少品牌忠诚度。他们会不断地尝试、检验并修炼自己的时尚品位，一旦发现不喜欢的产品或品牌就会很快抛弃它。尤其是随着产业和行业的大重组、大调整，产品的国际竞争日益加剧，各种迎合消费者心理的降价促销、体验式消

费等策略，已经改变了消费者的胃口，他们在品牌面前已经很难持续保持忠诚。这一点在快速发展的新兴市场国家尤其如此。在 2014 年波士顿咨询公司（BCG）发布的最新报告《品牌忠诚度之争：中国汽车市场的下一场战役》中，多达 3/4 的中国车主计划在购买下一辆汽车时更换品牌，而这些车主所保有的汽车总数估计高达 9000 多万辆。根据网络广告集团 Millard 调查数据，只有 2% 的消费者在网上购物时关注品牌，而有 37% 的消费者关注质量，26% 的消费者关注价格。时尚由精英向大众扩散的理论越发叫人怀疑，新富阶层对大牌的装腔作势和骄奢淫逸也感到厌倦，时尚品是时候该"低眉"一点了。面对大批客户流失，时尚品牌承认自己与俗世生活混为一谈决计没有可能，但不论是阿玛尼进入"第二人生"与网民同乐，还是香奈儿将经典包与自行车捆绑展示，都在姿态上稍微显得谦逊了一些（裴旋，2014）。

（九）名人效应长盛不衰

对于时尚品牌来说，名人代言有其必要性及价值。这些所谓的名人通常是在艺术、音乐、影视、娱乐、体育、文化、政治、宗教界有极大影响力的人。时尚品牌与明星名人的合作由来已久，奥黛丽·赫本与纪梵希惺惺相惜的故事在时尚界传为佳话。自 1952 年品牌创立以来，这个法国著名服装品牌几乎成为赫本电影中的"御用戏服"，无论是众所周知的《罗马假日》中经典的小黑裙，还是《黄昏之恋》中的低胸公主裙，每一次亮相都将纪梵希这块时尚界的金字招牌打造得越发闪亮。名人效应与品牌的知名度相辅相成，正是因为这一关系，国际知名的时尚品牌对于双方之间的接触，尤其是对明星的选择会显得尤为谨慎。例如周迅的小巧精灵与香奈儿的精致优雅的品牌定位就十足合拍，周迅身着香奈儿的当季新款在各大公开活动上惊艳亮相，俨然成为香奈儿在国内的御用专属。在过去的十几年里，延聘名人代言的广告数量已增长了两倍之多。在 1995 年，八个广告中只有一个会有名人出现，而现在则是每四个广告中就有一个是由名人代言。

（十）服务和体验式消费成为时尚产业竞争新高地

经济演进的过程伴随着消费形态的改变，已经从过去的农业经济、工业经济、服务经济转变至体验式经济。服务作为整体产品中的附加产品，包含了基础服务和附加服务两个部分。做好客户服务，不仅仅是成立一个客户服务部，培训若干个售后服务人员这么简单。Louis Vuitton 总裁 Yves Carelle 先生的这句话应该被每个零售商铭记在心："我们一视同仁。不会因为您穿着牛仔裤和拖鞋就认为您不值得我们 30 分钟的服务。"互联网的崛起在全方位地影响着时尚产业的布局和营销模式。传统的纯粹购物式消费已经逐渐不能适应现在和将来的消费者。根据第一太平戴维斯的统计，消费者在商场的平均时间是 45 分钟，而真正的体验购物中心的消费者逗留时间约为 2.5~3 小时。这说明在体验式购物中心，购物已不是人们的主要目的，消费者将更多的时间花在了购物之外。体验性是时尚品本身很重要的特征，时尚品是一种艺术化的生活。现在人们可能更强调一种生活方式，一种高品质的生活方式。体验式消费类的时尚产品和服务近年来增势迅猛。像水疗、高端诊疗服务等高端健康产业，还有美容健康产业，奢华旅游、艺术品和艺术品顾问等专业顾问服务，高端定制、高端餐饮，豪宅的管家高端物业等，都呈现出增长势头。虽然不少消费者还是很关注消耗类时尚品，但有些人已不满足于使用这些高端消费品，他们更注重生活品质和生活体验。马球马术、高尔夫已慢慢普及，休闲类转向高端。波士顿咨询公司的最新报告显示：艺术品拍卖会、水疗和游猎等时尚体验的年销售额增速比高端产品要快 50%，即使是在热衷于品牌的中国市场，体验式时尚品仍占据主导地位，年销售额增长达 28%。时尚品年消费总额现已高达 1.4 万亿美元，其中包括超过 7700 亿美元的时尚体验消费，近 3500 亿美元的豪华汽车消费，其余是个人时尚品消费，如手表、手袋和鞋类等。

（十一）"零运费"直购模式快速发展

随着互联网经济对时尚产业的渗透，直购作为一种销售模式近年来快速发展。作为基于互联网，以先进的信息流、资金保障平台和快递物流体系为依托开展的营销渠道，直购能有效实现缩短通路、贴近顾客，将产品快速送到顾客手中，加快资本运作。也同时更好地将顾客的意见、需求迅速反馈回企业，有助于企业战略的调整和战术的转换。尤其是在时尚产品消费能力急剧发展的新兴市场国家，直购能够迅速崛起成为现代营销的新锐就不足为奇了。如今，消费者可以省去复杂的货币兑换过程，直接通过国外的时尚品网站购买 Gucci、Prada、Armani 等国际品牌产品。继意大利时尚品牌商福喜利（Forzieri）宣布携手支付宝，开通直接支付功能后，著名的拉斐尔在线（Raffaello-network）也借此试水中国网购市场。作为意大利时尚品网络销售商第一名，该网站包含了 Gucci、Prada、Fendi 及 Armani、Versace、Tod's 等多个国际品牌，消费者不但可以从 40 位设计师和 15000 种款式中挑选适合自己口味的产品，而且还可以享受到平均低于零售店 40% 的惊喜价格。据了解，在交易过程中，支付宝的"海外购"服务，可以帮助国内消费者在付款时实时将人民币兑换成外币并支付给卖家，为海外购物网站和消费者直接进行买卖行为提供了极大便利。境外购物支付的便利在很大程度上也刺激了中国等新兴市场国家消费者的购物欲望，让更多的海外购物网站打破传统时尚产品贸易多层级的销售模式，直接进军国内市场。随着互联网经济的发展，未来几年，"零运费"的直购模式在时尚产品消费领域将迎来更大的发展（叶松，2013）。

（十二）线下时尚产业面临冲击不断加大，品牌零售实体店加快转型

根据预测，从 2013 年至 2017 年，全球移动网络的普及率将大幅增加至全世界人口的 70%。消费者也经常会浏览互联网搜寻时尚资讯，并且把它当成随身娱乐。在"双十一"网购狂欢节再创线上销售额纪录之际，线下实体店却接连传来闭店消息。2014 年上半年，Eeam 在中国市场已相继关店 88 家，且业绩呈下滑趋势。旗下拥有 Esprit 等品牌的思捷环球 2013 年在华关店 38 家。"以前的实体服装店 100% 的销售来自线下，现在只有 70% 来自线下。"某品牌市场总监表示，目前"80 后"、"90 后"消费者已经习惯在网上购物，服装品牌必须认识到这一转变，"当前的服装销售总额并没有缩减，总体还是呈增多趋势，只是蛋糕的分配方式发生了转变。"当前市场下，品牌要做好市场，一定要做好对目标受众的研究。目前群体消费市场已经从大众市场向分众、精众市场转变，而要抓住购买潜力巨大的精众人群，就一定要做好对这类人的研究。未来，品牌零售模式面临来自线上的冲击仍将加大，只有转变思路，积极触网，才能将产业延续下去。将来会发生几个新的转向：部分企业将把销售重点从线下转到线上，并且成功实现线上销售与线下销售的互动，线上要实现销售量的增加，而线下则要配合线上销售逐步转变为体验中心。消费者在线下的实体店里体验时尚产品的魅力，而到网上下单。虽然线下店没有产生销售，但是其作用却不可忽视。这类店铺主要集中在国际一线的大城市。还有一些实体店将面临关门的风险，而逐渐转变客户群。随着一些欠发达国家二三线城市的消费水平兴起，这类企业和门店将迎来二次发展的机遇。

（十三）中国元素的运用成为国际时尚潮流

在时装界，扎根于本土根基的年轻服装设计师们运用中国元素，以及最精致的中式剪裁设计，为新一代中国年轻人塑造出最时尚的大热先锋潮流，如红色绸缎短西装、黑白麻质长马甲、蓝白条纹海魂衫、宝蓝色刺绣外套等最具有民族特色的时尚精髓。农历七夕——中国传统的情人节日益受到情侣们的青睐，近年，七夕节礼物也由流行多年的玫瑰、巧克力等变更为竹简、香囊、绣球、同心结等传统产品。同时，中国时尚元素还走出国门，越来越多地体现在全球时尚产品的设计中。在最新一季纽约、伦敦、米兰、巴黎四大时装周上观察最新首饰流行趋势，可以发现，中国的传统建筑、器物、哲学思想、传统纹样、曲艺文化、民间艺术、少数民族装饰等都可以成为设计师的灵感来源，江南水乡的优雅灰调、宫廷贵族的辉煌对比色及民族风情的浓郁色彩应有尽有，令人目不暇接。

近年来，随着中国制造面临的综合成本不断上升，中国政府也开始引导本国产业转型升级，逐步向"微笑曲线"的两个高端延伸。本土的时尚企业也抓住机遇，通过自主创新提升品牌竞争力、优化管理模式、探索创新营销模式、开发网络平台等多种渠道，扩大区域领先优势，成为新视点。在新一轮与跨国公司巨头的较量中，本土时尚企业不再把"价格战"作为首选因素，更愿意以各种各样的增值服务，以及文化营销创新整合实力与外部抗衡，成功将中国元素嵌入品牌内涵，形成与国际品牌的差异化定位与卖点。在此基础上进一步形成科技、创意、文化、服务相辅相成的时尚产业链，撬开了高端化妆品消费市场的大门。深圳的华强文化、田面文化创意产业园等，依托当地的科技优势和产业集群效应，将中国文化的元素融入其中，并利用现代金融等手段，制造出一批畅销国内外的时尚创意产品，成为引领中国时尚产业崛起的先锋。未来几年，国内部分服务业中心城市将更加积极地承接国际和港澳台服务外包，将以生产驱动型的创意设计和嵌入国际产业链高端部分环节等方式，实现中国时尚产业在全球范围内的突围（《信息时报》，2012）。

（十四）新技术正在悄然改变传统时尚产业的发展路径

时尚产业是典型的都市产业，跨越高附加值制造业与现代服务业的产业界限，是多种传统产业的组合。然而，时尚产业的发展正在打破原有的路线，互联网和新技术正在悄然改变这个行业的规则，时尚业即将成为最能融合现代信息技术、供应链管理及品牌、文化、设计、技术、传播、服务等诸多要素的优势行业。在网络上走秀，用 Instagram 做营销，以大数据分析用户需求并定制生产，技术之于时尚业，开始像高跟鞋一样不可或缺。本质上，这正是源于时尚变化的周期越来越快。设计师永远跟不上需求，几十年来依赖的趋势预测出版物已经不那么可靠，只能通过在网站上提供的实时视频和图片、可下载的设计草图和印刷品以及其他设计工具，来亦步亦趋地维系着自己的生意。其他行业是如何被互联网和新技术所摧毁的，时尚业也是一样。最值得一提的就是 Burberry，它的官方网页在 Facebook 上已经获得超过 1700 万个"喜爱"。这个 1865 年成立的老牌公司，如今通过技术和好奇令自身形象变得年轻。它会用 SAP 的技术做供应链和物流管理，分析店内陈设；它也会像拍电影一样拍摄时装秀，在一些店铺率先播出，结束后顾客可以在 iPad 上立即购买。人们甚至可以根据自己的喜好，在网站上组合设计一套 Burberry 的经典风衣和所需要的配饰。包括面料、颜色、铆钉、皮领和腰带都可以在网上预订，目前大概能提供 1200 万种定制组合。大数据的应用在这个行业也正悄然兴起。用户在 Lyst 上可以收藏自己喜欢的单品，这个心愿单也可公开分享，但更重要的是不再需要登录不同网站分别挑选。Lyst 会把用户引导到对应网站上完成购物，并从中收取佣金。目前 Lyst 上聚合了 1.2 万个设计师和零售品牌商，拥有来自 180 个国家的 200 万个用户，每年以 400% 的速度增长。当然，最重要的是，在这背后，还有 15 名数据科学家聚集在 Lyst 的办公室里，时刻分析着用户的消费行为。Lyst 可以将这些数据卖给零售商，帮助它们优化库存。它能够知道哪些尺码和颜色最受欢迎，哪些商品最有可能出现退货风险，可以建议品牌哪个时段是网购高峰期，并提前做好准备，比如说工作日 18 时通常是一个消费高点。这些数据和技术，和时尚这个古老行业的创造力相关联。

四、世界时尚产业发展的启示

国际金融危机后，传统产业迎来一次大重组、大调整，时尚产业也不例外。一部分时尚产业利用其既有的品牌优势，抓住机遇，引进最新的技术、创意设计、工艺、国际化营销，再加上适当的资本运作，崛起为后危机时代的时尚业宠儿。苹果公司是这里面最典型的代表。"新技术＋新创意＋新制造工艺＋营销＋金融支持"已经成为时尚企业和品牌制胜的法宝。作为新兴的经济大国，中国在国际时尚业界仍然是一个后来者，从实力到影响力都不能与老牌的时尚业大国相提并论，然而，产业的发展并不总是线性的，时尚业作为介于高科技与传统产业之间的中间性产业，在其创新升级的过程中，也给后发的国家创造了机会。目前，国内不少省份和城市都提出了打造时尚之都、创意产业之都等，加快发展现代服务业，将科技与文化、设计、金融等融合，推动时尚产业的发展。国际时尚业界过去几年发展创新的经验表明，只有抓住国际化潮流，不断采用新技术、大胆拥抱互联网、大数据，并积极采纳供应链管理等现代化的模式，才能创造时尚业的奇迹。

（一）国际知名时尚品牌的成功启示

时尚产业是一项国际性大事业，它渗透在我们的生活与经济中。综观国际知名的时尚品牌，之所以能够取得成功，在国际上流传百年，主要在于以下几个方面。

1. 创意是品牌的灵魂

现在的时尚产品，不仅很好地对当下设计人员进行了一次深层次挖掘，而且能够反映出不同时尚态度者的设计理念；而当今时尚业发展模式，创意为先已经成为不争的事实，创意是一种新的时尚风潮，创意是简约的生活态度，创意是多变的风格追求，创意是引领市场的一种态度，抓住了创意的理念，融入生活的态度，才能主导品牌的发展。设计直接决定了产品的风格和品牌的个性。Dior 品牌的真正精髓就是革新，时装品牌的核心内涵永远必须与新的时代脉搏对接；Armani 的设计遵循三原则：去掉任何不必要的东西、注重舒适、最华丽的东西实际上是最简单的；Gucci 的自信："……你可以参观一家 Gucci 的服装店，即使从个人角度讲不喜欢它，但是你必须承认，每个元素都非常匹配，从广告到服装店的构造和每一个独立产品的设计，它们都在传递着一种形象。"D&G 品牌自 1985 年首次发布会以来，一直保持着极其感性、大胆展示女性魅力的特征。

2. 经营是品牌的生命

时尚的传播也需要有巧妙的包装和营销意识，目前几乎每一个世界著名品牌的背后都有动人的品牌故事。人们在为精致商品买单的同时，也买下了美丽动人的故事。世界大牌甚至不惜代价，将其品牌创始人的故事拍成电影、电视剧，借此来扩大传播范围，增强品牌的影响力。一个时尚品牌的成功不仅仅要拥有一流的设计，同时应加上有效的经营手段，把二者结合才能最终赢得市场并带来市场效益。品牌经营包括两个递进的过程：品牌创造和品牌运作。

品牌创造，即用故事赋予品牌内涵和生命。品牌故事是一个品牌向消费者传递品牌诉求的载体，在企业品牌发展的战略中加入品牌故事，能让品牌的建设更加有效。Luois Vuitton 是一个有着一百多年历史、曾为皇室服务的、奢华的、以皮具而著称的品牌，从一介皮匠到为路易十三服务，具有传奇的故事背景。同时，Luois Vuitton 对产品质量苛刻的要求在业界和消费者中传颂着许多脍炙人口的故事：Luois Vuitton 皮具使用的所有拉链，出厂前都要经过数千次的破坏性试验；其皮具在加工成形后，还要进行红外线、紫外线、耐腐蚀及高处摔下等质量测试，从某种意义上说，正是这些故事建立了 Luois

Vuitton 在消费者心中无与伦比的高品质形象。品牌做到最高境界时，本身就成为一种信仰，会左右消费者的消费观念。

品牌运作，即通过营销等手段扩大品牌的知名度，使品牌获得消费者和市场的认可。如安娜苏品牌运作的成功经验在于，选择了走高档百货终端通路的销售方式，通过商场的渠道和特有的定位，使自己的品牌以独特的个性展示在商场里，从而把产品的个性延伸到消费者那里，并逐渐被很多消费者所接受。

3. 供应链是品牌的支撑

"速度"是 Zara 占领市场的法宝，"速度"的背后是 Zara "快速反应的供应链"。这条"极速供应链"从客户到店铺经理，从店铺经理到市场陈列设计专员和设计师，从设计师到零售部门，从采购者到专卖店视觉营销人员，从品牌仓储运营经理到品牌仓储分发人员……一件产品从设计开始到选料、染整、剪裁、针缝、整烫、运送乃至成品上架最长只需 3 周的时间，这称得上是时尚产业的"奇迹"。

首先，Zara 花巨资设计了一体化的供应链。在总部及生产基地西班牙，ZARA 自己设立了 20 个高度自动化的染色、剪裁中心，把人力密集型的工作外包给周边 400 家终端工厂甚至家庭作坊。而把这 20 个染色、裁剪中心与周边小工厂连接起来的物流系统堪称一绝——Zara 把西班牙方圆 200 英里的生产基地的地下都挖空，架设地下传送带网络。每天根据新订单，把最时新的布料准时送达终端厂，保证总体上的前导时间（指从设计到把成衣摆在柜台上出售的时间）要求。

其次，缩短供应链环节。Zara 要求产品从门店直接发出，由店长负责订货，配送也是从配送中心直接配送到门店。Zara 的零售只设专卖店，那是 Zara 的窗口与眼睛，不搞特许经营。专卖店每周根据销售情况下订单两次，这就减少了需要打折处理存货的概率，也降低了库存成本。而对于供应链上游，虽然生产步骤无法减少，但是 Zara 通过对上游（布料生产以及印染）的控制使得整个供应能够快起来。Zara 的短环在于流程执行过程。Zara 通过设计师、生产计划采购人员团队在一起工作，加强团队面对面沟通，快速决策，使得针对某一款产品的评审、工艺技术保证以及材料供应等问题一次得到解决。

4. 资产化是品牌的拓展

法国的 LVMH 集团、瑞士的 Richemont 集团和法国的 PPR 集团作为全球前三大时尚品集团，拥有着众多的时尚品牌。这些品牌不仅仅是这些集团旗下赚钱的工具，而且也是这些集团进行资产运作的工具，集团通过品牌资产化让利益最大化，使企业获得更多的利益。LVMH 集团就是通过一系列的兼并收购造就了如今的时尚品王国。在服饰方面，LVMH 收购了法国品牌纪梵希、高田贤三（Kenzo）和 Celine，西班牙品牌 Loewe，英国衬衣品牌 Thomas Pink，美国服饰品牌 Donna Karan 和 Marc Jacobs，意大利品牌 Emilio Pucci 等。在皮具和皮鞋方面，其收购了意大利皮革商芬迪和 StefanoBi 以及法国鞋商伯鲁提（Berluti），如今 Luois Vuitton 和芬迪皆是 LVMH 倾力打造的明星品牌。在珠宝和钟表方面，吞下了绰美（Chaumet）、真利时（Zenith）、奥玛斯（Omas）和玉宝（Ebel），并以 4.74 亿美元收购豪雅。在香水和彩妆方面，收购高田贤三香水和 Perfumes Loewe，进一步充实其香水部门。在传媒方面，拥有 D.I 集团和 2001 年收购来的两家杂志 *Connaissance des Arts* 和 *Art & Auction*。此外，LVMH 还于 2007 年接手福特公司成为英国顶级轿车生产商阿斯顿·马丁（Aston Martin）的新东家。通过一系列的收购，LVMH 集团拓展了旗下的时尚品牌，成为了涵盖酒、皮具、服饰、香水、化妆品、珠宝、钟表、零售等几乎所有主要时尚品细分行业的时尚界巨头。

（二）世界时尚产业发展的重要启示

总结世界时尚产业的发展过程，把握其形成的规律与特性，对推进中国时尚产业和品牌的发展具有十分重要的意义。

1. 人文历史底蕴——时尚产业发展的基石，影响着时尚文化的发展方向

如果说，时尚产业链是一具骨架，产业链的发展个性是它的躯体，那么文化内涵就是它的血液了。在很大程度上，一个国家和城市的文化底蕴影响着其时尚企业和产品的发展方向和风格特点。时尚是吸收传统融入创新后创造的一种新的流行。它需要传统文化的滋润，需要从中汲取营养。民族文化是一个国家发展时尚产业的重要资源，我们万不可轻视甚至忽视。

2. 追求个性和新奇——时尚产业发展的灵魂，区别于其他产业的标志

个性是时尚产业中的精髓所在，也是整个国家和城市时尚文化的中心点，在时尚界中，它就是一个国家或者城市的另一个名称，人们想到某个时尚城市时，它的时尚风格个性会第一时间在人们的脑海中浮现，这就是深入人心的城市时尚个性。一个国家或者城市，只有在规模足够大的前提下才能产生包容万物的广博气势及巨大的融合力，才能海纳百川，包容各种新思想、新事物、新现象。这种情况下追求个性化、新奇化等才能为时尚产业的发展奠定良好的基础。

3. 伴随收入和技术水平不断转型升级是时尚产业发展的主线

世界时尚产业发展的历史表明，一个国家时尚产业的诞生和发展，是建立在一定的经济发展水平上的。法国、意大利、美国、日本等世界上时尚产业较为发达的国家，其时尚产业都是在其本国的经济快速发展、人均收入水平快速提高后产生的。17~18世纪的法国、意大利是全球时尚产业产生最早的地区，这是伴随着第一次工业革命，国民财富的大量累积，从而产生的一种高层次的消费需求，带动了这个行业的发展。第二次世界大战后，美国、日本等国家抓住战后经济复苏和综合国力提升的机会，时尚产业迅速崛起。20世纪90年代以来的美国苹果公司迅速崛起为时尚业的新宠，即是高科技发展和跨界产业整合提升的结果。一批具备实力的大公司将新技术融入相对传统保守的时尚产业，成为不断引领行业发展的龙头。而Burberry积极触网，融入网上社区，从而及时根据消费者需求调整自身发展战略，实现了创新升级，保持了行业的领军地位。

4. 国际性的时尚活动是时尚产业发展的催化剂

各个国家时尚产业在发展过程中，国际性的时尚活动对于时尚产业发展都起到了巨大的推动作用。例如时装发布会、时装周、时装博览会、时尚展示会、流行色发布会等都是国际时尚界的大事件。实践证明，那些时尚产业发达的国家和地区，必定有一套成熟的时尚产业营销渠道，时尚品牌的崛起和发展离不开时尚类营销和展示活动的支撑。作为全球时尚业高度发达的城市——中国香港，近年来紧盯内地市场，香港贸发局通过与内地城市联合举办时尚购物展的方式，将香港地区时尚品牌大量引入内地，颇受各大一线城市消费者青睐。展会上包括服装、美食、礼品及时尚生活品、家居精品、珠宝、时尚配饰、钟表等，还配合表演、抽奖等精彩活动，不仅聚集了人气，推广了品牌，也成为各地提升城市品位，打造精品生活的象征，创造了多赢的格局。当然，最为关键的是，很多香港地区时尚企业借助这类展会深入内地市场，与消费者面对面，了解了消费需求，很多企业以此为桥梁，在展会结束后就进入当地市场，实现了企业的扩张。

5. 独特的民族元素是时尚产业差异化竞争的法宝

从世界各国时尚产业发展变化来看，拥有自己本土的时尚品牌是支撑国际时尚地位的最主要因素，它们在时尚之都的发展中起着明星人物的作用，往往受到世界时尚界广泛的关注。巴黎有闻名于世的香奈儿，纽约有其第一大设计品牌 CK，而东京有其东方时尚品牌 Kenzo。这些国家和地区都是将其最经典的民族元素提炼出来，融入时尚产品中，并推广到全世界。近年来随着中国经济的崛起，中国传统元素和现代化元素也逐渐被世界接纳，一些围绕中国元素设计的时尚产业也逐渐走俏国际社会。

6. 产业政策是时尚产业的核心竞争点，是新的时尚产生的载体

自 17 世纪以来，法国为巴黎时尚业的发展就出台了众多政策，他们曾经将服装产业这个目前在中国看似夕阳产业的行业，作为一个未来产业发展，最终奠定了巴黎在世界时装业界的地位。政府设立专职负责机构，提供纺织服装科研税收奖励，强化产业集群力，加强员工培训以提升其适应新市场的能力，并协助企业建立品牌经营模式，等等。产业政策的作用绝对不可忽视。20 世纪 70 年代初的石油危机迫使日本制造从大批量、粗放式增长模式转型：产业结构从"重厚长大"转向"轻薄短小"，从资源依赖转向节能环保，从低附加值转向高技术含量、高附加值。经历 10 年的调整，日本产业结构实现了向高附加值、高技术含量和低耗能的顺利转型。资生堂等一大批时尚业的龙头企业在这个产业结构调整的过程中脱颖而出，成为国际时尚名牌企业。同样，韩国和中国台湾地区也经历了类似的升级过程。

参考文献

[1] 中欧国际工商学院《中欧商业评论》时尚产业研究中心，"中国时尚产业蓝皮书"

课题组. 中国时尚产业蓝皮书2008——时尚产业升级之道［R］. 2008.

［2］顾庆良. 时尚产业导论［M］. 上海：上海人民出版社，2010.

［3］谢盅. 深度观察：改变时尚产业的六大数字趋势［EB/OL］. http：//www.alibuybuy.com/posts/74590.html，2012-07-05.

［4］裴旋. 中国消费者品牌忠诚度低于发达国家［N］. 中国质量报，2014-09-30.

［5］叶松. 时尚品直购直销平台挑战奥特莱斯［N］. 上海商报，2013-07-31.

［6］郑泽川. 技术改变时尚业［N］. 浙江日报，2014-11-05.

［7］周莹等. 时尚拐点［J］. 新财富，2009.

［8］王子先. 深圳供应链管理行业发展报告［M］. 北京：经济管理出版社，2012.

［9］郑艳玲. 供应链增值［M］. 北京：中国人民大学出版社，2013.

［10］朱桦等. 经典与时尚：当代中国国际奢侈品产业探析［M］. 上海：上海人民出版社，2012.

［11］闫琴. 文化探访：全球时尚之都［M］. 北京：北京理工大学出版社，2013.

［12］FI中文网，时尚界开启数字时代［EB/OL］. 2014-11-04.

［13］搜狐时尚. 时尚界全球并购数量增加［EB/OL］. http：//fashion.sohu.com/20131025/n388838737.shtml，2013-10-25.

［14］李媛. 出口下降，纺企进入发展迷茫期［N］. 国际金融报，2009-07-09.

［15］禾田. 奢侈品危机［EB/OL］. http：//www.cb.com.cn/special/show/518.html，2014-08-06.

［16］和讯网. 瑞信解析新兴市场时尚品消费结构［EB/OL］. 2013-01.

［17］刘真真. 快时尚洋品牌"三雄争霸"［J］. 支点，2014.

［18］赵颖. 采购也"疯狂"：纺织生产商供货能力遇新考［N］. 中国纺织报，2012.

［19］林建敏. 中国时尚企业：在变革中向好［N］. 信息时报，2013.

（作者单位：商务部）

国际时尚之都崛起及其启示

高小康

一、国际时尚产业呈现空间集聚的趋势

现代时尚文化的轴心性和都市性特征决定了这类产业的空间集聚性。自17世纪路易十四时期巴黎成为时尚之都起，都市就成为时尚的产生、集聚和传播扩散之源。17世纪的法国政府通过重商主义贸易政策把政治权力转换为物质资本，又在路易十四的倡导下在宫廷财富的基础上发展宫廷主导的优雅、高贵的文化生活方式。这种宫廷生活方式成为当时以巴黎为轴心聚集的生活时尚——实际上是宫廷拥有的一种符号权力——传播和影响了17世纪到19世纪的法国和欧洲乃至世界更多的地方，成为现代国际时尚业的滥觞。

从路易十四以来，国际时尚流行的基本空间形态特征就是在具有时尚文化轴心地位的中心大都市产业集聚与影响力的空间发散。巴黎在几个世纪中都成为时尚产业集聚和辐射的中心。当代国际时尚产业集聚中心已形成多头形势，人们习惯于把巴黎、伦敦、纽约、米兰和东京并称世界五大时尚之都，可以说是对当代时尚产业集聚形态的一种普遍看法。但认真研究起来，"五大时尚之都"的选取中带着较多的习惯印象而非严谨的比较研究结果，更何况这种笼而统之的概念忽略了当代时尚产业中心形成、发展和演变的活态过程，难以揭示当代国际时尚产业空间集聚的具体状况和特征。

对于国际时尚产业的空间集聚状况，GLM（Global Language Monitor）通

过对全球媒介相关表述进行研究，每年整理的世界十大时尚之都排名有一定参考价值。以下是2009~2013年最近五年来的排名变化情况：

表4-1　世界时尚之都前十名

排名 ＼ 年份	2009	2010	2011	2012	2013
1	米兰	纽约	伦敦	伦敦	纽约
2	纽约	中国香港	纽约	纽约	巴黎
3	巴黎	伦敦	巴黎	巴塞罗那	伦敦
4	罗马	巴黎	米兰	巴黎	洛杉矶
5	伦敦	洛杉矶	洛杉矶	马德里	巴塞罗那
6	洛杉矶	米兰	中国香港	罗马	罗马
7	中国香港	悉尼	巴塞罗那	圣保罗	柏林
8	圣保罗	迈阿密	新加坡	米兰	悉尼
9	悉尼	巴塞罗那	东京	洛杉矶	安特卫普
10	拉斯维加斯	马德里	柏林	柏林	中国上海

资料来源：根据GLM近五年公布排名整理。

从表4-1来看，近五年来进入世界十大时尚之都的城市共有19个。其中五年始终上榜的是纽约、巴黎、伦敦、洛杉矶四个城市，四年上榜的有米兰和巴塞罗那。这六个城市和一般人们所说的五大时尚之都相差不大，只少了一个东京。就这一点而言，无论时尚产业界还是媒体，对近年来国际时尚产业集聚的大致方向基本上是有共识的。不过更具体来看，在前五大时尚之都中，与一般人的习惯看法有些不太一致之处，如罗马、中国香港、马德里也都曾进入前五，而这几个城市在人们的习惯看法中似乎与巴黎、纽约、伦敦、米兰这些老牌时尚之都长期以来所拥有的地位和影响力还是有差距的；东京的排名则显得低了一些。当然，从不同的视角、采用不同的标准来衡量各个城市的地位和影响力，得出不同的结果很正常。而这种差异也显示出当代国际时尚产业发展状况和趋势的复杂多样性。

国际时尚产业发展的背景是整个世界经济文化发展的趋势。自20世纪90年代以来，在谈到当代世界的发展大趋势时，人们最常用的一个概念是"全球化"——互联网、跨国公司以及各种国际交流与合作架构推动的国际贸易、文化合作和全球信息交流，使人们产生了一种合乎逻辑的推论，就是这种国际关系的发展趋势是走向全世界各个国家、民族和文化群体之间的全面交流，从而形成全球性的文化认同和普遍的社会发展观念，即"全球化"。然而当代社会发展实践证明，世界性的联系并不会简单地导致全球同质化发展。美国社会学家卡斯特尔指出，21 世纪的特征是全球化与地方化、流动空间与社区空间的共生。

全球化与地方化共生形成的是当代多元文化发展形态：全球城市化进程的普遍加快、全球范围媒介传播和物资交流的增长以及创意产业的高速发展，不仅带来时尚消费的大规模普及发展，也造成了时尚文化内涵与特色的迅速更新和丰富化。在这种社会发展背景下，时尚产业的集聚和影响力辐射形态也在迅速变化。金融危机对消费者特别是欧美都市中产阶级时尚消费群体的收入和生活方式产生了不同程度的冲击，直接影响到公众时尚消费的能力和意愿；但随之而来的则是时尚产业作为创意产业的转型发展和集聚、辐射空间的转换。一个典型的例子就是在 GLM 排名中近五年来米兰、东京、中国香港地位的下降和创意之都伦敦地位的上升，更引人瞩目的是上海首次进入世界时尚之都前十名。

可以看出，在这些排名次序变化的背后是国际时尚产业集聚形态和发展演变趋势的影响。研究这种趋势对于推进时尚产业健康发展有重要意义。关于国际时尚产业空间集聚趋势的形成条件，大致可以从以下几个方面认识。

（一）历史

形成国际时尚产业空间集聚形态的原因是多方面的。从时尚产业的兴起和影响力传播扩散的发展过程来看，第一个因素就是历史。时尚的流行虽然看上去是不断变化更替甚至朝生暮死的短时效过程，但使得时尚成为具有影响力且可持续的社会生活形态和习惯，从而造就具有高附加值的可持续发展的服务产业，却不是短时间能够实现的。

时尚消费文化的发展基于时尚产业的发展和集聚，而时尚产业的空间集聚是一个历史的过程。以巴黎时尚产业为例，法国早在 13 世纪就在贵族社会中流行起了使用香料和化妆品的风气，可以说是巴黎时尚产业的先声；17 世纪路易十四时期巴黎时尚产业开始形成，18 世纪风靡欧洲，19 世纪大革命之后时尚文化消费从贵族阶层向社会的更大范围传播扩散，时装、化妆品等主要时尚产业在以巴黎为中心的空间大规模集聚发展的同时，逐渐造就了一些具有持久影响力的经典品牌。从 19 世纪末到 20 世纪后期，此间法国的经济社会发展虽然屡遭困难，但巴黎时尚产业集聚发展造就的这些经典品牌却得以传承，影响力持续增长，成为后工业时代符号化消费的标志性产品。①

20 世纪末以来，随着以金砖各国为代表的新兴中等收入国家中产阶级消费实力和需要的增长，巴黎时尚产业的历史所积累的文化附加值通过著名品牌凝聚成当代时尚的高层符号"奢侈品消费"，成为当代巴黎文化的重要内涵和资本。巴黎的时尚文化影响世界几个世纪，至今其地位仍然牢固地居于世界五大时尚之都之列，历史的积淀是重要因素。

时至今日，巴黎时尚文化的历史积淀造就的影响力已经成为法国文化产业总体集聚、繁荣的核心和内驱力。时尚业直接或间接地造就了法国经济中一个重大的战略性产业——"生活方式和愉悦"产业。就直接贡献而言，时尚业每年带来 350 亿欧元的产值和 15 万个就业机会。法国在三个创意领域是世界领先的：香水和化妆品、高级时装（奢侈品成衣）、高级珠宝。这三个部分即使在经济困难时期增长也很强劲。它们占法国消费品行业广告支出总额的43%，从而有助于其他产业国际吸引力的扩大，如美食和葡萄酒（食品和农业是法国最大的行业）、室内设计和装饰，包括餐具以及法国第六大产业旅游业。②

（二）传播

时尚产业的发展不仅在于产业或者说产品生产本身的发展，更重要的是促进时尚消费需要的增长和引导消费的指向。时尚产业的空间集聚同时也是影响力的辐射，因此媒介传播便成为时尚产业集聚的一个重要条件。

17 世纪巴黎时尚文化的发展就是依赖于路易十四时代特有的文化传播方式——宫廷和贵族沙龙。沙龙是 17~19 世纪法国特有的一种文化空间。典型

---

① 参考若昂·德让. 时尚的精髓 [M]. 杨冀译. 北京：三联书店，2012.
② 参见史蒂芬·基罗（Stéphane J.G. Girod）. 法国时尚产业给中国上的五堂课 [N]. 商业评论网，http://www.ebusinessreview.cn/articledetail-117062.html.

的沙龙由国王的情人或其他贵族夫人主办，被邀请出席沙龙的人不仅有宫廷贵族，也包括了当时法国社会不同阶层的知名人士，如卢梭、伏尔泰之类的文人学者也都是沙龙的座上宾。巴黎时尚的宫廷和贵族色彩通过沙龙这种特殊的公共空间得以向巴黎、外省乃至欧洲传播。

在当代，法国时尚业在整个法国乃至欧洲和美国所引起的热潮中，大众媒体的传播无疑扮演了关键角色。从 18 世纪末期到第二次世界大战，La Mésangère 这一类杂志依靠其精致的时尚印刷、对季节性趋势的入微记录、对巴黎当季时尚饶有趣味的评论，成了法国时尚的标杆。"二战"以来，ELLE 杂志、《嘉人》杂志（Marie-Claire）和时尚电视（Fashion TV）等媒体巨头继续在世界范围内开展这项工作。法国时尚的成功也在很大程度上归功于国外媒体。1947 年，通过发掘克里斯蒂安·迪奥（Christian Dior）并让他的"新风貌"（New Look）系列在美国大受欢迎，《哈泼时尚》（Harper's Bazaar）主编卡梅尔·斯诺（Carmel Snow）为法国时尚业开创了一个全新的增长周期。①

（三）创意

时尚产业本质上是创意产业。德国社会学家西美尔在谈到时尚时说："时尚总是只被特定人群中的一部分人所运用，他们中的大多数只是在接受它的路上。一旦一种时尚被广泛地接受，我们就不再把它叫做时尚了。"② 时尚的这种过程性和流动性决定了时尚产业必须不断创新变化。20 世纪后期，随着整个世界经济形态的转型，创意产业的发展成为新的经济增长点；而在创意产业中，时尚产业占了很大比重。以伦敦为例，这个老牌工业城市因为产业的衰退和污染而趋于衰落；到 20 世纪 70 年代开始了向创意产业方向的转型，在伦敦市政府的大力扶持下，创意设计成为新兴产业的引领者，伦敦的时尚产业中创意和人才输出成为亮点。

到了 20 世纪 90 年代，英国政府明确提出"创意产业"的概念，创意产

---

① 参见史蒂芬·基罗（Stéphane J.G. Girod）. 法国时尚产业给中国上的五堂课 [N]. 商业评论网, http://www.ebusinessreview.cn/articledetail-117062.html.
② 西美尔. 时尚的哲学 [M]. 北京：文化艺术出版社，2001.

业涵盖了时尚产业的核心——设计创意部分。英国文化、传媒与体育部（DCMS）对创意产业的定义是：源于个人创造力、技能与才华的活动，而通过知识产权的生成和取用，这些活动可以发挥创造财富和就业的成效。DCMS所说的创意产业内容包括13个产业部门：广告、建筑、艺术品与古董、手工艺、设计、时尚设计、电影与录像、互动休闲软件、音乐、表演艺术/视觉艺术、出版、计算机/游戏/电子出版、电视与广播。这些产业项目几乎可以说在不同程度上都直接或间接地与时尚产业有关。从DCMS在2005年公布的创意产业数据中也可以看出时尚产业对经济的贡献（见表4-2）：[①]

表4-2　2005年英国创意产业

英国创意创业	增加值/占GVA的比例（GVA：Gross Value Added）	出口额（亿英镑）	从业人数（万人）	公司数（家）
广告	50亿英镑（0.7%）	11.3	20	9800
建筑	40亿英镑（0.5%）	5.8	10.26	4100
电影与录像	22亿英镑（0.3%）	8	5.39	8000
表演艺术/视觉艺术	37亿英镑（0.5%）	2.4	24.39	30100
出版	86亿英镑（1.2%）	11.8	27.43	6500
计算机/游戏/电子出版	207亿英镑（2.8%）	39	59.39	4900
电视与广播	62亿英镑（0.9%）	10	11.06	4200
艺术品与古董	5亿英镑（0.07%）	22	59.39	1700
时尚设计	3.3亿英镑（0.04%）	n/a	11.04	1400
设计	53亿英镑（0.7%）	6.3	n/a	n/a
手工艺	n/a	n/a	2.25	n/a
总计	5650亿英镑（7.8%）	116	182.5	113300

　　伦敦的创意中心与时尚产业的空间集聚当然有这个城市自己的产业生态条件和需要，但在当代时尚产业发展中绝非孤立的个案。时尚产业固然从一开始就需要创意设计，但只有到了20世纪后期，一方面是都市时尚消费的高速增长，另一方面是信息与软件技术的发展，使得时尚产品创意设计从需要和生产两个方面都得到极大的推动。因此，随着创意产业的发展，时尚产业越来越依赖创意设计，时尚产业中心与创意中心的融合集聚已成为各时尚之

---

① 数据与图表参考卞向阳主编. 国际时尚中心城市案例［M］. 上海：上海人民出版社，2010.

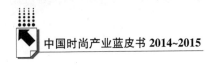

都产业集聚形态的典型现象。

(四) 综合实力

时尚产业从 17 世纪发展到今天已经发生了巨大变化，产业规模、形态、设计制造、传播与营销方式等都随着都市文化和当代技术的发展而发展，越来越需要整个当代都市文化和产业生态的支持。今天的时尚产业中心只有以具有综合实力的环境和产业生态为平台，才有可持续发展的空间。

以综合实力为基础的时尚产业中心当然以纽约最典型。纽约这个"大苹果"自 19 世纪以来就成为世界经济、贸易金融和传媒中心，在全球具有无可比拟的影响力；同时也是移民和文化多样性特色鲜明的城市，可以说是最具有包容性和创新精神的都市。这个城市的历史和个性决定了它在经济和文化方面具有其他城市难以企及的综合实力，而这种综合实力也是发展当代时尚产业的生态环境。与巴黎、米兰相比，纽约似乎缺少像香奈儿、普拉达那样的顶级时尚品牌，但第五大道无疑是汇聚世界顶级时尚的窗口。强大的综合实力保证了纽约在国际时尚文化中具有最强大的影响力。

(五) 多元化

时尚产业的空间集聚性与现代时尚文化的轴心性相关。巴黎的国际时尚中心地位历经几个世纪不衰，就在于这个城市在近现代欧洲文化发展中具有轴心地位。但正如卡斯特尔所说，当代进入了全球化和地方化、流动化和社区化二元对立形态共生的时代，世界文化生态正在转向多样性发展。时尚文化是社会文化趋势的符号和风向标，自 20 世纪后期以来越来越多地表现出多元化态势。多元化在时尚风格和形态方面表现很明显：宫廷式的尊贵、绅士式的优雅与狂野的性感、异想天开的怪诞风格并存已成时尚界的常态；在传统的时尚消费品如时装、化妆品之外，新的时尚生活方式和消费产品越来越多——传统意义上的日常生活内容如吃穿住行等都在时尚化和消费化，全新的时尚文化层出不穷……

时尚风格和形态的多元化对于时尚产业的空间集聚形态带来的影响也是走向多元。具有历史地位的传统时尚产业中心与新的时尚中心并存，后者逐渐形成新的影响力轴心。东京作为世界时尚之都的兴起就是时尚空间多元化的一个例证。东京是日本在 20 世纪后期经济、文化上崛起的一个核心。日本森纪念财团的城市战略研究所自 2008 年开始发布世界城市综合竞争力排名以来，东京连续六年位列第四。在城市综合实力的基础上，东京的时尚产业迅速发展，进入了世界时尚之都前列。

但也有人觉得把东京列入国际五大时尚之都不够匹配，因为东京获得世界时尚之都地位与另外几个老牌时尚之都有所不同。从时装、香水、化妆品、首饰这些传统时尚消费品的设计和生产能力以及品牌影响力来看，东京似乎很难说已处于世界时尚产业的顶端，著名的时尚品牌主要是 Kenzo，似乎也还未到可以和 Chanel、Hermès、Zegna 之类的大牌分庭抗礼的程度。东京与其他时尚之都不同之处在于它的时尚产业的多样性。Kenzo 虽然不能和 Chanel 的历史和影响力相比，但这个品牌以鲜明的东方色彩和设计个性在各种大品牌中脱颖而出。而且东京所代表的日本时尚产业突破了传统的消费领域，把日本发展最成功的电子产业引入时尚消费，为 20 世纪 70 年代以后的国际时尚文化消费和时尚产业发展开拓了新的空间。可以说，东京是世界时尚文化和时尚消费趋向多元化的一个代表。

综合国际时尚产业发展的总体特征，可以看出时尚产业空间集聚的总体动态过程有以下几个特点。

一是由点向面的扩散。巴黎作为国际时尚之都自 17 世纪崛起以来直到 19 世纪，基本上没有遇到挑战，几乎可以说是当时世界时尚业的起源和唯一的标杆。但在此后的一个多世纪中，随着工业化大都市的兴起和中产阶级消费的发展，时尚业迅速发展成为大规模和国际化的消费产业；产业和消费规模高度集中的现代大都会崛起成为新的时尚产业集聚空间。特别是"二战"以后，随着全球经济的繁荣、消费的发展尤其是服务业的高速发展，时尚产业逐渐形成了在若干国际性大都市多头并立集聚并互相竞争的空间形态，促进了国际时尚产业规模的迅速增长和内涵的丰富化。

二是当代创意设计的崛起推动了国际时尚产业发展趋势的跨越。路易十四时代开创的巴黎时尚文化，是以典范的确立和对典范的模仿为基本的生产与传播形态。20 世纪后期创意设计的迅猛崛起，推动着时尚产业创意化、多样化趋势的发展，使得创意产业的空间集聚与现代技术的研发、创意设计的集聚以及文化多样性生态环境这些要素结合起来，形成了时尚产业汇聚空间特有的复杂多样而生气勃勃的形态。

三是当代传媒技术尤其是网络的发展对时尚产业空间集聚产生了突出的影响。当代传播媒介尤其是互联网和物联网的发展，使得时尚产业空间集聚的形态和发展趋势显示出都市社区与网络社区、地理空间与流动空间互动影响的特征。当代时尚产业的空间集聚既是在若干大都市的集中和特色化，又在全球网络中形成普遍覆盖、交流与空间重叠。

二、五大时尚之都的崛起

近现代国际时尚产业从 17 世纪的法国开始，至今已经历了 300 多年的发展。但"二战"之后才在全球范围内得到空前的发展，形成了许多汇聚时尚产业的时尚之都。这些当代的时尚中心城市中，一般认为最有影响力和特色的"五大时尚之都"是巴黎、伦敦、纽约、米兰和东京。①

（一）巴黎

在全世界的时尚业中，巴黎毫无疑问处于最重要的位置，它引领了世界时尚业达 300 年。巴黎的地位首先来自其历史地位——现代时尚业的滥觞和引领者。巴黎自 17 世纪就是法国的文化中心，有众多世界闻名的大学、图书馆、博物馆、剧院等文化机构和设施，荟萃了大量艺术珍品。自 19 世纪以来，巴黎汇集了许多现代重要的艺术设计和创作流派。巴黎几百年来浸泡在世界顶尖艺术的氛围中，使每个巴黎人和憧憬巴黎的游客都会受到伟大艺术的熏陶。这种艺术熏陶影响了巴黎时尚的艺术和美学品位。这种品位内涵是巴黎时尚的重要文化特征，也是对世界时尚业的显著影响和贡献。

就现代时尚产业而言，巴黎的一个重要特色是时装设计，它是世界高级

---

① 本节内容主要参考卞向阳主编. 国际时尚中心城市案例 [M]. 上海：上海人民出版社，2010.

女装设计和定制中心。在巴黎，时装从来就是一门艺术，一门可以与绘画、雕塑和建筑相提并论的艺术。云集于巴黎的各国艺术家与时装设计师过从甚密，他们互相给对方以灵感。纵观巴黎近代时装史，无数杰出设计师的奋斗开创了前所未有的辉煌。这些无与伦比的荣耀来自于得天独厚的悠久历史与文化传统，另外，当地人的艺术素养以及政府的大力支持与鼓励，也是促使巴黎成为世界流行时装领导中心的主要因素。

有人将巴黎比喻成为时装界的实验室，巴黎的设计师则以其独有的冒险精神、丰富的创造力，领导着世界时装的潮流。巴黎时装的代表品牌香奈儿是一个拥有 80 多年历史的品牌，以高雅而精美的时装风格闻名。香奈儿从一开始就善于突破传统，并在 20 世纪 40 年代成功地向女性推荐简单舒适的现代休闲服。香奈儿的服装集合了法国时装的两大特色，首先是用料华丽，擅长将质地上好的粗花呢和多种辅料完美结合，形成多层次的丰富质感和难以模仿的细腻精致；其次是其淑女装的剪裁非常贴合身体的曲线，因此成为欧美许多贵族名媛的最爱。巴黎的时装设计引领了现代世界时尚业以时装为中心的产业形态，也成就了巴黎在世界时尚之都中传统的霸主地位。

20 世纪 60 年代以后，虽然巴黎不再是一枝独秀的国际时尚都市，但它在国际时尚界的领先地位仍然是不容置疑的。巴黎是高级定制的发源地，把时尚产业作为第八艺术，是时尚的风向标、奢侈品的集聚地，也是社会名流最为活跃的空间。与其他城市相比，巴黎时尚业最突出的是其设计师品牌，并逐渐发展为多产品线以及同一品牌多个品类共同发展的局面，相互促进，共同推动知名品牌的发展，提高品牌的知名度和影响力。巴黎除了服装业外，化妆品、香水配饰等各类品牌在世界时尚产业中也拥有自己的地位。巴黎时尚产业链的完善，加之政府的政策扶持和时尚教育的推进，吸引着世界各地的优秀人才，使产业保持了不衰的活力和影响力。

（二）米兰

世界时装名城中，米兰崛起最晚，但如今却独占鳌头，对巴黎的霸主地位构成了最大的威胁。

米兰也是一座历史悠久的古城，历史上就是意大利开创新风的文化艺术中心，也是全意大利的重要文化中心。博科尼大学、米兰音乐学院、斯卡拉歌剧院以及圣玛利亚修道院餐厅里的壁画《最后的晚餐》，都为这座城市创造出浓郁的艺术氛围。如巴黎一样，这种艺术氛围是时尚产业具有较高艺术品位和文化价值的重要生态条件。

米兰时装主要是高级成衣，它与巴黎高级女装竞争的武器是更为持久的商业化实践和更强的对不断变化的消费需求的适应能力。他们吸收并延续了巴黎高级时装的精华，并且融合了自己特有的文化气质，创造出高雅、精致的风貌，充分反映了民族性的艺术风格及简洁利落的实用功能，成为流行界深受瞩目的焦点。米兰服装在盈利性与创造性上，互相配合恰到好处。意大利的建筑颇为迷人，米兰时装也带有极强的建筑风格，多运用立体构成的原理进行裁剪，这也是以裁剪、做工著称的意大利服装高品质的保障。

20 世纪 70 年代的米兰为成衣产业的运作提供了良好的环境，为产品提供了更广阔的展示空间。自 1972 年起，一些成衣设计师以个人名义在米兰举办时装秀。到 1974 年，意大利女装展示已全线退出皮蒂宫移至米兰。而设计师乔治·阿玛尼的首场时装发布会受到世界范围内的好评，标志着米兰成为国际时尚之都。

由于意大利纺织业集中于高级面料的生产，所以米兰成为高端成衣产品发布的基地，形成了良好的产业结构和极具竞争力的集群效应，迅速成为国际时装设计和贸易的重要城市。21 世纪以来，米兰作为世界五大时尚之都之一，以其鲜明的色彩、大胆的剪裁和精湛的工艺，成为全球时尚产业新的引导者。2003 年，米兰时尚产业年营业额达 820 亿美元。据意大利时尚行业著名的信息咨询公司 PAMBIANCO 的资料显示，在 2004 年营业收入排名全球 100 强的时尚企业中，意大利就有 24 家，其中总部在米兰的有 6 家，另外的企业也将米兰作为主要的设计和经营基地。

米兰的时尚产业覆盖了整个意大利。由于米兰生产成本过高，所以生产型企业非常少。但是米兰作为意大利时尚产业的龙头，具有生产、物流、分销的全产业链整合功能。许多知名企业都将总部设在米兰，几乎所有的意大利著名企业和品牌，都在米兰设有展示中心和零售商店。在每年的春夏、秋冬两季米兰时装周期间，会有世界各地的大量买手来到米兰挑选最新款的服装，许多大牌如 Prada，还会为买手举办专场服装秀以促进产品的销售。代表品牌 Prada 的现任设计师 Miuccia 为皮具起家的 Prada 注入了许多时装内容。Prada 的服装擅长运用大量色彩，并充满想象力地采用各种材料，让艺术感极强的意大利时装变得前卫起来。最特别的是 Prada 推出的趣怪机器人手袋，让人感到了老品牌 Prada 的童心。

经过多年的发展，米兰的时尚产业已经形成一套完整的构架：设计独具风格、生产不断创新、销售网络完善，这三大环节相辅相成、互相促进、同步发展；构成产业链的企业之间相互作用、分工明确。大中小企业经过合作共存、协调发展，形成了成熟完整的产业链：大型企业以创新能力、重视面料和加工质量闻名，其品牌遍布全球；中型企业则以灵活性为特色；小型企业致力于在一种或几种产品环节上满足不同消费者的需求。在这样的产业链背景之下，虽然近年来该行业在国际市场竞争加剧，因产业结构调整和国内消费不振而出现产销下降，但高端市场的国际竞争优势依然十分明显。

（三）伦敦

伦敦是一座有着千年历史的古都，它融合了历史与现代、传统与前卫。18 世纪末期的工业革命大大推动了英国的经济，伦敦的纺织业和时尚业随之迅速发展，其雄厚的经济实力是国际时尚中心形成和发展的物质基础。英国是世界男装中心，源自伦敦的猎装曾长期风靡全世界，还是西装与军装的演变之都，20 世纪 60 年代又率先出现了超短裙。无论在哪个时代，伦敦都走在时尚最前沿，因而伦敦的时尚界以创意和前卫著称。从整体上看，伦敦的时尚文化杂糅了传统与前卫：绅士文化作为传统文化的代表，影响了伦敦的主流时尚；而英国的亚文化则是作为前卫文化的代表，影响着伦敦富有创新的前卫时尚风格。

伦敦之所以能保持其时尚之都的地位，与其拥有最前卫、最时尚的设计艺术学院是分不开的。英国艺术设计类的高等教育始于 1837 年的工业化时期，至今已有 170 多年的历史。伦敦拥有众多世界级的知名艺术院校和设计学校，并为时装设计专业提供学位。最著名的设计院校包括伦敦艺术大学的中央圣马丁艺术与设计学院、伦敦时装学院、威斯特敏斯特大学的马丁斯学院和英国皇家艺术学院等。世界各地才华横溢的设计师或艺术家来到伦敦深造，一批批的新锐设计师被培养发掘，源源不断地补充了伦敦的新鲜血液。从 20 世纪 70 年代开始，伦敦出现了真正意义上的设计师时尚。伦敦政府加大了对时尚产业的扶持，90 年代英国政府明确地提出了"创意产业"的概念，创意产业涵盖了时尚产业的设计创意部分，伦敦的时尚产业中创意和人才输出成为新的亮点。

从 20 世纪 70 年代中期伦敦制造业衰退到今天，伦敦已经把重心全部转移到创意设计，而将生产外包到欧洲甚至全球其他更廉价的生产加工区。伦敦的时尚设计教育世界领先，每年培养出大批时尚设计师，为世界时尚设计界输送了大量新鲜血液。同时，伦敦的时尚文化也具有鲜明的特色。英国时装协会 CEO 希拉里·瑞瓦（Hilary Riva）说："伦敦永远不能与米兰、巴黎同日而语，但它的创意与多元化是无与伦比的。"创意与多元化是伦敦时尚的血液和灵魂，其有趣之处是它的年轻和活力、讽刺和勇气。它正是以这种不可阻挡的先锋创意和昂扬激情吸引着世界各地的目光。

（四）纽约

纽约不仅是美国的经济中心城市，更是世界的经济中心之一，与伦敦、东京并称全世界的三大金融中心。曼哈顿是纽约的心脏，华尔街是世界金融体系的中心之一，是世界金融、证券、期货、保险机构及大公司总部云集之处。纽约有发达的商业，曼哈顿中心城区是著名的商业和时尚消费区。纽约的服装、印刷、化妆品等行业均居美国首位，机器制造、军火生产、石油加工和食品加工也占有重要地位。纽约市拥有众多的博物馆和艺术画廊，文化娱乐产业发达。它不仅具有明显的总部经济特色，而且其经济以中小企业为基础。纽约的经济、金融中心地位使其在政治、文化乃至时尚等方面对于全世界具有更大的影响力和吸引力。

纽约作为一个重要的时装名城兴起于 20 世纪 40 年代，第二次世界大战使美国设计师有机会脱颖而出，70 年代以后，纽约时装已经形成典型的美国风格。它以 20 世纪日益加快的生活方式为背景，重视个性、强调质量、更多地考虑功能性并且兼具舒适的特点。纽约时装趋向大众化、平民化，经久耐穿，价格多元，这些特点使纽约时装大量生产，行销世界各地，遍及各阶层，开辟了成衣生产新纪元。尤其在便装生产上，纽约更领先各时装中心，产品讲究机能，极具活力。如果说纽约的设计师是促使时装大众化的"实践家"，那么"纽约"则是将大众时装普及并发扬光大的"工厂"。代表品牌 Calvin Klein（CK）是美国第一大的设计师品牌，旗下的高级时装与运动系列的设计灵感来源于美国人喜爱的运动与摇滚音乐。像运动型的牛仔服、前卫风格的短外套、紧身低腰牛仔裤等，都是 CK 的特色款式。不仅如此，CK 的内衣也成为世界知名的品牌，它采用舒适的纯棉面料，提供了极高的穿着舒适度，拥有实穿性的优势。

20 世纪 70 年代是纽约时尚制造业走下坡路的时代。相对于制造业的萎缩，纽约时尚业在此期间最大的特点就是进行商业和生活方式的扩张。20 世纪的后 30 年，纽约的时尚业完成了从生产销售型经济向服务型经济的转型。纽约凭借一批天才设计师及其品牌在设计和商业上的双重成功而树立起纽约风格和时尚生活，借助工业化批量生产的高级成衣，依靠如日中天的城市地位和美国式的生活方式，一跃而成为国际时尚之都。在此期间，纽约加强了设计创意、高端制作和经营模式的创新，时尚业的产业半径从城区到市郊，再延伸到世界各地，批发业也有了进一步的发展，这从根本上动摇了欧洲的时尚中心地位，使得纽约作为世界时尚中心城市，成为国际潮流中的重要一极。

纽约作为国际时尚中心城市所需要的影响力，在很大程度上得益于大众传媒的时尚传播力量。纽约是美国文化、艺术、音乐和出版中心，有众多的博物馆、美术馆、图书馆、科学研究机构和艺术中心，全球八大广告公司的总部有七家设于曼哈顿。曼哈顿还有美国主要的四家广播公司：ABS，CBS，FOX 和 NBC，此外还有 MSNBC 有线频道、MTV 频道、FOX 新闻频道、HBO 频道和美国喜剧中心频道。很多时尚频道通过《绯闻少女》和《欲望都市》等热播剧获益良多。VOGUE 美国版是世界上发行量最大的时尚杂志，也是国际时尚大牌的广告必投杂志。这个杂志会对流行趋势做出专业预测，引导全世界的时装潮流。金融危机之后，平面媒体的广告收入有所下降，而网络媒体的影响力开始增长。

纽约市经济发展公司这样评价纽约的时尚产业："作为时尚魅力和创造力的前沿阵地，纽约代表着美国风格。在这里，时尚创意扎根，时尚潮流兴起，纽约时装周向全世界传播顶级时尚。在这里，人们看重原创、挑战规范，创造力可以得到淋漓尽致的发挥。从第一个模特走上T台，直到抓拍完最后一张照片，纽约时装周都吸引着全世界爱慕时尚的目光。"

（五）东京

东京是日本第一大都市，作为五大时尚之都中唯一的一个东方城市，东京的时尚不仅蕴含着东方的气质，其多元化的发展也领导着现代时尚的新概念：时尚不仅是服装，也包括了生活的各个方面。

当代时尚产业的范围已经不再局限于服装行业，而是包括生活中方方面面的时尚设计。在日本通产省关于文化创意产业的范围分类中，日本的时尚产业包括时尚设计和化妆品。从对世界时尚的影响力来看，东京最具特色的是服装产业和电子产业，因此从这两个行业的发展可以看出东京时尚产业发展的基本状况。另外，日本是政策导向型的产业发展模式，所以产业的发展受到政策的影响很深，政策的变动也成为影响东京时尚产业发展的重要因素之一。因此，最能代表东京时尚业的服装产业和电子产业在不同时期内的政策导向下发展，也成为东京时尚产业时期划分的基本依据和时间节点。

1955~1964年，东京处于战后起步阶段的出口导向时期。1965~1974年是内需市场扩大时期；1975~1984年是东京时尚产业开始形成的时期；1985~1991年是生产产业转移时期。这一时期日本的加工业开始向国外转移，但是设计基本上还是留在日本本土。1992年以后，日本的经济泡沫破灭，经济发展面临难题，但时尚产业发展却基本成熟，转向了服务型时期。

东京近年来正以一个不断吸收、发布新信息的时尚中心的姿态在飞速发展，各种时装发布会召开极为频繁。东京服饰的主要特征是以全新概念诠释穿着，将人体视为一个特定物品，将面料视为包装材料，在人体上创造出美好的包装视觉效果。东京的设计师认为时装是"文化的工具"，他们擅长于挖掘日本及东方传统中的精华。在结构及形式上，他们吸取并熟练掌握和服和东方服饰中的扭结、缠绕、悬垂手法；对微妙色彩系统中的茶色、表色和灰色运用自如，缔造了新的东方时尚。东京时装的代表品牌 Kenzo 是由日本知名设计师高田贤三一手创办的品牌，如今已经归由世界知名的奢侈品集团 LVMH 公司管理。即使如此，Kenzo 身上仍带有与众不同的东方风情。色彩魔术师的高田贤三擅长运用各种亮丽的色彩，对花朵的诠释非常到位，让不同的花朵图案盛开在每一件服装上是高田贤三的拿手好戏，有些妖娆却又颇有含蓄的东瀛风格。

东京之所以能成为时尚之都，与一些早年在海外成名的日本设计师有很大的关系。高田贤三、三宅一生、山本耀司等一批设计师以独特的东方风格在巴黎取得了成功，从而吸引了来自西方世界的关注。如果仅就东京时装产业一方面来说，东京在世界五大时尚之都中的地位似乎不如其他四大都市，但东京时尚电子产品产业在世界上的影响力，加强了东京作为世界时尚都市之一的地位。日本自身的经济实力和消费能力，使东京成为世界经济的焦点地带，也是世界上经济和消费最发达的城市之一，这些条件都奠定了东京时尚之都的地位。此外，东京时尚教育事业之发达，以及从事时尚产业的人数之多，也提高了东京作为世界时尚之都的地位。

如果说五大时尚之都都有自己鲜明的特点，那么东京最大的特点就是其时装的独特风格、电子产品的时尚设计，引领着全球年轻人的时尚消费。东京在五大时尚之都中的个性特点更体现着当今时尚产业的新方向——时尚不再仅仅是传统的服饰形象，而且已经渗透到当代都市生活的更多方面。

三、近年来伦敦为何成为新霸主

人们熟知的世界五大时尚之都，伦敦一直位列其中。在 GLM 的世界时尚之都排行榜中，近五年连续进入前五的只有三个城市，其中也包括伦敦。照这样看来，伦敦在世界时尚之都中的地位是不言而喻的。但如果认真计较起来，在世界五大时尚之都中，伦敦似乎还不能算是最顶级的那个：论历史比不上巴黎，论全球影响力比不上纽约，即使论时尚设计的艺术特色，似乎也很难说超越米兰。但近年来伦敦在世界时尚之都中的地位，似乎有了一阵快速的攀升。按照 GLM 近五年的排名，伦敦不仅一直名列前五，而且在 2011 年和 2012 年连续两年拔得头筹。也许排名不能说明一切，但伦敦时尚产业在近年来的发展和影响力的增长，确实是引人瞩目的。关注和研究伦敦时尚产业近几年成为新霸主的过程、特点和原因，或许对中国时尚产业的发展会有所启发。

（一）以创意而领跑世界时尚产业

时尚文化消费不仅仅是物质产品的消费，更是蕴含着精神、品位、情趣和社会认同价值的符号消费，因此时尚产品的生产不仅是物质生产，更是创意生产。当代时尚产业本质上就是创意产业。英国是最先提出"创意产业"的国家，十多年来英国政府采取各种措施，积极推动了创意产业的发展，使英国从一个世界制造工厂转变为世界创意中心。时尚传媒创意产业在英国创意产业中位居第二，是英国文化创意产业中发展较早、效益最好的强势产业。

经过十几年的发展，英国已培育了大量的创意企业。到 2005 年，与创意产业相关的从业人数占英国就业人口的一半。发展创意产业已成为英国推动经济增长与降低失业率的有效策略。以伦敦为代表的几大城市逐渐发展成为全球"创意城市"的典型。伦敦作为创意产业的领跑者，对当代国际时尚产业的发展趋势影响巨大。在过去的十年中，英国时尚产业迎接了前所未有的一次挑战，从一个在国内以加工制造为基础的产业，转变为在全球市场中进行操作的，以设计为导向的产业。英国时尚产业的产量高，产品包罗万象，既能满足大众需求，又能迎合高端市场。[①] 可以说，创意设计为当代国际时尚产业的发展开拓了更广阔的想象空间和市场前景。

（二）时尚产业为英国经济贡献巨大

据统计，时尚产业为英国经济发展做出的贡献约为 260 亿英镑。2009 年这一数据为 210 亿英镑，五年增长了 22%。在时尚产业对经济的贡献中，伦敦时装周功不可没。2014 年的时装周短短五天时间，77 个品牌发表了秋冬新

---

① 简析英国文化创意产业——时尚产业的发展 ［N］. http://www.docin.com/p-583869050.html.

作，吸引了 5000 位业界人士进场看秀，包括 Vogue 杂志美国版总编安娜·温图和英国名模凯特·摩丝等。英国时尚教母 Vivienne Westwood 表示，伦敦时装周的媒体曝光效益价值为 2.6 亿美元。

伦敦时装周之所以快速成长，与英国本土龙头品牌的带动不可分割。经典品牌 Burberry 经过重新定位于年轻、奢华品牌，市值从 21 亿英镑增加到 70.3 亿英镑，六年来股价也猛增 461%，更带动伦敦时尚产业每年高达 20% 的增长。业内人士表示，Burberry 将新品发布保留在伦敦展示，鼓励了相当一部分有才华的设计师在伦敦发展。Vivienne Westwood 在服装里尽可能浓缩更多的英式风格，吸引了众多国际买手。美国设计师 Tom Ford 表示，在众多时尚都市中，伦敦可以说是男装消费力最强的地方之一。

此外，英国时尚产业发展，不能忽视英国王妃凯特的带动效应。英国女性甚至全世界女性都以她为时尚偶像，模仿她的穿衣风格，以至于王妃穿过的品牌服装瞬间就被抢购一空。

英国时尚产业正以每年平均 20% 的惊人速度增长，让伦敦受到众多时尚爱好者及买手的青睐，某种程度上带动了当地旅游业的发展，促进了经济增长。[1]

（三）人才培育：伦敦时尚产业的内生动力

伦敦在全球被认为是设计人才的发源地。世界各地的学生都到英国著名的设计学院求学，其中包括圣马丁学院和皇家艺术学院等。他们中的很多人在毕业后继续留在伦敦，因为他们把伦敦当做真正的多元化城市，这能够激发他们的想象力。在过去的 20 多年里，英国伦敦时尚协会（简称 BFC）帮助与提拔了一些时尚设计师，这主要是通过时装周来完成的，即在伦敦时装周里展示最好的设计师作品，肯定他们的才华，帮助他们发挥技能，推动他们成长，认可他们的成就。

为了能够找到、发展、培养这些有才华的设计师，有一些机制能够为那些毕业生的成功铺路。有些元素是新的，有一些是比较成熟的，但是目标只

---

① 纺织中国在线，http://info.texnet.com.cn/content/2014-02-27/472169.html.

有一个，那就是给那些英国时尚设计师一个可持续发展的未来。BFC 推出了 MA 奖学金，这个奖学金针对那些有才华但是在经济上没有能力去读一所英国顶尖设计学校的学生。为了帮助那些毕业生，BFC 与英国顶尖的时尚学院有密切的联系与合作，并与一些时尚赞助商合作。这些商业化的合作，使得协会能够为学校与市场建立密切的关系，也为年轻设计师提供进入时尚业的商业机会。

接下来的一步就是要辅助培养一些新兴的公司。1993 年英国时尚协会推出了一个名为"新生代"的项目，为那些有才华的年轻设计师提供了一个吸引媒体、商家、投资人注意的平台。"新生代"是世界最有才华的设计师扶持计划中的一种，包括了在经济上支持设计师发布一场 T 台秀、在伦敦时装周展示并出售自己的作品。英国时尚协会有一个顾问团，其中包括时尚买手、时尚总监和英国以及全球的媒体。他们根据设计师的培训程度和一些公司的结构和经验进行精选，那些被选中的设计师将被邀请做展示自己的商业计划。

伦敦诞生了众多天才，他们并非凭空崛起的神话，其背后是竭力重塑英伦时尚辉煌的政府。英国政府多年来一直努力将时尚产业化，建立完整产业链，为有天分的年轻人架接从创意到商业的彩虹桥。1993 年，BFA 设立公益基金"NEWGEN"资助新人。在伦敦，支持新生设计的基金会有 Fashion East、On/Off、Fashion Fringe、Estethicia、Fashion Forward。此外，BAZAAR 等各种杂志、Liberty 等伦敦各大百货公司也举办比赛，竞赛的优胜者得到了实在的金钱支援，得以专心于设计，不用担心没钱办秀。众多赛事中，最受欢迎的非 Fashion Fringe 莫属。英国最有威望的时装评论人 Colin McDowell 于 2004 年创立此赛，也许是亲见了设计师的起起伏伏，参赛设置格外体贴，对申请人的经验和国籍均无要求。每年 5 月，特约评委宣布 10 名候选人，随后 Colin McDowell 与评委团挑选作品，请选手当场制版。经过各个环节的考察，最终入围三强的设计师将得到全方位资助，进入 9 月伦敦时装周官方走秀名单。时装周期间，最终的冠军将获得两年资助与事业发展指导。

英国伦敦时尚协会营运总监西蒙·沃德（Simon Ward）说："英国时尚有 25 年历史，在这 25 年里伦敦建立了时尚之都的地位。然而我们想通过这个 25 周年庆，不再回顾过去，而是要着眼未来，为我们的设计师建立一个可持续发展的未来，对我们而言，这就意味着我们要帮助更多有才华的设计师走上世界的舞台。"①

（四）近年来英国政府与皇室成为时尚偶像

英国文化的一个重要特色是延续至今的皇室，从传统的政治统治体系演变成国家文化符号。在英国的时尚文化中，王妃和首相夫人的时尚趣味表现是具有典型英国特色的时尚影响力形态。

2011年的GLM排行榜上，伦敦超过多次获得全球最时尚之都城市称号的纽约，获得第一名的殊荣。当时媒体认为，伦敦上榜的一个主要原因是凯特王妃吸引了全球焦点。2012年伦敦再次蝉联第一名。GLM总裁Paul Payack说，伦敦之所以能蝉联全球最时尚之都的冠军，凯特王妃和伦敦奥运会功不可没，"凯特王妃在对英国品牌的提升作用上已经被证明有难以置信的能力，另一个起重要作用的就是伦敦奥运会了。"Paul Payack补充说，最近一项调查显示，凯特王妃的影响力促成了英国品牌数百万美元的销售。②

不仅皇室，首相夫人的影响力也不容小觑。第一夫人的英伦衣橱是伦敦时尚产业的一种特殊的支持力量。每逢时装周，英国的首相夫人都会身着伦敦设计师的新款亮相。这是一年中她唯一"合法"盛装而不被公众责难的时刻，条件是从头到脚必须是本土设计，因为推广英国时尚产业是首相夫人的重任。前任首相夫人Sarah Brown深谙着装政治学，不仅要支持天桥红星，也要兼顾没钱作秀的新人，更不能忽视在穿戴上传递"支持'种族多元化'"的信息。

首相夫人Samantha Cameron曾在丈夫竞选期间，被指责穿外国品牌Prada。为此，她不得不进行衣橱大改造，改穿Topshop。可见穿什么不再是女人的事，也是国家大事。威廉王子大婚后，推广英伦时尚的重任传递到凯特王妃手中。为配合时下经济，凯特王妃穿着数年前购得的Alexander McQueen的针织裙亮相，并不断光顾平民品牌，塑造节俭端庄好品位的公众形象。几

---

① 伦敦时尚产业如何培养人才 [N]. 第一财经日报，2008-11-27.
② 伦敦蝉联全球最时尚之都凯特王妃功不可没 [N]. 凤凰网时尚，2012-09-15.

乎没有一个国家会像英国一样，第一夫人的衣橱被人民的口水所统治。对于英国皇室和政府来说，时尚已经不仅是一项重要的产业，而是成了关乎国运、关乎全民的头等大事。

四、启　示

从世界五大时尚之都在近年来面临的挑战及其应对、发展经验中，可以得到多方面的启示。我们可以从不同专业人士从不同视角得出的看法中进行对比和综合，获取对当代时尚产业发展经验比较全面、多样化的认识，从而为中国当代时尚产业的发展提供借鉴。

（一）时尚产业的发展趋势

著名时尚撰稿人和评论家，WGSN 公司主编罗杰·特瑞德烈（Roger Tredre）曾在 2006 年撰文，把全球时尚行业与消费模式的发展状况概括为十大发展趋势。此后至今，他所提到的十大趋势还在发展演变，对时尚产业的发展产生了重大影响。这十大趋势是：

第一，快速时尚的冲击。随着潮流变幻史无前例的加速，零售商应对时尚日新月异的变化也在提速，随之带来的变革即更快投放市场，更快翻新产品，以及更快回应市场，这就是时尚产业的未来。Tredre 所说的这种快速时尚冲击在近年来特别是在中国的消费环境中有了更迅猛的发展。网络技术的迅猛发展带来的信息爆炸改变了当代社会生活方式、价值观、审美意识，也改变了当代时尚文化的生产和传播方式，导致时尚的形态、效用乃至整个生态的变化。近几年来随着电商越来越深入地楔入时尚消费品尤其是奢侈品经营，更突出了快时尚消费在商业方面的重要性和国际影响力。

第二，两种采购模式并行。欧美零售商正在采用两种采购模式，即在靠近销售点的地区采购快速时尚产品，而在较远的地区（如亚洲）采购其他的基本产品。

第三，新动力的涌现。在全球经济大潮中涌现的新生力量，正在创造出新型的时尚市场，并改变着国际时尚的商业运作模式。中国零售商面临的一个挑战就是要提高营销策略、商品流通和设计技术水平，这样才能在时尚产业的激烈竞争中抢占先机。

第四，品牌使命——拓展更高利润空间。时尚产业必须拥有拓展自己的品牌、谙熟市场的营销策略。品牌建设的过程不仅耗费时日，更需要良好的心理素质和长远的战略目光，但这一切都是物有所值的。

第五，新式营销武器——成为数码科技先锋。互联网为时尚业界提供了更多与消费者沟通的渠道，并拓展出一个新的消费者群体。互联网可以提供全球即时信息发布和非常具备针对性的群体部落似的媒介，这就好比专为那些对品茶情有独钟的人们创建一个以茶会友的博客一样，互联网不但高度灵活而且用途广泛。

第六，时尚对垒生活方式。从手机到 MP3 播放器，消费者的眼球正从时尚界向科技产品转移，这对于传统服装产业将是一个巨大的挑战。这就意味着需要不断努力创新争取市场，甚至制造出应对科技潮流的服装。

第七，消费者消费意识的增长。消费者越来越精明，他们在购买产品时，会将不同的购物网站进行比较后才下订单，他们深谙市场定位，了解企业营销手段，所以一定要尊重消费者。

第八，可持续发展与企业责任。为树立一个积极健康的公众形象，企业无论是在生产过程、原料采购或是环境问题上都必须要有责任心，这些议题随着时间增长也将变得日益重要，所有时尚企业必须认真考虑这些问题。

第九，交叉消费者的出现。新一代的消费群体正在产生，他们乐于用低价的折扣时尚产品来搭配像路易威登手袋这类的奢侈品。消费者不仅会购买时尚奢华的高档产品，也会选择低廉漂亮的街头货色，这是一种新的混搭潮流，他们乐于把奢侈品和廉价产品搭配在一起。

第十，亚洲成为潮流设计与流行文化的新动力：未来属于亚洲，一轮激动人心的亚洲风尚将横扫全球。在欧美众多有影响力的地区，亚洲的健康食品，如绿茶和亚洲矿泉疗养胜地正在日益盛行。[①] 这种趋势对于中国时尚产业

①　罗杰·特瑞德烈. 全球时尚行业与消费模式十大发展趋势 ［N］. http: //lady.QQ.com，2006-04-07.

发展来说是一个难得的机遇，但也是一个面临产业趋势转型的重大挑战。我国政府不久前提出的"一带一路"发展计划既是区域经济文化合作共赢的发展规划，也是一个亚洲传统文化通过创新和产业再造而影响世界、重构全球时尚文化格局的重大机遇。

（二）走出"正当性"陷阱的五个措施

埃森哲卓越绩效研究院资深研究员史蒂芬·基罗博士在研究法国时尚业发展的启示时，指出中国时尚业面临着·"正当性"（Legitimacy）问题：许多才能出众的中国设计师无法施展，因为他们缺乏资金支持，也没有被给予充分的时间来确立自己的风格。为了生存，他们不得不加入一些主流的快速消费时尚公司，而这些公司没有多少兴趣来做长远打算、培育时尚创意。因此，许多中国设计师只能日复一日地复制来自西方的潮流，而中国的消费者又几乎不在意本土的品牌。在这种情况下，中国时尚产业将难以发展其市场"正当性"，并依靠这种"正当性"跻身全球时尚设计中心。他认为，法国时尚业可以给年轻的中国同行业上五堂课，帮助中国时尚业走出"正当性"陷阱。

第一，培养前卫创意。法国时尚业的正当性首先源自其高端性和卓越的创意。法国时尚业能够起飞，有赖于一些至今仍然适用的规则：高度重视质量、独特性和为顾客服务。17 世纪 70 年代，太阳王（路易十四）和他的首相科尔伯特（Baptiste Colbert）建立起了几家皇家奢侈面料制造厂，目的是加强法国奢侈品制成品的出口。因为他们的成功，整个先锋设计师会聚在巴黎并得以蓬勃发展。18 世纪末，巴黎的一些时尚设计师，如为玛丽-安托瓦内特皇后（Queen Marie-Antoinette）制衣的罗丝·贝尔坦（Rose Bertin），已经是欧洲时尚业的领军人物。到了 19 世纪 60 年代，"高级定制时装"（Haute Couture）成了极具创意的时尚业的集中体现。

此后，高级时装对制衣业的作用，正如科技研发对化妆品业的作用，它是世界时尚界的研究引擎。"高级定制时装大师"（Grands Couturiers）每年两次定义下一季的趋势，激发全球成衣设计师的创意，然后再传递到全球的快速消费时尚公司，如同水流的梯级效应。"高级定制时装大师"是一个依法注册并受法律保护的名称，只有"法国高级时装联盟"（Fédération Française de laHaute Couture）的成员才可以使用。"高级定制时装大师"必须符合一些定性和定量的标准，并且在巴黎设有店面展示其非外包、全手工制作的作品系列。

第二，寻找着眼于长期的融资。"天使"投资也是法国时尚业获取市场认可度并将成功延续下去的原因之一。如果中国缺少"天使"投资，也许就需要政府的行动了。例如，通过适当的税收优惠政策鼓励产业发展。"天使"是以盈利为目的的投资者，但他们也明白，时尚兼具艺术和文化身份，因此长远眼光才能获得长足的发展。例如，韦特海默（Wertheimer）家族从20世纪20年代以来投资培育香奈儿（Chanel），爱马仕（Hermès）家族也世代投资于同名公司。兰蔻（Lancome）品牌的所有者、成立于1909年的世界头号化妆品公司欧莱雅（L'Oréal），其创始人的后代仍保持着自己的影响力。迪奥（Christian Dior）和路易威登（Louis Vuitton）的所有者、世界头号奢侈品集团路威酩轩（LVMH）集团，自1987年以来一直受到贝尔纳·阿尔诺（Bernard Arnault）家族的支持。古驰（Gucci）、伊夫·圣罗兰（Yves Saint Laurent）和宝诗龙（Boucheron）品牌的所有者、世界排名第三的奢侈品集团PPR，已经迎来了第二代家族"天使"——皮诺（Pinault）家族。奢侈品以外的例子也比比皆是。出于着眼长期的思维，这些"天使"重视孵化未来的明星品牌，为此他们着力于培养年轻有为的设计师。他们给予设计师充分的自主权、时间和预算来发展自己的风格和管理诀窍。

第三，吸引外国直接投资。法国时尚行业的蓬勃发展正是受益于外国直接投资。外国投资者为小公司带来了知识、人才和资金，帮助他们获得国际性的成功。例如，德国的黛安芬（Triumph）于1986年收购了马赛品牌HOM，并把它变成国际领先的男士内衣设计者。现在HOM在亚洲的销售额占其全球总销售的30%。外国投资者也光顾境况不佳的法国公司。利丰集团（Li & Fung）旗下的三一公司（Trinity），收购了家居公司切瑞蒂1881（Cerruti 1881）来帮助其重振经营。郎雯（Lanvin）2001年被王肖岚（Shaw-Lan Wang）女士收购，她还任用了阿尔伯·艾尔巴茨（Alber Elbaz），这位才华横溢的设计师过去十年内赢得了六个最负盛名的时尚界奖项。王肖岚女士从来都不只是一个精明的金融家，由于她的远见卓识，郎雯再次成为炙手可热的品牌。正因为懂得尊重公司的管理方式，她给了管理和创作团队充分合理的自主权。

又如，爱马仕对"上下"（Shang Xia）品牌的投资。"上下"是一个成立于2008年的当代品牌，致力于"结合传统与创新，将中式及其他亚洲工艺带入当代的生活方式"。"上下"可以说是极少数有潜力满足中国消费者对于社会地位的渴望并成为国际大牌的中国生活方式公司之一。与爱马仕品牌联合给了"上下"无价的资产。长期看来，爱马仕也能从合作中得益——依托其无出其右的质量与设计的核心形象，它将能吸引更广泛的消费者，既包括法国风格的崇尚者，也包括那些更易倾心于亚洲风格的顾客。总之，中国时尚界应该认识到，开放外资可以带来"双赢"的局面，也可以成功地促进中国时尚品牌的诞生。

第四，建立国际人才交流机制。法国时尚产业一路领跑世界，正因为它是世界性的。它一直吸引着来自世界各地的最优秀的人才。如果能够大量引进外国设计师，中国的时尚行业将从中获益无数。法国时尚业还得益于巴黎的世界性影响——这已经为很多新兴国家的时尚运动注入了认可度。对本国和外国人才的一视同仁使得法国时尚业保持了持久的吸引力。它的成功既来源于法国设计师如香奈儿、迪奥、圣罗兰、纪梵希、让保罗·戈蒂埃（Jean-Paul Gaultier），也来源于那些外国的、在激烈竞争中脱颖而出的设计师。

第五，建立一个制度化的生态系统。法国时尚业之所以取得并保持了其国际认可度和独特身份，原因在于它的商业网络更具正式的制度化特点，这体现在业内人士、媒体、非政府机构和国家之间的系统性合作。论及法国时尚业在整个法国乃至欧洲和美国所引起的热潮，法国媒体无疑在其中扮演了关键角色。专业领域内部的合作同样重要。1868年创立的"法国时装和成衣设计师联盟"（French Federation of Fashion and of Ready-to-Wear of Couturiers and Fashion Designers）就起着重要的作用。该协会协调时装周的组织、举办巴黎时装展览会、提供行业研究帮助企业调整策略。法国精品行业联合会（Comité Colbert）是另一个重要的协会，它成立于1954年，集合了法国75家最负盛名的奢侈品公司和一些国际公司。法国精品行业联合会在世界各地举办联合宣传活动，协调打击仿冒品，并研究报告奢侈品行业在电子商务领域的最佳做法。类似的合作对中国是非常重要的，如果不能有效地保护自己的知识产权，新兴的中国品牌将无法维持发展。

国际人才交流很大程度上得益于法国时装企业和法国高级时装学院（ESMOD）这样的时装设计院校、法国时尚学院（IFM）这样的创意管理院校，以及其他法国内外的商学院之间的交流。法国时装企业的生态系统还延伸到了法国政府。例如，2011 年年初，法国工业部成立了一个战略委员会，由迪奥和爱马仕的首席执行官共同主持，目的是加强"法国制造"的价值。该委员会试点运行了一个"时尚银行"，旨在为新兴的年轻设计师和服装企业家提供优惠的融资。①

（三）意大利特色经验的启示

以米兰为代表的意大利时尚设计具有自己的特点。按照图灵大学教授桑托伽塔（Water Santagata）对意大利创意产业的研究，意大利创意产业发展的特色方式之一是所谓的"水平聚合"（Horizontally Integrated）式发展。② 这种创意产业不同于好莱坞等高科技、高投入的"垂直聚合"（Vertical Integration）模式，更适合以小微、家庭企业为主的产业形态发展。

意大利设计成功的主要原因是地缘性，特别是在乡镇，云集着大量的意大利制造的特色生产方式。这些地区创意活动非常发达，主要采取两种方式：一是生产过程中所有环节人员共同参与对特定的产品进行技术研发；二是利用专业品牌，改造该产品的科学技术含量。关于第一种方式的规模，需要指出的是意大利许多成功的产品都来自工作在同一企业内各个环节的科技人员的贡献，或是以工业乡镇为特点的跨行业联合体。许多设计被运用，源自优秀的手工艺人做出的基础贡献。虽然这些人没有受过特殊教育，但是他们的勤奋使他们不仅能研究出产品雏形，还能对材料及形态进行革新。在意大利，各种传统知识的传播更多是以悄然的方式而不是明令规定的方式进行，即通过手工艺人、技工、工人代代相传实现传承。这种基于小微企业和技艺传承

---

① 史蒂芬·基罗.法国时尚产业给中国上的五堂课 ［N］.商业评论网，http：//www.ebusinessreview.cn/articledetail-117062.html.

② Water Santagata. Cultural Districts and Creative Atmosphere，World Bank，Urban Sector Week 2011-"Cultural Heritage and Historic Cities"，Thursday Feb. 3，2011.

方式的时尚创意产业发展模式对于中国以小微企业、家庭作坊为单位，以传统文化遗产为文化内涵符号的时尚创意生产具有积极的启示意义。

实用而有效的创意设计教育与研发也是意大利时尚产业繁荣的一个重要条件。意大利时装的辉煌传统与高级时装学校、生产现实与教育之间有着密切关系。在托斯卡纳地区，建于 1986 年的柏利慕达时装学院今天已经成为时装行业的联合体，从设计到市场营销、企业管理、促销，均与生产厂家保持着密切联系。这所学院拥有一支优秀的教学队伍，现有教授讲师 100 人，除了教授时装理论外，还传授企业成熟的经验。学院财政经费是独立自主的，公共财政及私人捐赠从建院初期的 45% 下降到现在的 10%。该院拥有 2 万册专业书籍并收藏从 19 世纪至今的 400 册国际时装报刊，有意大利时装业乃至欧盟时装业最重要的图书馆。布莱奥尼裁缝学院则是与生产企业保持密切联系，并在当地发展起来的学院。该院建于 1985 年，以保护传统名牌和质量闻名，从 2007 年开始被著名的伦敦皇家艺术学院选定教授男装时装设计课程。该学院也是佛尔莫达基金会创始者，基金会通过与各大学合作推动时装企业文化与行业管理。此外，马兰戈尼服装学院是意大利众多服装设计学院中一所具有 60 年历史的名校，它已与乔治·阿玛尼、范思哲、古驰、瓦伦蒂诺等意大利和世界顶级时装公司开展合作。除米兰、都灵、博洛尼亚等主要的创意之都外，在米兰至科莫市之间的地区也有众多的设计研发机构。米兰理工大学 1994 年开设了意大利第一个工业设计本科班，来自科学界、企业的专业讲师为意大利设计文化做出了基础贡献。今天，这个专业已成为培养天才设计师的摇篮，学生和教师的数量排在全国同类学院的首位，而且每年向社会输送的设计师也是最多的。目前在校生 4500 人，讲师 500 人，助教和研究人员 800 人，已经有 900 多名毕业生在企业里担任专业设计师。另外，1982 年建校的多莫斯设计学院在近 30 年来的发展历程中，以工业创意过程研究和专业培训独树一帜。2000 年大学改革以来，毕业班和设计系大幅度增加。从1991 年至 2005 年，大量毕业生基本上在伦巴第大区就业。

米兰三年展曾进行了一次类似行业普查的活动，发现了意大利新的设计发展趋势，即年轻设计人员在不断寻求发展道路，研究课题不断更新，寻求材料再利用及对环境的影响，开放专利发明，寻求更自由化的研究。有些意大利青年设计师与国际大牌设计师相比毫不逊色。只要提供发展空间，他们会达到那些外国同行的水平。①

　　综合考察国际时尚之都发展时尚产业的成功经验与教训，特别是近年来国际时尚之都的盛衰蜕变，可以获得许多有益的启示。以下几点特别值得注意：一是时尚文化的培育，包括对国际时尚文化传统的接受与共享，本土审美文化的传承与创新，当代各个文化群体的生活理念、审美情趣与消费趋势等方面的研究，并进行有针对性、有深度的时尚文化产品的研究、设计、开发与推广，逐步确立本土时尚产业产品的文化正当性。二是时尚产业的生态条件，根据不同地区的产业基础和文化环境以及社会发展模式，选择适合生态环境的时尚产业形态与发展模式。三是注重研究政府在时尚产业发展中所应当承担的职能与作用，特别是研究在创意设计平台建设、人才培养和宏观发展战略方面如何发挥引导和支持作用。四是近年来随着全球媒介、商业和文化生态的变迁以及新一代时尚消费文化的兴起，需要密切注意国际时尚之都的转型、创新发展，不断研究适合中国时尚产业转型的发展战略。总的来说，在"全球本土化"的文化背景下，世界时尚产业已进入高度共享又高度多元化的时代。中国时尚产业的发展必须了解不同国家、民族、城市时尚产业发展的趋势、特色和优势，从中获得启发、加以借鉴，才能够推进中国时尚产业更积极健康地发展。

参考文献

［1］若昂·德让. 时尚的精髓［M］.杨冀译. 北京：三联书店，2012.

［2］卞向阳. 国际时尚中心城市案例［M］.上海：上海人民出版社，2010.

［3］西美尔. 时尚的哲学［M］.北京：文化艺术出版社，2001.

［4］史蒂芬·基罗. 法国时尚产业给中国上的五堂课［EB/OL］.商业评论网，http：//www.ebusinessreview.cn/articledetail-117062.html.

［5］简析英国文化创意产业——时尚产业的发展［EB/OL］. http：//www.docin.com/p-583869050.html.

［6］纺织中国在线，http：//info.texnet.com.cn/content/2014-02-27/472169.html.

---

① 参考张建达. 意大利文化创意产业的现状与发展［N］. 求是理论网，http：//www.qstheory.cn/wh/whcy/201202/t20120201_136372.htm.

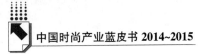

［7］伦敦时尚产业如何培养人才［N］. 第一财经日报，2008-11-27.

［8］伦敦蝉联全球最时尚之都 Kate 王妃功不可没［N］. 凤凰网时尚，2012-09-15.

［9］罗杰·特瑞德烈. 全球时尚行业与消费模式十大发展趋势［EB/OL］. http：//lady.QQ. com，2006-04-07.

［10］ Water Santagata. Cultural Districts and Creative Atmosphere，World Bank，Urban Sector Week 2011-"Cultural Heritage and Historic Cities"，Thursday Feb. 3，2011.

［11］张建达. 意大利文化创意产业的现状与发展［EB/OL］. 求是理论网，http：//www. qstheory.cn/wh/whcy/201202/t20120201_136372.htm.

（作者单位：南京大学）

中国时尚产业和时尚品牌的发展现状

李 蕊 黄春燕

2014 年中国时尚消费持续升温，占国际时尚品牌消费的市场份额大幅上升。中国时尚产业和时尚品牌也显出良好的发展态势，虽然与法国、英国、意大利这些欧洲时尚产业大国相比，中国的时尚产业发展历史短，总体产业水平有待提高，但前景值得期待。相较于过去几年，2013~2014 年在时尚消费升级和产业转型的大背景下，受政治、经济、文化领域诸因素的综合影响，中国时尚产业布局和品牌更替呈现出新的特点。

一、2013~2014 年中国城市时尚消费水平分析

2012 年世界奢侈品协会公布的中国十年官方报告显示，截至 2011 年 12 月底，中国奢侈品市场消费总额已达到 126 亿美元（不包括私人飞机、游艇与豪华车），占据全球份额的 28%，中国已经成为全球占有率最大的奢侈品消费国家，中国的时尚消费潜力近年来颇为国际时尚界所看好。根据全球语言监测机构（Global Language Monitor）公布的时尚之都最新排名榜单，上海于 2013 年首次跻身世界十大时尚之都行列，成为亚洲地区排名第一的时尚之城，超过了老牌时尚之都东京。其他城市人群的时尚消费行为同样令人瞩目。① 根据 2013 年初发布的《2012 "中国·时尚指数" 白皮书》，上海、北京、沈阳、

---

① http：//fashion.163.com/12/0117/14/7NVORBRO000264J94.html.

南京、成都、天津、青岛、武汉、大连、西安、哈尔滨、重庆、济南、广州、深圳、杭州、福州、长春、长沙、郑州等 20 个城市人均年时尚消费近 5 万元人民币，占人均年收入的 57.3%。其中，上海以人均年时尚消费支出 86132 元居榜首，北京以 71982 元排名第二，南京以 62163 元排名第三。[①] 除上海、北京、南京外，广州、天津、深圳、沈阳、成都、杭州、青岛等也都是时尚消费的热门城市，而武汉、西安、重庆这三大区域中心城市，将是未来全球奢侈品品牌市场拓展中"寸土必争"的主要市场。这些数据大致反映出中国近年来的时尚消费市场趋势，也暗示了中国时尚产业的巨大商机。

根据《2013 "中国·时尚指数"白皮书》公布的 2013 年中国·时尚指数城市时尚力排行榜（见表 5-1），北京、上海得分最高，广州、深圳紧随其后，区域中心城市排名也比较靠前。2014 年中国·时尚指数全球发布暨时尚峰会揭晓了 2014 年度时尚人群最喜爱的十大"时尚商圈地标"，其中包括上海 K11 购物艺术中心、北京三里屯太古里、深圳龙岗 COCO Park 等，这些商圈都位于时尚力排名前列的城市。在同时揭晓的 2014 年度时尚城市中，北京为时尚教育城市、深圳为时尚商业最活跃之城、青岛为时尚文化最活跃之城、厦门是设计师活跃之城。[②] 这些时尚之城不仅购买力强，时尚品牌密集，而且汇集了许多时尚消费品设计师和生产厂商。上海拥有素然（ZUCZUG）、德诗（DECOSTER）、UMA WANG、上下（SHANG XIA）等设计师品牌，北京是中国第一家 A 股女装上市企业朗姿股份有限公司的所在地，更汇集了诸多高级定制服饰品牌工作室，近两年风头强劲的时尚品牌 EXCEPTION de MIXMIND（"例外"品牌）则坐落在广州。这些品牌带动了所在城市的时尚风潮，引领城市时尚消费进入世界先进水平。

表 5-1 2013 年中国·时尚指数城市时尚力排行榜

排名	城市	城市时尚力得分
1	北京	95.46
2	上海	93.74

---

① http://finance.chinanews.com/life/2013/01-07/4466649.shtml.
② http://gb.cri.cn/44571/2014/12/22/3005s4813597.htm.

排名	城市	城市时尚力得分
3	广州	90.05
4	深圳	89.01
5	天津	88.94
6	武汉	88.34
7	杭州	88.24
8	成都	87.86
9	大连	87.42
10	沈阳	87.10
11	南京	86.53
12	青岛	86.36
13	郑州	86.07
14	济南	85.67
15	哈尔滨	85.53
16	长沙	85.48
17	重庆	85.03
18	西安	84.52
19	长春	84.46
20	福州	84.19

二、2013~2014 年中国时尚品牌发展的总体状况

2013~2014 年奢侈品作为馈赠物被中国消费者购买的数量大幅下降，人们对时尚消费品的选择更加趋于理性和个性化，奢侈品在时尚消费品中的份额逐渐降低，这无疑也为中国时尚产业带来了新的发展机会。相比于价格不菲的国际大牌奢侈品，中国本土品牌的时尚消费品显得更加具有亲和力。与2012 年相比，《2013"中国·时尚指数"白皮书》公布的品牌吸引力排行榜中增加了不少中国本土品牌。2013 年十大最具吸引力服饰品牌榜和化妆品/香水品牌榜均一改国外大牌垄断的局面，服饰品牌榜中有了"七匹狼"的位置，化妆品/香水品牌榜中出现了"相宜本草"。珠宝品牌吸引力排行榜前十个席位中，中国品牌占据了五席。不过，腕表和汽车品牌吸引力排行榜前十名中依

然难觅中国品牌的踪影。

（一）服装行业

1. 男装品牌呈现传统时尚行业的困境

2013~2014 年中国时尚产业出现了一些令人欣喜的势头，但中国品牌在全球时尚消费品销售总额中所占比例依然很低。虽然中国服装设计师日益受到国际时尚界的瞩目，在国内消费者中的知名度也逐步提高，但其消费者仍然属于小众，占整个服饰行业主要份额的是规模化经营、广告投入较高的企业。表 5-2 和表 5-3 是联商网公布的 2013 年和 2014 年上半年服饰类上市企业销售排名不完全统计数据。

表 5-2　2013 年部分服饰类上市企业销售排名

排名	企业	销售额（亿元人民币）	增幅（%）	净利润（亿元人民币）	增幅（%）	门店数（家）
运动品牌						
1	安踏	72.81	−4.5	13.15	−3.2	7757
2	李宁	58.24	−12.8	−3.92	亏损收窄 80.2	5915
3	361°	35.84	−27.6	2.1	−70.1	7299
4	匹克	26.13	−10	2.44	−21.3	6012
5	探路者	14.45	30.73	2.83	44.65	
6	中国动向（Kappa）	8.61	−23.7	2.1	19	1183
男装						
1	雅戈尔（服装业务）	42.7	4.57	6.4	−21.37	2935
2	七匹狼	27.7	−20.23	3.79	−32.44	3502
3	利郎	22.99	−17.7	5.16	−17.7	3455
4	报喜鸟	20.19	−10.39	1.47	−69.29	
5	希努尔	12.59	6.76	0.73	−47.52	
6	卡奴迪路	7.99	25.65	1.5	−14.98	约 520
7	步森	6.51	−0.34	0.06	−85.21	
休闲装						
1	美邦服饰	78.9	−17	4.3	−49	
2	森马	72.94	3.26	9.02	18.56	
3	佐丹奴	58.48（亿港元）	3	6.63（亿港元）	−20	2642
4	搜于特	17.38	7.77	2.74	0.56	

续表

排名	企业	销售额 (亿元人民币)	增幅（%）	净利润 (亿元人民币)	增幅（%）	门店数 (家)
珠宝						
1	老凤祥	329.85	29.08	8.9	45.57	
2	金叶珠宝	88.31	37.41	11.47	−17.32	
女鞋						
1	百丽	363.5	10.3	44.9	3.2	约13000
2	星期六	18.4	17.5	0.35	−38	
女装						
1	朗姿	13.79	23.39	2.33	0.58	
职业装						
1	乔治白	5.82	−9.18	0.65	−31.68	
裤装						
1	百圆裤业	4.44	−8.53	0.32	−38.4	

表5-3 2014年上半年部分服饰类上市企业销售排名

排名	企业	销售额 (亿元人民币)	增幅（%）	净利润 (亿元人民币)	增幅（%）	门店数 (家)
运动品牌						
1	安踏	41.2	22.4	8.028	28.3	7701
2	李宁	31.37	8	−5.86	−218	5671
3	361°	20.9	4.6	2.63	28.3	7140
4	匹克	12.9	10.1	1.21	34.6	6000
5	贵人鸟	9.95	−19.04	1.64	−5.77	
6	中国动向（Kappa）	4.65	−17.35	0.96	5.04	
男装						
1	海澜之家	56.83	61.53	12.28	82.79	3164
2	雅戈尔（服装业务）	21.7	1.13	4.2	27.25	2980
3	利郎	10.9	−0.2	2.48	2.4	3315
4	七匹狼	10.23	−28.07	1.51	−41.02	3155
5	报喜鸟	9.99	−3.73	0.67	−18.01	905
6	九牧王	9.71	−16.56	2.18	−24.8	2990
7	红豆	9.13	6.98	0.23	8	
8	杉杉（服装业务）	6.77	−11.81	−0.013	亏损收窄 64.54	
9	希努尔	4.68	−24.75	−0.19	−135.26	651
10	卡宾	4.29	28	1.13	47.1	992

121

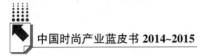
续表

排名	企业	销售额 （亿元人民币）	增幅（%）	净利润 （亿元人民币）	增幅（%）	门店数 （家）
男装						
11	卡奴迪路	3.65	-2.5	0.2	-76.7	478
12	步森	2.14	-22.37	-0.33	-394.18	900 多
休闲装						
1	美邦服饰	29.62	-20.11	1.79	-19.61	
2	森马	29.32	7.59	3.44	20.97	
3	佐丹奴	26.72 （亿港元）	-6	1.74 （亿港元）	-49	2553
4	搜于特	5.68	-32.71	0.74	-42.88	
珠宝						
1	老凤祥	183.57	1	4.22	7.78	2769
2	明牌珠宝	43.53	-15.02	1.5	380.46	
3	金叶珠宝	43.19	21.34	0.68	17	
鞋业						
1	达芙妮	50.8 （亿港元）	-1.7	1.72 （亿港元）	-44.5	6234
2	奥康	14.51	-2.75	1.58	-25.67	
3	星期六	8.78	-2.12	0.33	7.35	1774 （自营店）
女装						
1	朗姿	6.18	-9.73	0.97	-34.84	562
职业装						
1	乔治白	2.87	-2.82	0.38	-2.14	
裤装						
1	百圆裤业	1.98	4.61	0.11	-44.81	

上列服装类上市企业 2013 年销售额合计约 600 亿元人民币，其绝对数值可观，但总体来说，企业的经营状况并不乐观。不少企业销售额增幅出现负数，盈利状况令人担忧，甚至表单中的 7 家男装企业净利润一致下滑。[①] 2014 年形势依然不理想，多个服装品牌陷入关店潮，仅上半年，男装品牌中七匹狼关店 347 家、九牧王关店 73 家、卡奴迪路关店 53 家、希努尔关店 46 家。[②]

① http://www.linkshop.com.cn/web/archives/2014/286129.shtml.
② http://www.linkshop.com.cn/web/archives/2014/299507.shtml.

在惨淡的男装市场中，海澜之家表现抢眼，2014年上半年实现销售56.83亿元，增幅达到61.53%。除男装外，运动品牌类的安踏、休闲服饰类的森马业绩良好。这些上市企业生产的服饰大多介于普通消费品和时尚产品之间，但有些品牌的时尚度不高，这些数据多少能够反映出目前国内时尚产业在某些领域的困境。实际上，中国时尚消费类服饰市场潜力巨大。根据法国力克公司的统计数据，目前中国各类时装公司超过1.1万家，年综合销售额达1250亿元人民币，前100位的时尚品牌所占市场份额超过三成。[①]

2. 女装显现创新时尚品牌的生机

与男装相比，女装在时尚产品中的地位更加显著。据中华全国商业信息中心统计，高级百货渠道国内中、高端女装的市场容量约为500亿元，总市场容量约为680亿元。相比女装市场数千亿元的总销售额而言，时尚女装市场仍然有很大的成长空间。在近两年男装市场表现不力的情况下，女装市场的行情相对乐观。根据中商情报网2013年的研究报告，中国高端女装近几年增速处于20%~30%，行业复合年增长率在未来几年可达33%，明显高于服装市场10%~15%的年平均增长速度。[②]就2013~2014年度而言，国内时尚女装各品牌的销售模式差异很大。一部分品牌主要延续了在大型百货公司设立店中店和在城市时尚街区开设专卖店的销售模式，一部分品牌在线上线下同步销售，还有一部分品牌则主要依赖互联网销售平台。总体而言，大型零售终端的女装销售额出现下降趋势。根据北京商业信息咨询中心统计公布的北京亿元商场服装销售数据，2013年第一季度，18家亿元商场女装总销售额8.62亿元，同比下降13.01%，[③]而玫而美、朗姿、玛丝菲尔等实力品牌市场稳固性较强。随着互联网销售渠道的日益兴旺，一些"淘品牌"女装风头强劲。其代表有"韩风快时尚"品牌"韩都衣舍"、以原创设计享誉互联网的网络服饰零售品牌"茵曼"等。韩都衣舍从2008年注册品牌起，短短几年便取得了不俗的销售业绩。根据网络透露的数据，2012年，该品牌同时在天猫和京东商城

① http：//news.ef360.com/Articlesinfo/2013-11-2/251383.html.
② http：//www.askci.com/news/201308/21/211532933265.shtml.
③ http：//www.chinairn.com/print/2975581.html.

123

两家网络平台的女装销售排名中列首位。[①] 在 2013 年天猫平台的女装销售排名中继续领先，天猫旗舰店的单店年销售额达到 6.382 亿元。以"棉麻艺术家"为定位的茵曼女装于 2008 年创立，2013 年销售额已达 7.6 亿元。[②] 裂帛品牌创始于 2006 年，2013~2014 年度，在天猫旗舰店的年销售额业已达到 4.967 亿元。这些品牌的一个显著特点就是主要依靠互联网平台进行销售，或者说其品牌的时尚性与这一销售模式本身就具有很大关联。这些品牌突破传统销售模式，在网络世界迅速积累了口碑，也在时尚消费的新兴人群中赢得了支持。当数以万计的时装品牌在各大商场争夺消费者时，这些网销品牌凭借明确的市场定位，一举占据了有利的市场位置。

3. 设计师品牌前景看好

2013 年 3 月，彭丽媛穿着中国设计师为其度身定制的服装，作为"中国国家主席夫人"首次出访，赢得广泛赞誉。随即，中国时尚界的目光聚焦到为彭丽媛提供"专人定制"服务的设计师马可身上，与马可有关联的"例外"、"无用"两个服饰品牌也即刻成为网络搜索热点，很多地区的"例外"品牌专柜咨询量大增。彭丽媛的此次亮相甚至带动了中国沪深股市服装板块整体走强。一时间，"丽媛 style"成为热议话题。在国际社会，各国政要夫人的着装一向为时尚界津津乐道，近几年，英国凯特王妃和美国第一夫人米歇尔的时尚影响力一直是国际时尚界的热点话题，她们对本国时尚品牌的提升力更令人惊羡。在中国时尚消费狂热追逐国外大牌的情势下，彭丽媛作为国家最高领导人夫人的首次出访活动选择了本土品牌，其意义绝不仅仅在于带动某个品牌服饰热销，其对于其他本土品牌，甚至整个民族工业来说，或许都具有非凡的意义。在 2013 年中国·时尚指数全球发布暨时尚峰会揭晓的 2013 年最具吸引力品牌榜中，"例外"成为当年最具吸引力设计师品牌。[③] 而在《新京报》梳理的 2014 年品牌年度大事中，设计师马可"无用生活体验空间"在北京美术馆后街揭幕，与 Louis Vuitton "系列一"展览、Burberry London in Shanghai 大秀、Miss Dior 艺术展、Max Mara 北京旗舰店登场等一系列国际大

[①] http: //www.ebrun.com/20130109/65213.shtml.

[②] http: //news.efu.com.cn/newsview-1045063-1.html.

[③] http: //www.hkcaijing.com/2013-12-24/124101660_5.html.

牌的时尚活动一并受到瞩目。① 这类信息或多或少开始透露出中国时尚产业的一些新动向。

"例外"、"无用"品牌的走红引发了时尚消费圈对设计师品牌的更多关注，消费者对设计的理解加深，设计师品牌购买群体也在不断扩大。从 2013~2014 年度的情况来看，Hermès、Chanel、Dior、Louis Vitton 等国际大牌服饰仍然在中国高端消费市场中占据优势地位，但中国设计师的才华以及他们对中国文化的理解、对中国时尚消费的影响力开始日益受到国外奢侈品行业的重视。随着中国消费者时尚观念的变化，这些国际大牌要想在中国继续保持优势地位，必然需要一些新的举措，除了在设计中增加中国元素外，和中国设计师合作也将成为新的生长点。Hermès 集团与中国设计师蒋琼耳合作，在中国创立了新品牌上下（Shang Xia），致力于传承中国的生活美学和精湛的手工艺，并通过创新，使其重返当代生活。该品牌分别于 2010 年、2012 年、2013 年在上海、北京、巴黎开设零售空间，受到国内外媒体广泛关注。

（二）消费类电子行业

1. 国产智能手机品牌市场占有率进一步提升

IDC 的报告显示，2013 年全球智能手机出货量已突破 10 亿部，其中三星全年出货量 3.139 亿部，占整个智能手机市场的 31.3%，位居第二的苹果年出货量 1.534 亿部，占市场份额的 15.3%。虽然中国品牌智能手机在国际市场所占份额尚不能与三星、苹果相提并论，但也有华为和联想排到了市场占有率第三和第五的位置，年出货量分别为 4880 万部和 4550 万部（见表 5-4）。

表 5-4　2013 年排名前五位智能手机品牌出货量与市场份额

品牌	2013 年出货量（百万部）	2013 年市场占有率（%）	2012 年出货量（百万部）	2012 年市场份额（%）	年增长率（%）
三星	313.9	31.3	219.7	30.3	42.9
苹果	153.4	15.3	135.9	18.7	12.9
华为	48.8	4.9	29.1	4.0	67.5
LG	47.7	4.8	26.3	3.6	81.1

---

① http://www.bjnews.com.cn/fashion/2014/10/22/338313.html.

品牌	2013 年出货量 （百万部）	2013 年市场 占有率（%）	2012 年出货量 （百万部）	2012 年市场 份额（%）	年增长率 （%）
联想	45.5	4.5	23.7	3.3	91.7
其他	394.9	39.3	290.5	40.1	35.9
合计	1004.2	100.0	725.3	100.0	38.4

资料来源：http：//www.36kr.com/p/209442.html.

至 2014 年，中国智能手机本土品牌在全球市场的占有率进一步提升，除联想、华为、酷派、中兴、金立这五大品牌进入全球销售前十名排行榜外，依靠营销策略获得可观市场份额的小米也以 4.0% 的市场占有率跻身前十（见表 5-5）。

表 5-5　2014 年第一季度全球智能手机品牌排行榜

单位：%

排名	公司	2014	2013	升降
1	三星	34.9	31.8	↑
2	苹果	13.6	19.4	↓
3	联想+摩托罗拉	7.5	4.3	↑
4	华为	5.2	4.0	↑
5	LG	4.4	4.2	↑
6	索尼	4.0	4.1	—
7	小米	4.0	3.2	↑
8	酷派	3.7	3.6	↑
9	中兴	3.1	3.0	—
10	金立	2.3	2.6	↓
	其他	17.3	19.7	↓

资料来源：http：//www.weste.net/2014/4-21/96447.html.

互联网营销模式的发展与智能手机的应用相辅相成，2013~2014 年度，线上交易额的增长与移动互联网的不断拓展相关，给智能手机的发展带来了更大机会。小米手机从品牌创立起便一改手机销售的传统模式，只通过网络渠道和线下合作运营商进行销售，不授权其他线下代理，并且运用饥饿营销策略，引发网上抢购风潮，这种营销模式也提升了其品牌时尚感。当红米手机杀入千元智能手机市场时，小米也开拓了新的成长空间，将带动整个国产时尚电子产品消费群体的扩大。在 2014 年第三季度的销售统计数据中，小米成为国产智能手机的销售冠军，在全球智能手机出货量排名中位列第三，在全球市场中的占有率从前一年度同期的 2.1% 上升至 5.3%。

2. 线上品牌成为彩电业新亮点

2013 年，电子商务的迅猛发展为彩电行业的快速增长奠定了良好的基础。网购热潮在 2013 年呈扩大化趋势，线上渠道销售在总体销售中的占比逐级提升。据研究机构预测，仅 11 月，彩电线上销售占比就达 16.1%。据彩电企业反映，2013 年电商销售收入同比增长超过 700%，线上销售占比超过 8%。国内各大品牌彩电企业提前布局线上渠道。康佳、海信、TCL、创维、长虹等主流彩电品牌纷纷推出自己的线上品牌。2013 年 9 月，康佳推出了首个线上品牌"KKTV"，创维也正式发布了其线上品牌"酷开"。这些线上品牌充分体现了传统制造与互联网的相互渗透。

（三）珠宝首饰行业

2013 年，中国珠宝零售上市公司业绩大幅提升。品牌规模大、品牌竞争力强的企业在全国市场形成了相对较强的竞争力，甚至在所在区域市场形成了绝对竞争力；而一些中小企业的生存则面临危机，甚至是惨遭出局。2013 年黄金价格出现巨大波幅，许多消费者不管产品品质，只要有货就买，这种情况到 2014 年逐渐趋于理性，一是金价的波幅趋于稳定，二是消费者更加关注产品品质。2013 年的金价波幅对黄金市场来说是利好的，带动了更多消费者对黄金市场的关注以及对黄金产品的消费。周生生 2013 年全年业绩公告显示，2013 财年实现营业额 251.42 亿港元，同比上升 38%；实现净利润 12.18 亿港元，同比上升 24%。其中，珠宝零售是周生生总营业额和利润的主要贡献者，营业额为 199.43 亿港元，占总营业额的 79%，利润总额上升至 13.5 亿港元，增长了 21%。与业绩上扬成正比，A 股经销商股价也出现一波强劲走势。以老凤祥为例，从 2013 年 7 月 29 日起至 10 月 14 日，该股从 15.97 元攀升至 31.5 元，不仅股价接近翻番，而且创出了近年新高。老凤祥业绩快报显示，2013 年实现收入 329.8 亿元，同比增长 29.08%，营业利润同比增长 25.9%。公司 2013 年收入增速高于限额以上金银珠宝 25.8% 的增速。另一家黄金销售商明牌珠宝 2013 年度报告显示，2013 年实现营业总收入 855780.38 万元，比上年同期增长 28.57%；公司实现营业利润 10867.07 万元，比上年同期增长 5.61%；实现净利润 8135.72 万元，比上年同期增长 10.22%。

（四）化妆品行业

除服饰和电子产品外，化妆品在时尚消费领域的竞争一向激烈。目前，中国化妆品的高端市场基本为国际品牌占领，国产品牌在中、低端市场中则拥有较高的知名度和美誉度。美即、相宜本草、百雀羚等各自发挥优势，在营销宣传中突出品牌特点，以赢得市场认可。美即品牌专注面膜深度护肤领域，开创面膜全品类概念，并倡导女性停下来享受美丽，在营销方面注重品牌文化传递，让女性在护肤的同时遇见内心的宁静。这种定位获得很大成功，根据媒体公开的数据，美即面膜在中国面膜市场的份额为 26.4%，稳居首位。相宜本草专注于诠释"本草养肤"理念，将汉方本草和现代科技相结合，是国内较早涉足中草药美容护肤领域的企业之一，其明确的品牌诉求将时尚观念引入快销品领域，获得不少时尚消费者的支持。如果说美即和相宜本草的品牌诞生与时尚理念相伴的话，百雀羚则属于一个华丽转型的品牌。这个创立于 1931 年，已经拥有 80 多年历史的品牌曾经创造过辉煌，也经历过沉寂，尝试过重振"经典国货"的营销思路，无奈发现这样的品牌诉求虽然能够传递厚重的历史感，却难以吸引时尚的消费主力军。从确立"本草护肤品"这一品牌属性开始，百雀羚开始了时尚化转型，以"天然不刺激"为诉求，寻找不一样的"草本"，邀请当红明星代言，携手热门电视节目"中国好声音"，在营销渠道上也重新调整，进军 KA 类卖场和化妆品精品店，提升其品牌定位，并且全面进军电子商务渠道，成功实现转型。根据中商情报网的数据，百雀羚 2013 年销售额已突破 10 亿元。[①] 这些品牌是具有代表性的时尚快消品，在目前中国的时尚产业中，快消品所占比重正在逐渐提升。不过，在高档化妆品市场中，除佰草集凭借其明确定位拥有一定消费人群外，中国品牌基本无法参与和国际品牌的竞争。

---

① http://www.askci.com/data/2014/07/16/173151mhe.shtml.

三、2013~2014 年度中国时尚产业主要行业的特点

（一）服装行业

1. 行业整体增长缓慢，两极分化明显

2013~2014 年，服装行业外销市场有所复苏，内销市场规模继续扩大，服装行业整体各主要效益指标增速基本平稳，缓慢增长，亏损面收窄。但全球经济不确定性仍存在，内外销市场需求总体依然疲弱，国内生产要素成本高企，服装企业运行压力进一步加大。规模以上企业效益两极分化明显，规模以下企业运行质量远逊于规模以上企业，压力较大。

服装行业规模以上企业整体效益平稳增长，亏损面有所收窄。据国家统计局数据，2013 年以来，规模以上企业主营业务收入及利润总额同比增长较为稳定。2013 年各季度，主营业务收入同比增长分别为 12.79%、12.26%、10.79% 和 11.29%；利润总额同比增长分别为 12.26%、12.29%、11.91% 和 9.83%。服装行业规模以上企业亏损企业 1818 家，同比增长 4.42%；亏损面 11.95%，较 2012 年同期下降 0.5 个百分点，同时前三季度亏损面分别为 20.38%、18.89%、16.32%，全年逐季收窄。但亏损企业亏损总金额和平均亏损金额进一步增加，且增加幅度依然较大，分别同比增长 29.57% 和 16.55%，显示企业效益进一步两极分化。2014 年 1~6 月，服装行业规模以上企业 15009 家，累计实现主营业务收入 9390.84 亿元，同比增长 9.8%；利润总额 495.49 亿元，同比增长 13.93%。亏损企业 2595 家，亏损面为 17.29%，比 2013 年同期下降 1.6 个百分点。

规模以下企业抗风险能力弱，在整体经济不景气、需求放缓、生产要素成本上涨、税费负担繁重等因素的影响下，2013 年规模以下企业各项经济指标与规模以上服装企业差距较大，总体运行压力较大。根据中国服装协会对孙村、茶山、沙溪、黄石、金坛、平湖等 18 个服装产业集群的跟踪调研，2013 年 1~9 月，上述产业集群规模以下服装企业累计主营业务收入较 2012 年

同期同比增长 6.42%，累计利润总额同比增长 0.11%，累计产量同比减少 6.58%；亏损面达 19.63%，亏损企业亏损金额较 2012 年同期增长 46.49%。在中国服装协会对广东、山东、福建、辽宁等沿海企业的调查中，40% 以上的中小企业订单减少，60% 以上的中小企业存在工人流失现象，近 40% 的中小企业上半年经营状况不佳。成本上涨、市场竞争激烈、招工难、市场需求不足、贸易摩擦被认为是当前对企业生产经营影响最大的五个方面。在对广东的调查中，1/3 的企业有缩减在粤投资或向低成本地区转移的打算。

2. 出口更趋多元化，亚洲仍是最大市场

近年来我国加快实施自贸区战略，大力开拓新兴市场，服装出口对发达市场的依赖程度降低。2013 年我国对亚洲的服装出口份额连续上升，对欧洲的服装出口份额恢复小幅微增，对其他大洲的出口份额均呈现不同幅度的下降。亚洲仍是我国服装出口第一大洲，占出口总额的 40.53%，同比增长 15.07%。第二是欧洲，占出口总额的 28.77%，同比增长 13.97%。第三是北美洲，占出口总额的 19.25%，同比增长 7.13%。我国对拉丁美洲、非洲和大洋洲的出口额同比分别为 -5.32%、3.45% 和 7.53%，分别占出口总额的 5.02%、3.91% 和 2.51%（见表 5-6）。

表 5-6　2013 年中国服装出口各大洲情况

地　区	出口金额（亿美元）	同比（%）	占比（%）	占比增减（百分点）
亚　洲	722.39	15.07	40.53	1.33
欧　洲	512.67	13.97	28.77	0.68
北美洲	343.09	7.13	19.25	−0.75
拉丁美洲	89.55	−5.32	5.02	−0.88
非　洲	69.71	3.45	3.91	−0.30
大洋洲	44.81	7.53	2.51	−0.09

资料来源：海关总署。

据海关总署数据，2013 年我国对欧盟、美国、日本、中国香港地区四个传统市场的出口金额总计为 1039.46 亿美元，同比增长 7.85%，占全国服装总出口的 58.32%，份额减少 1.86 个百分点；出口数量为 171.77 亿件，同比增长 6.46%，占全国服装总出口数量的 54.77%，份额减少 1.03 个百分点。而对新兴市场服装出口金额和数量的比重，则分别较 2012 年同期增加 2.59 个百分点

和 2.79 个百分点。其中，2013 年我国对东盟地区服装出口金额达到 143.58 亿美元，同比增长 30.24%；服装出口数量 31.12 亿件，同比增长 31.75%。

2014 年上半年，全球主要发达经济体经济持续复苏，市场需求继续回升，我国对其服装出口也有所增长。据海关总署数据，2014 年 1~6 月，我国对欧盟、美国、日本、中国香港地区等传统市场的服装出口金额合计 468.34 亿美元，同比增长 5.42%，占全国服装总出口的 58.65%，份额增加 0.63 个百分点；出口数量为 83.17 亿件，同比增长 4.77%，占全国服装总出口数量的 54.73%，份额减少 0.87 个百分点。主要新兴经济体经济增长继续放缓，市场需求也受到影响。据中国海关统计，2014 年 1~6 月，我国对东盟、俄罗斯、巴西、墨西哥等新兴市场服装的出口金额合计 111.29 亿美元，同比增长 1.32%，增速较上年同期减少 59.16 个百分点；出口数量合计 22.59 亿件，同比增长 17.03%，增速较上年同期减少 17.59 个百分点。其中，对东盟地区的服装出口金额为 62 亿美元，同比下降 6.41%，服装出口数量为 15.11 亿件，同比增长 11.57%。未来，由于受内生动力不足、外需拓展空间不大、国内宏观调控空间受限、发达国家政策溢出等因素影响，新兴经济体经济增长将进一步放缓，其市场需求和消费也将进一步被抑制。

3. 服装消费向网络转移更为明显

2013~2014 年，服装网络销售增幅明显。服装网销对于实体店销售冲击较大，但是整个社会服装消费总量没有大的变化，网销只是实体店销售的转移。根据淘宝数据显示，2013 年，淘宝网服装类商品销售额同比增长 117%，远远高于实体渠道（见表 5-7）。在"双十一"当天，杰克琼斯、七匹狼、GXG、茵曼、韩都衣舍、阿卡等品牌日成交额均过亿元，其中杰克琼斯高达 1.72 亿元。2014 年 1~6 月，淘宝网（B2C 及 C2C）销售服装类商品 24.44 亿件，同比增长 35.8%，销售额 1764.92 亿元，同比增长 46.89%（见表 5-8）。其中，男装销售量 3.58 亿件，同比增长 36.08%，销售额 394.56 亿元，同比增长 60.75%；女装销售量 10.67 亿件，同比增长 41.62%，销售额 1044.37 亿元；运动/休闲服销售量 0.38 亿件，同比增长 12.4%，销售额 37.95 亿元，同比增长 58.3%；童装销售量 4.22 亿件，同比增长 34.71%，销售额 163.9 亿元，同比增长 49.7%。根据中国纺织工业联合会数据，2014 年我国服装网购市场整体规模将达到 6153 亿元，同比增长 41.48%。2013 年不同渠道服装类商品销售额增长同比与 2014 年 1~6 月各渠道服装销售额增长情况分别如表 5-7 与表 5-8 所示。

表 5-7 2013 年不同渠道服装类商品销售额增长同比

渠　　道	同比（%）
限额以上企业	11.60
全国重点大型零售企业	5.15
服装专业市场（1~11 月）	10.08
淘宝网	117.00

资料来源：国家统计局、中华全国商业信息中心、中国纺织工业联合会流通分会、淘宝网。

表 5-8 2014 年 1~6 月各渠道服装销售额增长情况

	销售额（亿元）	同比增长（%）
全国重点大型零售企业	1082.45	2.07
专业市场	3815.38	4.98
网购（淘宝 B2C+C2C）	1764.92	46.89

资料来源：中华全国商业信息中心、中国纺织工业联合会流通分会、淘宝网。

（二）消费类电子产品行业

1. 消费类电子产品成为时尚消费热点

2013~2014 年度一个重要的时尚消费热点是以智能手机为代表的电子产品，根据《财富》（中文版）的调查（见图 5-1），2013 年消费者购买的最主要奢侈品品类中，消费类电子产品仅次于手表，排名第二，超过了化妆品和服饰箱包等传统时尚产品类别。

2. 国产手机快速崛起

2013 年国产品牌手机出货量 4.61 亿部，同比增长 24.9%，占手机总出货量的 79.7%；上市新机型 2691 款，同比下降 27.2%，占手机上市新机型总量的 94.1%。国产手机企业快速崛起，已从贴牌生产进入了核心技术研发层面，在技术开发方面和世界先进水平的距离正在缩短。目前，参与国际市场竞争最活跃的中国时尚品牌来自智能手机领域，业界普遍认为目前手机市场发展的主要动力来自新兴市场和中国。中国不仅拥有广大的手机消费市场，而且在智能手机生产方面紧跟国际潮流，竞争力逐步提高。在 2014 年第二季度，

你去年购买的最主要的三类奢侈品是什么？
(请只选三项)

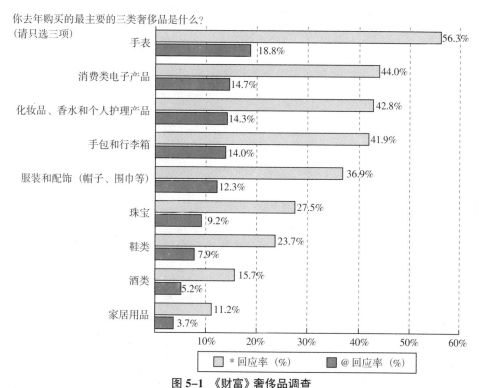

图5-1 《财富》奢侈品调查

资料来源：http://www.fortunechina.com/business/c/2014-06/10/content_208949.htm.

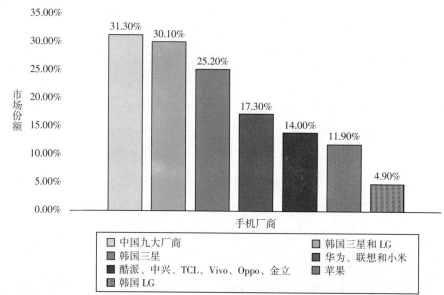

图5-2 2014年第二季度中国九大智能手机厂商市场总份额逆袭三星和LG

资料来源：韩国产业联盟（FKI）。

中国品牌智能手机全球市场份额已经超过韩国，韩国产业联盟称，导致韩国手机市场大幅下降的直接原因之一，就是中国高性价比智能手机的面世。

从图 5-2 2014 年第二季度智能手机相关数据来看，华为、联想、中兴等九家制造商在全球智能手机整体市场中所占份额达到 31.3%，超过韩国三星和 LG 的份额。其中华为、联想和小米三大品牌的市场占有率为 17.3%，超过了占市场份额 11.90% 的苹果。根据 2014 年第三季度的统计数据，三星仍然保持了冠军的位置，但出货量出现下滑；排名第二的苹果地位较为稳固；排名第三的小米智能手机出货量达到 1730 万部，同比增长高达 211.3%。[①] 根据媒体消息，小米科技 2014 年 12 月刚完成最新一轮融资，估值 450 亿美元，总融资额 11 亿美元。[②] 可以预见，小米手机接下来的市场扩张将更加迅速。

3. 彩电行业面临新一轮"洗牌"

自 2013 年 10 月 1 日以来，平板电视正式启动新能效标准，即液晶电视 1~3 级的能效指数分别由原来的 1.4、1.0 和 0.6 提升为 2.7、2.0 和 1.3；等离子电视能效 1~3 级的能效指数分别由原来的 1.2、1.0 和 0.6 提升为 2.0、1.6 和 1.2。这意味着平板电视能效要求比原标准提高了 20%。根据工信部统计分析，随着能效标准的全面实施，家电市场将面临"重洗"。一是互联网企业跨界进入彩电行业。2013 年，随着乐视在北京正式推出 60 英寸 X60，乐视成为首家推出自有电视品牌的互联网公司，标志着互联网模式正式杀入电视领域，2013 年成为"互联网跨界元年"，随之而来的是以联想、小米等为代表的互联网企业进入彩电领域。彩电行业面临着网络化的巨大变革，我国彩电业正经历着电视制造和互联网服务的相互渗透。互联网企业的介入对彩电行业的定价体系和营销方式产生了较大冲击，这种近乎"颠覆性的创新"充分刺激了传统彩电企业的变革，给未来彩电业带来了新生机。二是新产品不断涌现，产品结构加速升级。2013 年，我国彩电行业已经基本完成平板电视对 CRT 电视的替代，未来几年将是平板电视内部格局调整变化的时代。2013 年，全国生产液晶电视 12290.3 万台，占彩电比重达到 96.2%，比 2012 年提高 7.2 个百

---

① http://www.51report.com/free/3052818.html.
② http://tech.ifeng.com/a/20141229/40924269_0.shtml.

分点。随着智能、大屏、UHD、曲面、高色域、OLED等技术对彩电终端结构升级的带动，我国彩电行业呈现出了显著的多元化发展趋势，高端电视市场渗透率逐步提高。2013年，我国智能电视、3D电视和超高清电视（UHD）在平板电视中的渗透率分别达到45%、41%和2%，比2012年有不同程度的提高。三是伴随着彩电智能时代的到来，消费者购买从"屏幕选择"单一考量因素扩展到了对平台、硬件、软件、服务全方位的考量，厂商将不再靠硬件赚钱，后期服务的竞争将在未来竞争中占据主要地位。

（三）珠宝首饰行业

1. 珠宝业步入成熟发展阶段

中国珠宝业起步虽晚，但发展较快，现已跻身全球最主要的珠宝消费市场之列，很多重要的珠宝产品如黄金、钻石、宝玉石等的消费在世界上位居前列，并成为世界重要的珠宝首饰加工中心之一。2013年，我国内地珠宝市场销售额4700亿元人民币，较上年增长12%，超过全球珠宝市场的30%，加工出口约500亿美元。我国珠宝业在增加就业、扩大内需方面也发挥了积极的作用。截至2014年底，我国珠宝业拥有24个珠宝玉石首饰特色产业基地和多个珠宝产业集聚区，各类珠宝企业总数近6万家，从业人员近400万人，其中宝玉石类别从业人员就超过100万人。当前，我国珠宝业正由快速成长期步入成熟发展阶段。产业链日益完善，消费市场稳步扩大，行业发展逐步规范，从业队伍日益扩大，人员素质不断提升。

2. 珠宝产品销售市场冷热不均

2013年，我国珠宝产品零售总额4700亿元，从产品类别来看，黄金市场火爆，宝石和珍珠市场温和增长，以翡翠为代表的传统玉石市场则相对较冷。

据中国珠宝玉石首饰行业协会数据，2013年，我国黄金市场总交易量为2198.84吨，其中出口387.7吨，国内需求为1811.14吨。与上年相比，国内需求增长58.68%，增加了767.34吨，这是黄金市场开放以来增长最快的一年。国内黄金需求分为六个用金领域。其中，首饰制造用金量占第一位，净投资用金量占第二位（用于机构资产配置），小金条囤积用金量（用于普通人财富储备）占第三位。这三项用金量总计为1779.93吨，占总需求量的

98.28%。2013 年，我国黄金首饰用金 716.5 吨，比上年增长 42.25%。这是自 2003 年以来连续 11 年增长，超过印度，居世界第一位。

2013 年，首饰用铂金消费约 50 吨，银饰及银器用银近 4000 吨；成品钻一般贸易进口（通过上海钻交所）17.05 亿美元，同比增长 7.8%，终端市场钻饰销售额 300 亿元左右；我国珍珠出产约 800 吨，其中出口 400 吨，中国珍珠产量占全球总产量的 90% 以上，国内市场销售额 70 多亿元，由于产量减少、质量提高，珍珠价格明显上升。

2013 年最冷的市场是翡翠。多数主营翡翠的企业销售额同比降低 30%~60%。白玉、水晶、玛瑙等市场则相对较好，其中金玉结合的饰品增幅较大。小新品种如南红玛瑙和俄罗斯碧玉等因性价比较高，市场比较活跃。翡翠玉石市场销售总额在 200 亿元左右。

中国有色宝石（不包括翡翠、玉石等）市场近年来受到业内外的普遍看好，也一直保持着良好的增长，自 2006 年以来其市场年平均增幅超过中国珠宝市场整体增长水平，达到 20%~30%。2013 年，中国有色宝石市场同比增幅也在 20% 左右，销售额超过 100 亿元人民币。

据国家海关总署统计，2013 年我国珠宝产品出口 500.91 亿美元，同比增长 10.7%。总体形势良好，但也冷热不均。其中，贵金属制品出口 431 亿美元，占比 86.04%，同比增长 8.8%；宝石或半宝石出口 6.91 亿美元，同比增长 3.61 倍；仿首饰出口 11.03 亿美元，同比增长 50.36%；珍珠、钻石等出口则分别下降 33.24% 和 7.9%。

3. 珠宝行业有待去产能化

2013 年，珠宝上市公司业绩集体大幅提高，但相比于品牌珠宝的销售火热，一些小珠宝商的日子却并不好过。设计能力差、产品档次低、质量不稳定、缺乏品牌号召力等问题，致使一些非品牌珠宝面临着严峻的生存压力。2013 年我国珠宝首饰行业销售规模超过 4200 亿元，为历年来最高，但消费市场的火热仍然难以掩盖珠宝行业日益凸显的结构性问题，产能过剩和产品结构缺陷成为近年来阻碍行业发展的绊脚石。在经历了 10 年的高速发展之后，如今珠宝行业进入了洗牌阶段，去产能化势在必行，建立强势品牌成为业内的共识。珠宝行业作为工艺密集型和文化密集型产业，具有奢侈品属性，相比其他行业，其文化附加值能够带来更高的品牌溢价。品牌影响力对于珠宝首饰行业毛利率水平影响较大，具有品牌优势的企业可以获得更高的产品附加值和毛利。随着产业分工和市场竞争渐趋激烈，未来只有掌控了研发、设计、渠道等珠宝销售的关键因素，并且具有巨大品牌号召力的珠宝企业，才可以获得更好的议价能力和竞争力，才可以保持较高的利润水平。

四、2013~2014 年度中国时尚产业及品牌集中度分析

（一）时尚产业及品牌主要集中于大中城市

时尚产业是典型的都市产业，跨越高附加值制造业与现代服务业的产业界限，是多种产业的组合。进入 21 世纪，中国经济进入快速发展期，中国时尚产业迎来了多元化的大发展，中国时尚市场全球化的进程也在加速。总体而言，时尚产业正从东部向中西部，从大中城市向其他城市逐渐拓展。中国标杆品牌在各大城市的开店数量，可以大致反映出本土时尚品牌在中国的市场分布图。

在图 5-3 中，北京遥遥领先，上海位列第二，其次是天津、杭州、成都。因为各地对不同品牌风格的认可度存在差异，而该统计仅选取了三个标杆品牌，或许不足以反映各城市时尚产业的实际力量。将这一统计与下列标杆化妆品品牌开店数量加以比照，可能会更加具有说服力。

在图 5-4 中，北京、上海遥遥领先，其次是成都、广州、天津、杭州。这和设计师品牌在各城市开店数量的统计结果重合度很高。也就是说，北京、上海、广州、天津、杭州、成都这些城市是时尚产品销售最为集中的市场。值得注意的是，上述设计师和化妆品标杆品牌，甚至爱马仕（Hermès）、路易威登（Louis Vuitton）、乔治·阿玛尼（Giorgio Armani）这些具有代表性的服饰品牌，2013 年在所调查的 20 个城市中均有新店开张。可见，二三线城市的时尚消费力量同样不可忽视。

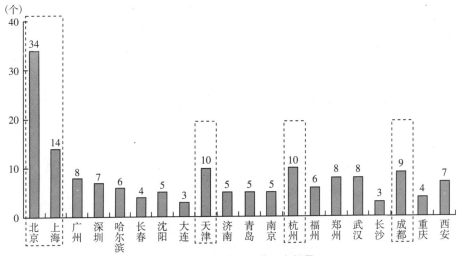

图 5-3　标杆设计师品牌开店数量

注：选取例外、吉芬、速写三大具有代表性的设计师品牌作为市场标杆，数据源自 2013 年三大品牌对外公布的开店数量。

资料来源：《2013 "中国·时尚指数" 白皮书》。

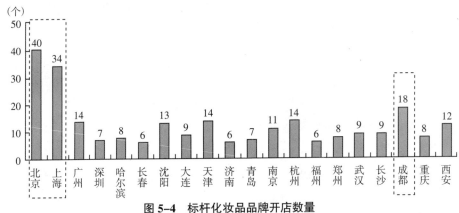

图 5-4　标杆化妆品品牌开店数量

注：选取香奈儿（Chanel）、兰蔻（Lancome）、倩碧（Clinique）三大具有代表性的化妆品品牌作为市场标杆，数据源自 2013 年三大品牌对外公布的开店数量。

资料来源：《2013 "中国·时尚指数" 白皮书》。

（二）时尚产业各行业集中度表现不一

1. 服装行业地域集中度高，发生梯度转移

我国服装行业集中度较高，以长江三角洲、珠江三角洲、环渤海三大经济圈为辐射中心，以广东、浙江、江苏、山东、福建等东部沿海地区为主产

区，品牌企业集中于北京、上海、广州、深圳等一线城市。

2013~2014 年，东部地区仍是我国服装业主要产区，但因土地、能源、劳动力等生产要素成本快速上升和生态环境约束，资源密集型产业和劳动密集型产业的发展受到制约，产业结构优化升级压力增加，致使该地区服装产量占全国总产量的比重减少；而中西部地区占全国总产量的比重则有所增加，东南沿海地区纺织服装产业向中西部持续进行梯度转移。根据国家统计局数据，2013 年东部地区服装行业规模以上企业完成服装产量 215.86 亿件，同比下降 0.87%，占全国服装总产量的比重为 79.65%，下降 2.48 个百分点。中西部地区产量同比分别增长 10.16% 和 15.48%，占全国服装总产量的比重分别提升 2.26 个百分点和 0.22 个百分点。2008~2013 年中东西部规模以上服装企业产量占全国比重变化情况如图 5-5 所示。

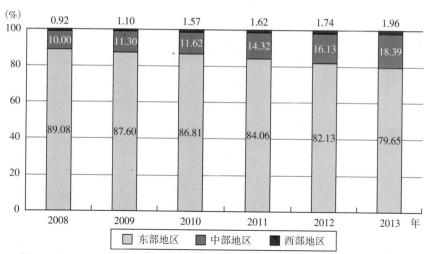

图 5-5　2008~2013 年东中西部规模以上服装企业产量占全国比重变化情况
资料来源：国家统计局。

随着我国西部大开发、中部崛起、振兴东北老工业基地等区域发展战略的相继实施，我国服装出口的地区布局进一步优化。东部省市服装出口占全国比重持续下降，中西部地区服装出口活跃。从各省市出口情况来看，2013 年我国服装出口仍集中于东部沿海地区，但份额继续下降。根据海关总署统计（见表 5-9），2013 年我国东部地区服装及衣着附件出口 255.54 亿件，占全国服装及衣着附件出口总量的 81.49%，比重较 2012 年减少 2.35 个百分点；

中西部地区服装及衣着附件出口 58.04 亿件，占全国服装及衣着附件出口总量的 18.51%，比重较 2012 年增加 2.35 个百分点。在出口金额方面，2013 年我国东部地区服装及衣着附件出口金额为 1454.28 亿美元，占全国服装及衣着附件出口总额的 81.60%，比重较 2012 年减少 2.26 个百分点；中西部地区服装及衣着附件出口金额为 327.94 亿美元，占全国服装及衣着附件出口总金额的 18.4%，比重较 2012 年增加 2.26 个百分点。

表 5-9 2013 年中国服装及衣着附件出口分地区情况

地　区	出口数量 (亿件)	同比 (%)	占比 (%)	占比增减 (百分点)	出口金额 (亿美元)	同比 (%)	占比 (%)	占比增减 (百分点)
东部地区	255.54	5.42	81.49	-2.35	1454.28	8.28	81.60	-2.26
中部地区	31.31	13.32	9.99	0.43	138.51	22.86	7.77	0.73
西部地区	26.73	40.02	8.52	1.92	189.43	29.96	10.63	1.53

资料来源：中国海关。

2. 消费类电子产品行业集中度较高

中国消费类电子产品主要包括手机、计算机及彩电。中国手机用户接近 13 亿，每年有 5 亿~6 亿用户更换手机，手机市场规模达数千亿元，吸引了数百个厂家参与角逐。可是，与其他很多市场一样，手机市场主要是少数外资厂家占据绝大部分份额，从诺基亚到苹果和三星。2013~2014 年，国产 Vivo、Oppo、小米、华为等份额显著增加，而苹果、三星份额开始回落。根据市场份额分析，份额超过 1/100 的厂家如今只有十余家，份额在 1/100~1/1000 的只有几十家，其余厂家各自所占市场份额均低于 1/1000，正处于快速减少的态势中，意味着有众多手机厂家开始退出这个市场。

中国彩电行业的集中度较高，海信、创维、康佳、TCL、长虹、海尔六家基本上占据了绝大部分市场份额，被业界称为"T6"格局。这六家龙头企业间，市场份额差距不大，竞争激烈，缺乏具有遥遥领先地位的企业。2013~2014 年，国家节能补贴政策的退出，互联网企业进入彩电市场，以及正在成长起来的新一代消费者对于电视功能和使用习惯的变化，也在进一步分化彩电的市场需求。市场研究机构奥维咨询发布的《2014 年上半年中国彩电市场总结报告》首次披露，不久的将来，彩电行业传统"T6"格局集中度会倾向于 1~2 家，"T6"格局将会被打破，甚至新进入者或会成为行业主流玩家。

3. 化妆品行业、动漫产业集中度较低，市场空间广阔

目前中国有几千个化妆品品牌，其中外资合资企业的名牌产品占据该市场的主要地位，它们总共的市场份额约 70%。虽然国有中小型化妆品企业在数量上占据了中国化妆品市场企业的绝大多数，但其市场份额却很少，只有佰草集、相宜本草、美加净、郁美净、丁家宜等少数国内品牌在市场占有率上小有成就。化妆品行业新生品牌层出不穷，但市场淘汰率同样很高。虽然城市中越来越多的中青年女性追逐着浓妆淡抹的时尚，但国内大部分人口还是素面朝天，中国化妆品行业的市场远未饱和。

另外，文化部发布的数据显示，经过十年高速发展，中国动漫产业已集聚了 4600 余家企业、近 22 万从业人员，2013 年动漫产业年产值逾 870 亿元。中国动漫产业虽然发展迅速，但其集中度仍然偏低，尤其是缺乏龙头企业，年产值过亿元的企业仅十余家，90% 的动漫企业小、散、弱、差。

4. 珠宝首饰行业集中度总体偏低，龙头企业占比有所提升

珠宝首饰行业是典型的重资产行业，其周转慢、存货压力大、现金流差等特点使得企业扩张成本高，规模积累相对缓慢，市场集中度仍然较低。国际金价的波动起伏也让从事黄金珠宝首饰加工和销售的企业感受到了一定压力，珠宝行业掀起一股并购整合潮。六福珠宝宣布收购金至尊，曾在业内传为一段佳话；2014 年底老凤祥发布公告称，为提高黄金珠宝首饰核心产业竞争力，将收购上海城隍珠宝 100% 的股权。对此有分析人士表示，随着金价不确定性加大、金饰需求放缓、中小品牌经营风险陡增，珠宝行业的并购行动还将加速，行业的集中度也将越来越高。该行业前三大公司周大福、老凤祥、六福的集中度，由 2012 年底的 6.30%、5.63%、4.28%，提高到 2013 年底的 8.34%、7.14%、5.86%，进而提高到 2014 年中的 13.34%、10.60%、7.72%。

五、2013~2014 年度中国时尚产业发展竞争力对比分析

中国时尚产业的发展历史不长，能够参与国际竞争的品牌数量很少，虽然在新兴的电子产品领域，中国品牌的前景相对比较乐观，但在品牌美誉度

需要时间积累的传统时尚产品行业，中国品牌的竞争力明显偏低。

（一）产业规模

总体而言，中国时尚产业规模较大，部分行业在世界上名列前茅。中国是世界上最大的服装生产国，同时也是最大的服装消费国。根据海关总署数据，2013 年中国服装产量超过 270 亿件，出口服装及衣着附件商品量值达 1770 亿美元。根据中国珠宝玉石首饰行业协会统计数据，2013 年我国珠宝玉石首饰行业销售总额为 4700 亿元。我国黄金、铂金、钻石、白银、玉石翡翠、有色宝石等产品消费均居世界前列，已成为仅次于美国的世界第二大珠宝首饰市场。同时，中国已经成为消费类电子产品的生产大国，也是众多生产企业眼中最具消费潜力、发展最快的目标市场之一。据工信部数据，2013 年中国手机共生产 14.6 亿部，而据 IDC 发布的 2013 年全球手机 18 亿部的出货量测算，中国产量占全球出货量的份额达到 81.1%。[1] 由此可见，仅就产业规模而言，中国时尚产业在国际市场已经占有自己的一席之地。

（二）创新能力

2008 年国际金融危机之后，中国时尚产业发展态势良好。在中国经济进入新常态之后，结构调整、产业转型、创新驱动已经成为时尚产业发展的重中之重。但是，与国际发达国家的时尚产业相比，中国时尚产业的研发、设计、技术等创新能力还是有相当的差距，竞争颇为激烈。

仅以手机为例。虽然近两年国产手机快速崛起，但由于国内手机生产企业技术积累不足，其总体技术水平仍远远落后于外资企业，核心技术几乎全部掌握在外资手机厂商中。在硬件方面，我国手机企业缺乏芯片和射频元器件等关键核心技术。一方面，直接导致我国国产手机缺乏高端产品，市场竞争力弱，利润少；另一方面，导致国产手机产品的同质化现象越来越严重，直接制约了我国手机产业的健康发展。在软件方面，智能手机风靡全球，逐步取代传统功能型手机，但国产手机在智能化领域的拓展明显落后。国产手

---

[1] http://www.miit.gov.cn/n11293472/n11293832/n11294132/n12858462/15915247.html.

机操作系统大多基于 Android 及定制业务进行市场开发，真正具有特色的独创性应用很少，国产手机操作系统普遍存在版本升级缓慢，操作系统"补漏"、"增效"速度明显滞后等问题。从全球智能手机的毛利率看，苹果超过 50%，三星、HTC 维持在 30%上下，而国产品牌的毛利率不到 20%。由于缺乏关键核心技术，多数国产手机制造商被迫放弃高端产品市场而转战低端产品市场，并将主战场定位于千元以下的机型，引发价格战，给国内外消费者留下低端产品的印象。此外，国内一些手机制造商为满足市场对新款手机样式的需求，极力缩短手机从研发制造到上市的时间，导致部分产品质量不稳定，返修率较高，用户关于手机质量的投诉不断增加。中国智能手机的全球市场份额在很大程度上是本土消费者支撑的，这些品牌参与国外竞争的实力仍然需要提高。例如，小米手机走出国门即遭遇专利诉讼，以后整个手机行业恐怕也将迎来专利大战。

（三）营销模式

中国时尚产业仍然是以传统营销模式为主，随着互联网技术的发展，网络营销、O2O 模式逐渐成为新宠，但所占比例仍然较小。无论传统营销还是网络营销，渠道都很重要，而中国时尚产业品牌在国际上很少有能力建立自己的营销渠道。网络营销貌似自由便利，但依然受物流影响，中国的物流成本在世界上处于比较高的水平，这也影响了企业和品牌在国际市场的线上发展。与此同时，同国际知名品牌企业相比，中国时尚产业的品牌企业在品牌文化塑造、宣传力度和手段上还有很大差距，难以引起国外消费者的关注。

值得注意的是，原创设计师集成店（买手店）在中国快速涌现及成长。时尚买手店起源于欧洲，是一种商业模式，也被称为买手式经营，是指以目标顾客独特的时尚观念和趣味为基准，挑选不同品牌的时装、饰品、珠宝、皮包、鞋子以及化妆品等商品，融合在一起的店面。设计师买手店以手工、原创和品位为品牌定位，其设计品位独到，具有特别的专属性，一家权威顶级的买手店等于是浓缩精华版的潮流风尚手册。国内原创设计师风潮的兴盛，亦引发了一批中国原创买手店的发展，栋梁、薄荷·糯米·葱、SEVEN DAYS 等一批店铺及商业平台的建立和完善，将买手制带入了新兴的中国独立设计市场。在这个"尚未成熟"的市场中，买手们将处于"游离状"的设计师带入他们所需要踏上的平台。对于品牌来讲，买手店是一个新型的市场渠道，能够帮助小众品牌得到市场的认知和肯定。据统计，上海拥有 75 家买手店，位居全国第一，成为买手店的大本营。

（四）品牌影响力

中国是世界工厂，"中国制造"全球闻名，但缺乏自主品牌。中国时尚产业也同样面临这样的问题，服装、珠宝首饰、化妆品、动漫、音像等行业基本没有在国际上具有影响力的品牌企业，大部分行业和品牌都还是以低价取胜，且销售市场主要集中在国内，多数品牌都是国内知名甚至是区域性"名牌"，也就谈不上国际竞争力、国际影响力。例如，我国动漫产业是在国产动漫几乎销声匿迹、外来动漫大举涌入、国家政策大力扶持背景下开始起步并迅速发展起来的，具有明显的"速成"特点，这种"速成"的企业群自然是良莠不齐，大部分中小企业的经营模式甚至类似于个体经营，很难生产出动漫精品，也就无法树立品牌影响力。中国时尚产业的品牌建设之路还非常漫长，没有品牌支撑的企业和产品在国际竞争中的弱势也将更加暴露无遗。

当然，某些行业如中国消费类电子产品行业的部分品牌企业，在国际市场上还具有一定影响力。预计，2014 年中国国产品牌电视全球市场占有率有望进一步提升至 27%~28%；日系品牌成长薄弱，市场占有率约 18%~19%；韩系两大品牌依旧独占鳌头，市场占有率继续保持在 36% 左右。今后，面临经济深度调整、内外需变化，时尚产业品牌企业更需要转向以质量型、差异化为主的竞争。

六、移动互联网浪潮对时尚产业带来的影响和变革

（一）移动互联网改变了时尚信息传递渠道

在移动互联网迅速发展的当下，国际时尚产业正面临格局调整，新的时

尚品牌不断应势而生，传统优势品牌正用心应对。根据相关报告，截至2014年1月，我国移动互联网用户总数达到8.38亿户，在移动电话用户中的渗透已达67.8%，手机网民规模达5亿户，占总网民数的八成多。[①] 当手机成为第一大上网终端，移动互联网浪潮的冲击迫使传统时尚行业不断调整其产销模式，同时也为其带来了新的生长点，更有一些新兴行业在这一轮浪潮中乘风借势，拓展出无限生长及想象空间。相比 PC 终端网络时代，移动互联网与消费者的亲密度更高，随时随地的时尚信息不断刷新人们对时尚的认知，各类社交平台的时尚品牌推送时常激发消费者的购买欲望，指尖滑过的价格对比使人们在购物时体会到前所未有的刺激感。电子商务的兴起影响了时尚产业的营销模式，移动互联网浪潮的兴起则从更加广泛的方面对时尚产业产生了影响。移动互联网使人们的购物过程更加便捷，也使品牌公司与消费者的沟通更加方便，传统渠道的消费者意见需要通过零售商、分销商、代理商逐级传递给品牌公司，而移动互联网销售平台的消费者可以即时通过网上通道反馈信息，还可以通过社交平台随时与人分享对某一品牌的体验。对于重视品牌发展的企业来说，即时的信息反馈可以促进品牌建设，社交平台的分享则是口碑传递的良好途径。移动互联网浪潮不仅方便了消费者向品牌公司进行信息传递，也增加了生产厂商向消费者传递信息的渠道，厂商公众平台的信息推送使消费者可以第一时间掌握品牌动向，了解时尚新品，更加深入地理解品牌文化。

（二）移动互联网改变了时尚消费方式

可以说，移动互联网浪潮使得整个时尚产业的生态环境发生了变化，其中最为深刻的变化就是改变了人们的时尚消费方式，传统的专卖店和专柜营销模式受到前所未有的冲击。根据媒体公布的数据，2013年中国电子商务交易额达到9.9万亿元，服装网购占比居首。[②] 这意味着在时尚产业中居于核心位置的服饰行业迎来了新的销售时代，传统营销模式正受到前所未有的冲击。电子商务的兴起动摇了时尚品牌的营销格局，而移动终端的加入使得电子平

---

① http://www.minternets.com/archives/8887.html.

② http://www.51nz.com.cn/article/201404/43867.html.

台的购物体验更加随性，也更加流畅。以电子商务品牌茵曼为例，2013 年下半年，茵曼手机流量已经占到 PC 端店铺的 30%，交易量更是突破 18%。当消费者的购物行为发生巨大改变时，把握了这种动向的时尚品牌便会因势利导而占领先机，如茵曼、韩都衣舍、裂帛、Artka 等电商品牌都取得了骄人的业绩。相比而言，传统品牌则要经历一个 O2O 的转型过程，有些厂商的转型较为顺利，而有些则进展困难。2013~2014 年度，许多服装类上市公司业绩下滑，除了产品定位因素外，便是对渠道的把控不力。不少服装品牌采取的是总经销、总代理营销模式，生产厂商将产品提供给各地中间商，再由中间商控制各级渠道，这种营销模式一方面减弱了品牌持有者对渠道的控制力，另一方面也增加了销售环节的中间成本。随着电子商务交易的快速增长，这类品牌在价格上遭遇巨大压力，而改变营销模式又面临与代理商的利益分成问题，因而在协商与调整的过程中错失了线上发展的先机。对于这些企业来说，如何在线上和线下销售之间做好平衡，在传统渠道销售额不断下滑的情况下寻找新的生长点，显得至关重要。除了服装行业，珠宝、家电、手机、家具甚至汽车等，纷纷加入了网络世界的时尚大战中。

（三）全球时尚界同步应对移动互联网浪潮

在移动互联网浪潮冲击下，国际时尚产业几乎同步面对：跨境电商和海外代购崛起，也影响了国外高端品牌的在华销售，一些奢侈品品牌也在中国开设了官方销售网站。如果说这些品牌的应对措施中有什么可资借鉴的经验，那就是更好地利用移动互联网渠道，传播品牌文化、传递品牌信息，凭借产品精细的做工、优异的品质，发挥品牌文化的作用，配合优质的服务，营造品牌的独特文化氛围，使品牌的消费行为变成文化消费体验。

（作者单位：中国国际经济交流中心；同济大学）

---

① http://news.efu.com.cn/newsview-1045063-1.html.

"十三五"期间中国时尚产业发展趋势与前景分析

方　虹　马博飞　杜　萌

随着中国消费者购买力的提高，中国已成为世界上最大的时尚消费市场之一。"十三五"期间，时尚产业作为一种新的经济形态，具有高附加值特性，注定要在新一轮经济转型和城市产业升级中发挥重要作用。在全球时尚产业价值链的视角下，不断加大人文思想、新技术等在时尚产业的注入力度，寻找新的定位，是中国时尚产业发展的方向。

一、中国时尚产业相关部门、行业监管主要法律法规及政策

(一) 行业主管部门及管理体制

时尚产业的主管部门包括国家发改委、国家质量监督检验检疫总局、地方各级人民政府相应的职能部门，以及中国时尚产业协会和奢侈品贸易委员会等组织。国家发改委对行业行使宏观管理职能，主要负责制定相关产业政策，指导产业投资及技术改造等；国家质量监督检验检疫总局对行业产品质量进行监督管理；中国时尚产业协会和奢侈品贸易委员会承担行业引导和服务职能（见表6-1）。

时尚产业的行业监管主要是在国家时尚产业协会和奢侈品贸易委员会的

领导下，贯彻执行有关时尚商品的促进政策，规范和发展中国时尚商品新兴

表6-1　中国主要时尚协会机构

协会机构名称	是否为政府机构	主要职能
中国流行色协会	非政府机构	是由全国从事流行色研究、设计、预测的科技工作者自愿结成，依法成立的具有学术性、科普性和公益性的法人社会团体，是中国科学技术协会的组成部分，是联系中国从事流行色研究、设计、预测的科技工作者的纽带和桥梁，是中国色彩事业建设的领导力量，是中国时尚前沿指导机构
中国时尚品牌联合会	非政府机构	打造、推广"中国时尚品牌"，促进中国与世界时尚品牌的交流与合作；把中国的时尚品牌推向世界，让中国的时尚品牌持有者在和世界知名品牌的比较中寻找差距，减少与国内外名品间的距离，促进行业知识及技能专长的发展；尊重和保护品牌企业的合法权益；宣传提升会员在社会中的公信力，促进行业人士间的了解与交流；促进行业产业多方面合作，为推动我国经济持续稳定、繁荣发展做出积极的贡献
中国形象设计协会	非政府机构	积极联络海内外的形象设计专家展开国际交流，搭建东西方形象设计文化交流的桥梁，为会员单位、合作伙伴及整个行业提供综合服务，及时传达政府有关政策、法规，建立行业资讯平台，刊登行业信息，为企业的发展规避风险、保驾护航
中国服装协会	非政府机构	以提升产业素质为己任，致力于产业结构调整和增长模式创新，在加大中国原创服装品牌培育、扶持力度的基础上，着力于与上下游行业以及企业与政府间的沟通协调，并加快国际合作步伐，努力为中国服装企业发展营造良好的氛围
中国服装设计师协会	非政府机构	致力于产业促进和社会服务，尊重并维护创作者的知识产权
中国美发美容协会	非政府机构	为弘扬中华民族美发美容文化，致力发展美发美容事业，在肩负行业管理与服务职能的同时，大力推动与国际同行业间的交流与合作
中国奢侈品联合会	非政府机构	旨在推广、引进、整合全球先进的奢侈品国际管理、奢侈品设计、奢侈品推广、奢侈品零售、奢侈品广告制作资源，促进、加强中国奢侈品和国际品牌之间的交流，为中国奢侈品时尚企业家与国际品牌企业家机构提供一个信息流通以及对话交流的平台，同时为中国奢侈品时尚企业提供多方位的奢侈品时尚管理专业课程服务，以提高中国企业家对奢侈品价值推广的认识与奢侈品终端销售的技巧，帮助中国企业家找到适合中国本土文化背景的奢侈品发展产业模式，实现中国品牌走向世界的崇高理想
中国工艺美术大师协会	非政府机构	遵守国家法律、法规和国家政策，遵守社会道德风尚，在中国共产党领导下，团结各民族工艺美术大师、名师，努力打造中国最权威的工艺美术大型交流推广平台，为弘扬中华文化、传承民族瑰宝、推动我国工艺美术事业的繁荣和发展做出贡献
中国珠宝玉石首饰行业协会	非政府机构	协会以团结宝玉石企业、事业、厂家和广大从事宝玉石勘查、开采、加工、销售和专业研究的人员，艰苦奋斗、开拓进取、努力振兴和发展我国的宝玉石事业为宗旨

资料来源：笔者整理。

市场，拉动内需，促进国内时尚产业的有序发展，推动中国时尚商品的全球化布局，发现和培养本土时尚品企业，规范和管理市场行为，调节贸易平衡，重点打击奢侈品商标侵权与涉嫌侵犯时尚品知识产权的不法行为，建立时尚商品行业监管机制。同时与各国政府、使馆、商会举办会议与展览，促进时尚企业与各地商业的合作发展，协调各国时尚商品贸易关系往来，发展落实中国本土时尚商品品牌文化与市场建设。

（二）行业相关法律法规及政策

随着时尚带来的社会经济效应的飞速增长以及时尚消费需求的不断涌现和壮大，时尚产业已成为当前最具发展潜力的新兴产业之一。时尚产业在城市中的形成与发展，除需要具备基础和条件之外，在发展过程中，政府、行业协会、企业组织等诸多外部推动性的因素也不容忽视。目前，随着中国时尚产业的发展，应从优化环境、提升产业链、打造发展载体等方面，完善时尚产业发展的相关政策（见表6-2）。

表6-2 中国时尚产业发展政策

类 型	主要政策
促进发展政策	实施时尚企业促进政策；建立时尚产业发展专项基金；大力实施品牌战略，培养一批龙头企业和时尚品牌；制定有利于设计产业外包化发展的特殊政策；充分释放各类存量政策的最大效应
载体建设政策	加强对大型时尚活动的支持，扩大城市影响力；建设新一代时尚购物场所；率先建立上海时尚产业博物馆；专设时尚产品展示厅；进行城市或区域的时尚产业"街、廊、馆、店"布局
公共服务政策	组建时尚管理学院；培育、扶持专业时尚媒体平台；完善行业组织结构
机制创新政策	建立健全上海时尚产业发展的推进机制和保障体制；健全时尚品牌保护机制；加强本土时尚品牌、时尚企业、时尚认识的宣传
产学研项目政策	对在时尚产业高技术、关键技术和新材料等重点领域实现重大突破的，经认定，给予投入或资助
高端时尚人才政策	包括设计师工作室、孵化器、时尚学院培训机构等，对设计"金顶奖"获得者及该大赛专业评委、国内外著名时尚品牌设计总监、著名服装或面料设计大师、中国"十佳"设计师、国际和国家级时尚设计大赛获奖者以及国家权威机构认定的设计师及其团队，注册企业或工作室并实质性运营、孵化器企业、时尚培训机构的人才，给予奖励
品牌建设政策	对企业到境外注册商标，举办新品发布会、时装秀、推介会、对接会、论坛等，参加伦敦、纽约、巴黎、米兰四大国际时尚周（节）和在国内组织展览展示，经认定，给予奖励

资料来源：笔者整理。

二、全球经济环境发展趋势评估及中国宏观经济环境预测分析

2015 年世界经济将继续保持复苏态势，但美国与欧洲、日本经济分化明显，国外政策调整、地缘政治冲突等也带来了一些风险和不确定性。因此，世界经济将持续复苏但难以有大的改善。虽然欧元区和日本经济有所回落，但是美国经济增长强劲。各机构普遍预计，2015 年全球经济增长将继续保持复苏态势，增速较 2014 年有所提高。国际货币基金组织（IMF）预测，2015年全球经济增长 3.8%，较 2014 年提高 0.5 个百分点。但同时也要看到，发达经济体经济增长总体仍较为疲软，短期内难以真正走出低谷，一些主要新兴市场经济体，其供给方面的制约因素和金融条件的收紧对经济增长造成的不利影响可能持续更长时间，因而 2015 年世界经济仍只是边际上的改善。

2015 年我国经济运行的国际环境总体趋好，仍可支撑经济中高速增长，但一些短期、结构性与长期性因素将会对经济增长造成冲击和制约，保持经济持续平稳增长仍面临很多挑战：一方面，为应对经济下行的压力，中央出台了一系列定向调控政策措施；另一方面，我国积极的财政政策和稳健的货币政策还具备较大的运用空间，政府可能继续围绕促进就业、提高居民收入等方面出台力度更大的新政策，政策效应也将会集中体现为通过扩大内需拉动经济增长。2015 年还将实施一批重大改革。这些改革对经济增长潜力的提高作用将在未来一段时期逐步显现出来，对 2015 年的经济增长具有正面作用。

中国将成为全球市场规模增长最快的国家，中国经济将迎来消费带动发展的黄金时期，国内消费需求将接过投资和出口的接力棒，成为经济增长的重要引擎。中国已经成为世界第一贸易大国，成为继续承接国际产业转移与优质要素组合的重要平台和载体，并成为全球对外投资的大国。中国将成为具有科技创新能力和人才储备的国家，未来十年将基本实现教育现代化，基本形成学习型社会，进入创新型国家行列，进入人力资源强国行列。中国将继续推进工业化进程，在制造业产值居世界第一位的基础上，实现工业化与

信息化的融合发展，使工业化进入中后期或完成工业化进程。中国在进行人类历史上最大规模城市化的同时，将大力转变城市发展方式，提升城市发展质量和水平，到 2020 年城市化水平将达到目前发达国家的平均水平。中国将成为金融制度更加市场化、国际化、规制化的重要国家，人民币将逐步成为国际贸易结算、国际资本市场、国际储备中重要的国际货币之一。中国将成为世界上最大的能源消费国，并与印度等新兴经济体成为世界油气资源"自西向东"的消费重地，建立资源节约型和环境友好型社会的任务更加紧迫。中国将把持续改善人民生活、满足人民群众过上更好生活的新期待作为工作重点，不断保障和改善民生，加快构建和谐社会。

三、中国时尚产业发展整体环境

当前，国际经济形势依然错综复杂、充满变数，世界经济低速增长态势从总体上看相对乐观。根据国际货币基金组织（IMF）2015 年 1 月 20 日《世界经济展望》更新报告预计，2015~2016 年全球增长将小幅加快，从 2014 年的 3.3% 上升至 2015 年的 3.5% 和 2016 年的 3.7%。2015~2016 年，发达经济体经济增速将达到 2.4%，新兴市场及发展中经济体经济增长将分别为 4.3% 和 4.7%，中国经济增长将分别为 6.8% 和 6.3%。许多新兴市场和发展中经济体已开始受益于发达经济体经济复苏的加快和中国外部需求的增强。

从宏观层面讲，党的十八大提出全面建成小康社会，这是今后 10 年中国政治、经济、社会发展的重大课题，也是中国时尚产业所置身的时代背景。全面建成小康社会意味着中国人的生活水平、生活方式将发生非常大的改变，老百姓的生活富裕了，对于时尚、对于美的追求与关注会与日俱增，这无疑给中国时尚产业提供了更好的发展机遇。改革开放及全球化竞争，对中国人的生活习惯、消费方式产生了巨大影响，这种转变不是一蹴而就的。经济学家、社会学家都指出，当前中国正处在社会转型期，人们所处的环境及对未来生活的思考，都影响着人们生活方式与消费方式的转变。城市化建设对时尚产业的影响不容忽视，正是由于越来越多的人聚集到城市中来，才改变了过去传统的慢节奏生活方式，使得时尚能够以更大的传播广度让更多消费者接受。目前，中国已成为全球加工制造业的中心，而且正在由加工制造中心向创造中心转变。以中国服装产业发展为例，1995 年中国成为全球最大的服装出口国，加工制造能力得到全世界同行的认同，而这种生产加工的模式不断转变，陆续在中国市场中涌现出一大批自主品牌，逐渐构建起时尚产业完备的产业体系，为时尚创意人才与自主品牌的发展奠定了坚实的基础。

从总体上看，中国奢侈品消费与生产将保持平稳发展的态势。近几年，涌现出一批时尚集聚区，如广州 T.I.T 创意园，通过园区的形式集聚众多时尚要素，呈现出具有时尚品位的生活态度和生活方式。另外，庞大的时尚创意人才储备，为时尚创意产业发展提供了不竭的源泉，目前中国 200 余所院校中都设有服装设计专业，并且在国外专业院校能看到很多中国面孔，他们不断充实着时尚创意产业的造血库。

在全球性金融危机的影响下，时尚产业发展出现了一定程度的下滑，但是随着世界经济的逐步恢复，时尚品的消费与生产仍将回到平稳上升的轨道。一方面，欧美、日本等发达国家和地区的时尚消费拥有长期的历史传统和坚实的社会基础，拥有一个人数众多而且相当稳定的奢侈品消费群。随着这些国家和地区经济的逐步恢复和增长，时尚消费与生产都将会保持平稳增长的态势。另一方面，对未来世界时尚产业发展趋势影响更大的因素是，以中国为代表的发展中国家将会给未来世界时尚产业的发展提供更加强大的支撑和推动力。随着中国经济的持续快速增长，对世界时尚消费将会产生越来越大的推动作用。据国际奢侈品协会预计，到 2015 年，中国年收入 25 万元以上的富裕家庭将超过 440 万户，成为仅次于美国、日本和英国的全球富裕家庭数量排名第四的国家，其奢侈品消费将占全球份额的 32%，从而成为世界最大的奢侈品市场。麦肯锡咨询调查公司预计，中国最大的 100 座城市的奢侈品消费额有望在 2008~2015 年翻番，消费额同期将跃增 50% 以上。除了中国，相关调查显示，在未来的五年里，俄罗斯、印度、巴西等新兴市场国家的奢侈品消费额预计也将增长 20%~35%。以上这些因素，都将有力地抵消目前发达国家奢侈品消费的萎缩，推动世界奢侈品消费和生产在未来保持平稳发展的趋势。

时尚品的消费方式将会朝着更加理性的方向发展。目前中国和一些新兴市场在奢侈品消费方式上出现的比较盲目和缺乏理性的现象,在未来几年内会得到较大程度的改变。一方面,中国政府目前正在致力于治理和完善社会经济环境,大力反腐败,缩小社会成员收入差距,在今后的几年里,这方面的政策和工作力度都将会越来越大,这就会使通过各种不法手段而"暴富"的人数逐渐减少,从而使奢侈品的消费主体结构得到进一步改善。另一方面,随着中国奢侈品消费市场的发展壮大,人们对奢侈品的认识和理解也会逐步加深,对奢侈品的消费态度将会表现得越来越成熟和理性,将会更多地从生活方式和历史文化的角度上来认识奢侈品,深刻理解其文化内涵和价值,从而克服各种盲目和炫耀性消费心理,使时尚品消费逐步上升为一种生活方式。

大众消费和奢侈品消费分别受消费人群数量和高附加值驱动,分别代表着时尚行业的终极消费体现和潮流消费前沿。大众消费注重商品本身所带来的时尚美感,产品的创新设计与服务都能激发消费者的消费潜能。而对奢侈品的追求不是商品本身,而是依附在商品使用价值之中的"符号象征价值",这种符号象征着人们的身份和社会地位。随着经济与社会的发展,时尚品的品种方面也会出现一系列新的变化。

第一,"快速时尚"发展趋势。"快速时尚"即快速翻新产品,时刻紧随正在流行的时尚。由于"快速时尚"品牌更契合消费潮流,其所具有的核心要素"快节奏、时尚、稀缺和品位"的特点足以打动消费者。

第二,"绿色时尚"发展趋势。设计师们在设计的环节中,把环境因素列为重要的考虑条件之一,在生产过程中,更大程度上去平衡环保与经济效益追求之间的关系,把创新、专业技术、环保知识统一成一个整体。那些建立在能源高消耗和碳的高排放量基础之上的豪华汽车、游艇等将会受到限制。

第三,"服务时尚"发展趋势。时尚品牌主要通过产品和服务来体现。产品的生产制造在成熟的研发设计、科学技术等背景下,差异化越来越小,服务将成为未来决定时尚品牌发展的另一重要因素。

第四,"奢侈品保值"发展趋势。由于人们对于未来经济与社会发展中各种不确定性因素的担忧,奢侈品消费也会越来越多地成为一种保值手段,那些稀缺性特点突出、具有较高保值和收藏价值的奢侈品,如珠宝、钻石等将会更多地受到消费者的追捧，在奢侈品消费中所占的比重也将会越来越高。随着中国和世界范围内艺术收藏热的兴起，一些高端艺术品如名人字画、古典家具等也将会逐步进入奢侈品领域，一些新的奢侈品品种将会出现。而目前，世界前三大奢侈品集团几乎囊括了全球的奢侈品品牌。法国的 LVMH 集团，旗下拥有 50 多个世界奢侈品顶级品牌；瑞士的 Richemont 集团，旗下拥有众多世界著名的珠宝、手表品牌；法国的 PPR 集团，旗下最主要的品牌是 Gucci（古驰）。

第五，"体验时尚"发展趋势。近年来，全球最吸引眼球的热销商品是苹果手机和特斯拉汽车。这些产品都是制造经济的新典范，借助互联网把营销术放大到极致，通过推广概念、发布名人体验信息，使其成为时尚产品，然后又设置订购门槛，极大激发了消费者的参与感、体验感。目前，从工业到农业，从计算机、互联网到旅游、商贸、餐饮、演艺、娱乐、影视、主题公园等，都在借助服务的独特化演化为时尚，成为体验经济（见表 6-3）。

表 6-3　中国时尚产业发展的社会经济环境及技术发展趋势

名称	社会经济环境	技术发展趋势
珠宝	改革开放以来，人们生活水平不断提高，对文化艺术的关注与崇尚为珠宝业的持续发展带来了广阔的市场；2010 年，我国奢侈品消费高达 121 亿美元，取代日本成为全球第二大奢侈品消费国，而我国城镇人均可支配收入约为 3000 美元，处于美国 20 世纪 70 年代的水平。在这一可支配收入水平下，奢侈品的消费大多处于炫耀、从众和追求社会地位的阶段；人们通过购买稀缺、昂贵、高品质的珠宝首饰来体现身份、财富、地位和优越感，使珠宝消费需求日益旺盛；在通货膨胀背景下，珠宝也因其保值增值功能备受消费者青睐	在珠宝镶嵌加工方面，中国的优势较为明显，据统计，香港几乎所有的镶嵌首饰都是内地加工的；中国钻石加工能力和工艺已达到国际水准，有成为世界珠宝加工中心的能力和基础；2004 年，中国成为仅次于印度的全球第二大钻石加工国家，预计到 2015 年，中国在全球钻石加工中的份额将升至 21.3%，而印度的份额将从现在的 57% 下滑到 49%
服装	20 世纪 80 年代以来，纺织服装业已成为我国发展速度最快的产业之一；在国际服装市场上，我国也一直占据着服装生产和出口第一大国的地位，从行业发展态势来看，由于国家对其基础设施的改善、产业政策倾斜以及新型信息资源的投入，使得产业链间联系更为密切，资源得到优化配置，组合效益也更加明显	大量先进的进口生产工业设备、发达的交通设施、国际先进的物流产业、由传统制造业向现代时尚业转变，技术型产业，知识型产业，时尚型产业；服装企业的核心竞争力就在于设备现代化+企业信息化，企业核心竞争力的最新诠释：信息化的高价值性、稀缺性、难模仿性和不可替代性

续表

名称	社会经济环境	技术发展趋势
化妆品	随着经济的飞速发展和人民生活水平的不断提高，中国逐渐发展成为化妆品消费大国；并且总体消费水平已超越欧盟、日本，仅次于美国，成为世界上化妆品第二消费大国，中国化妆品行业是改革开放以来最先吸收外资的行业之一，经过20多年的时间，中国的化妆品工业如雨后春笋般蓬勃发展，我国持有效期生产许可证的化妆品企业已经超过3000家，其中大多数分布在广东、浙江、上海、福建等几个省（市）的东部沿海地区，其中广东是生产企业最多的省份	海洋植物、中草药、热带雨林作物等添加成分的新一代天然配方化妆品将在市场流行；生物工程和仿生化学技术开发的功能性物质作为化妆品原料，将成为市场发展趋势
箱包	改革开放30年来，中国箱包产业得到了快速发展，生产及出口均居世界首位，中国已成为世界公认的箱包生产大国；与其他制造业国度比较，由于中国箱包产业链完整，在资源和劳动密集等方面具有明显的比较优势，因此行业发展迅速，出口势头强劲	为适应国际标准，加快新技术的开发，依靠技术进步调整出口商品结构，促使产品升级，促使产品结构向高新技术产品和高附加值产品转型，已成为箱包制造企业不得不重视的问题
手表	近年来，中国手表市场持续升温，其中高档手表市场表现尤为突出；一些经典款式和品牌成为显示文化品位、社会地位的有效装饰品；同时，随着中国高档奢侈品的消费群体不断扩大，高档表的消费文化也在孕育形成	我国手表产业今后主要保持其发展，需从提高产量转型为提升技术含量，从而逐步开发手表高端市场；因此，我国的手表生产企业需要加大自主知识产权的开发，提升产品的技术含量，从而迅速提高中高档产品的生产能力，巩固和拓展国内外手表市场

资料来源：笔者整理。

四、中国时尚产业发展趋势

（一）中国时尚产业的市场容量巨大

中国是世界最大的时尚产品制造基地之一，也是世界最大的奢侈品消费市场之一。随着中国城市化进程进一步加快，时尚产品的销售也将加速增长。随着国民可支配收入的不断增加，消费者人均时尚产品消费量将有很大提升空间，市场存在较大发展潜力。例如，我国的化妆品市场自20世纪90年代初开始进入了飞速发展时期，化妆品作为日用品走进了千家万户。在短短的20多年里，中国化妆品行业从小到大，由弱到强，从简单粗放到科技领先、集团化经营，形成了一个初具规模的产业。2013年，我国化妆品行业零售总额为 1625 亿元，未来其复合增长率将达到 20% 以上（见图 6-1）。

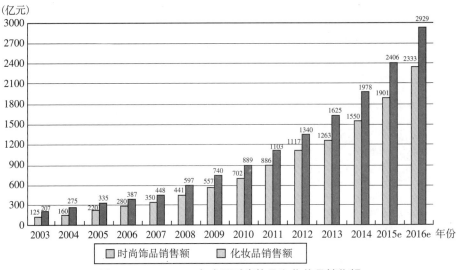

图 6-1　2003~2016 年中国时尚饰品和化妆品销售额

资料来源：中国产业信息网（http://www.chyxx.com）。

中国人口众多，拥有巨大的消费市场，随着国家经济的发展，人们消费水平将不断提高，时尚品消费最具增长潜力。近年来，时尚产业在世界范围内蓬勃发展，已开始逐步成为引领世界产业发展的最重要产业之一。在中国，特别是北京、上海时尚产业的发展和集聚，已成为国际大都市重要的经济和社会活动内容，其影响力也日益提升，其时尚产业的辐射力和影响力甚至能够跨越地区，超越本地区及本国范围。发展时尚产业，推动和促进时尚产业集聚，不仅能够提升城市在世界时尚、文化领域的地位，而且能够有效地推动城市经济发展的转型，实现向服务经济的跨越。

上海作为中国经济发展水平最高的特大型城市，正致力于建设和打造"国际时尚之都"，也正面临着经济发展模式的转型和将发展的重点转向新型产业领域这一现实。发展时尚产业，可以为创新活动和创意产业提供有形的经济价值，也有助于上海最大程度地发挥科研、品牌、人才、精密制造等综合优势，更好地调配和发挥城市资源，改变传统工业"劳动密集型"的发展模式，进一步提升产业能级。随着全球范围内生产力和科学技术的迅猛发展，各种生产要素跨国界不断流动，世界各国经济联系越发紧密，世界贸易格局向更自由化的方向发展，这更促进了世界各地时尚文化的发展、传播和交流，时尚产业对时间与智能价值的追求，很明显地产生了两种不同的消费指向——既追求高产值的高科技时代，也追求高产值的手工艺时代。

（二）时尚产业结构进一步优化升级

我国当前的时尚产业发展现状仍处在高资源消耗、低发展水平、低经济效益的阶段，而产业结构的优化能够在有效节约资源的前提下提高经济效益，这也是我国时尚产业发展的目标之一。时尚产业的优化升级和产业间的协调融合，有利于形成新的竞争优势。在流行、时尚、设计等环节的穿针引线之下，这一产业将产生强大的产业关联，这样的关联不但能自我强化产业的市场地位，还能促使政府给予进一步的政策刺激，从而进一步支持产业的发展。

当前，中国许多城市都已提出发展时尚产业、打造时尚之都的口号，如上海、北京、重庆等。研究表明，时尚城市的打造应结合本城市的历史和定位，寻找适合的发展道路。首先，植根本地文化，发展时尚设计。通过原有产业的升级发展时尚产业，向本地文化汲取创作灵感，促进设计本土化。其次，时尚产业作为都市型产业，需要良好的交通条件、便捷的沟通网络和顶尖的展示平台，其核心部门宜保留在城市中心地区，而制造部门可保留小部分在城市中心，以满足及时化和专业化生产需要，大规模生产应布局在成本较低的城市外围区或采用全球化生产策略。最后，增加交流互动，发挥主体力量。政府、行业协会、企业、个人代表了时尚产业内不同参与者的利益，它们的博弈和互动能够促进时尚产业的健康发展，所以应发挥行业协会灵活多样的纽带作用，加强各主体间的交流。

（三）时尚产业价值链上下游环境不断改善

时尚产业具有其独特的运行机制，其价值增值过程更侧重于知识文化的创造、转化与传播。所谓的"知识文化"是指时尚创意的来源产生过程，以及时尚产品制造过程中的设计及技术工艺环节。借鉴创意产业研究理论成果，我们认为，时尚产业的文化价值增值过程是由时尚产业的知识输入、转化生产与时尚文化的传播过程来实现的。这一过程既包括了时尚产品的生产制造过程，又包括了知识文化向产品的输入转化过程。

时尚产业价值链的关键是研发设计。哈佛商学院教授迈克尔·波特在《竞争优势》中提出："每一个企业都是在设计、生产、销售、发送和辅助其产品的过程中进行种种活动的集合体。所有这些活动可以用一个价值链来表明。"时尚产业的价值链增值过程，即时尚价值链是以人的时尚为根本，以实现时尚产品及相关产品价值增值最大化为目的，以时尚产品为核心，确保时尚价值、信息、资金等资源在整个价值链上畅通流动。时尚流行趋势的多变性及时尚产品设计的多样化决定了时尚产业的创意设计以及以全球化时尚潮流为导向的天然特性，因此研发、设计是时尚产业价值链的关键环节，也是高附加值环节（见图6-2）。

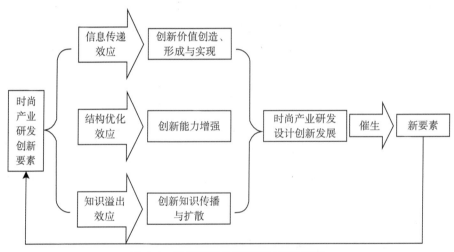

图6-2　时尚产品价值增值过程及要素

资料来源：笔者整理。

（四）市场驱动的时尚消费正在形成

从世界范围内看，时尚产业的发展模式大致分为制造驱动型和市场驱动型两种。制造驱动型是依托制造业形成完善的高技术、高附加价值的时尚产业结构，要求时尚产品制造有精湛的工艺基础和相当的技术优势，能不断生产新产品，引领消费时尚，并逐步带动相关产业的多样化和集群化发展。在这种模式中，时尚产品制造商或设计商主导时尚风格。意大利、英国是这种发展模式的代表。市场驱动型是依托终端消费时尚的强大购买力，延伸拓展关联产业结构。强大的购买力能吸引厂商、设计人员集聚，对接销售与制造、市场与研发，在这一驱动模式中，市场推广远比制造更为重要，通过国内外时尚企业云集，来挖掘和形成时尚风格。美国、韩国是这种发展模式的典型代表。

我国是消费时尚产品的大国，购买力强大，应该采取市场驱动的模式。我国的时尚产品制造能力毋庸置疑，我国时尚产品（服装、鞋帽、箱包为主）流水生产线具有较强的时尚产品制造水平，且在世界范围内享有盛名，我们应该抓住生产制造这个基础，以制造业为依托带动其他行业的发展。但是，从流水线到原材料的采用再到加工工序以及成品标准，都是从国外引进的，大多生产企业都是以国外著名品牌代工厂的身份存在，而我们熟知的意大利时尚产业中毛料的生产、加工享有盛名，但是其原料生产、制作工艺以及标准都具有完全的自主性，且经过了百年的发展，这样的优势对我国时尚产业的制造企业来说并不具备。目前，中国已经成为世界奢侈品消费大国，这种强大的购买力对世界时尚产业的资源形成强大的吸引力，所以选择市场驱动模式比较合适。

五、中国时尚产业消费者购买影响因素预测分析

研究表明，时尚产业的发展，一般要经历产业兴起阶段、产业集聚阶段、设计显露阶段和时尚进化阶段，各阶段的产业形态和空间组织不尽相同。显然，随着社会经济的发展和科技革命，时尚循环的圈子变得越来越小，循环的时间也变得越来越短，从 19 世纪的每 10 年循环一次，到 20 世纪 70 年代以后每个季节循环一次。这意味着，时尚的瞬息万变对时尚品牌的运营提出了更高的要求——从产品结构调整到设计风格融合，从资本介入方式到商业模式的匹配建立，再到消费者关系建立与传播营销的方向，无一不需要传统产业做出及时的调整与改变。

近年来，一些成功的国际时尚品牌抢占中国零售市场，并迅速扩张，使

得市场竞争加剧，我国时尚企业正面临着巨大的压力。同时，消费者作为企业竞争的最主要资源，已成为现代市场营销理念的中心。因此，如何以消费者购买决策为出发点，采取适合国内服装企业的经营对策，已成为业界关心的课题。

据统计，2013 年中国人奢侈品消费总额达 1020 亿美元，相当于 6000 多亿元人民币，比 2012 年增长了 96.08%，销售总额占据全球份额的 47%，中国已成为全球占有率最大的奢侈品消费国家。关于时尚产业消费购买的影响因素，我们提出从消费者的基本因素、认知因素、经济因素、社会因素四个方面进行分析，构建时尚产业消费者购买行为的指标体系（见表 6-4）。

表 6-4　时尚产业消费者购买行为的指标体系

综合指标	一级指标	二级指标
时尚产业消费者购买行为	基本因素	年龄
		性别
		民族
		教育程度
		婚姻状况
	认知因素	品牌认知
		时尚偏好
		价值观念
		时尚参与
		顾客忠诚度
	经济因素	收入水平
		财产状况
		在职与否
		住房面积
		时尚品价格
	社会因素	流行时尚
		社会阶层
		交往人员规模
		风俗习惯

资料来源：笔者整理。

应用层次分析法，通过对复杂系统所包含的因素及相关关系的有效分析，将复杂问题条理化，并构造一个层次分析结构模型，通过将每一层次的各要素进行两两比较,以此建立判断矩阵,并最终进行层次单排序以及一致性检验。

表6-5 各个指标相对总目标的权重

时尚产业消费者购买行为指标	基本因素	认知因素	经济因素	社会因素	权重
	0.1278	0.3007	0.5238	0.0477	
年龄	0.1338				0.017100
性别	0.2046				0.026148
民族	0.0595				0.007604
教育程度	0.5619				0.071811
婚姻状况	0.0402				0.005138
品牌认知		0.2855			0.085850
时尚偏好		0.0386			0.011607
价值观念		0.4858			0.146080
时尚参与		0.0648			0.019485
顾客忠诚度		0.1253			0.037678
收入水平			0.4923		0.257867
财产状况			0.2546		0.133359
在职与否			0.1455		0.076213
住房面积			0.0375		0.019643
时尚品价格			0.0701		0.036718
流行时尚				0.1689	0.008057
社会阶层				0.4513	0.021527
交往人员规模				0.2609	0.012445
风俗习惯				0.1189	0.005672

在得出二级指标对总目标的权重后,结合二级指标规范化后的指标值,利用加权和的方法得出我国时尚产业消费者购买影响因素的评价指标,该结果表明未来影响时尚产业购买的主要因素是:收入水平、财产状况、价值观念、品牌认知、在职与否等。然而,在不同的时尚产品中,其影响因素是有差异的。例如,影响女装消费者购买的决定性因素,品牌因素排第一位占38%,产品品质排第二位占29%,高质量服务排第三位占12%,其他如广告、价格和朋友介绍则排在后面。

六、中国时尚企业提升竞争力的策略分析

改革开放以来，我国时尚产业获得了很大发展，逐步实现了品类由单一向多元化转变，企业由追求数量型向追求质量型转变，市场由无序变为有序，消费者已从追求拥有向追求个性化转变。随着我国市场化的不断推进，国际市场开放程度的不断扩大，时尚产业的发展也更趋专业化。然而，在竞争日趋激烈的今天，如何保证足够的市场竞争力，成为每一个时尚企业从业者关心的问题。

第一，时尚企业的产品由单一化向多样性转型。如曾经的珠宝市场以黄金为主要产品，占所有珠宝销售总额的 70%~80%，然而随着人们审美需求的改变，黄金市场份额逐步下跌，彩宝类、纯天然珠串类饰品市场份额呈上升趋势。

第二，时尚企业管理更加专业化。时尚产业逐渐由以前乱打价格战的混乱营销转变为品牌维护，专业化的品牌运营发展成了今后时尚产品的发展方向。如普通消费者对于珠宝饰品的认知不断提高，审美需求更趋个性化。为了保证企业的竞争力，珠宝饰品在使用上等原料的同时，对于产品形式的开发也不断加强，以玩时尚珠串饰品为例，为满足人们不同的需求，特别邀请专业时尚设计师进行产品设计，摸索出自己的产品美学，加强企业核心竞争力。

第三，时尚企业的竞争力不断增强。中国时尚企业竞争力已从全球时尚产业竞争力的底端跃升到第三梯队、第二梯队（见图 6-3）。我国时尚企业越来越注重提高产品品质和核心竞争力，力求逐步从低附加值的产业链低端转向高附加值领域。而高附加值需要高新技术和创意，因此提高我国时尚企业的创新能力就显得尤为重要。"工欲善其事，必先利其器"，在纺织服装企业新一轮的时尚竞争中，拥有了先进的色彩管理工具，就拥有了克敌制胜、占领时尚高地的法宝。2014 年中国十大快时尚企业排名如表 6-6 所示。

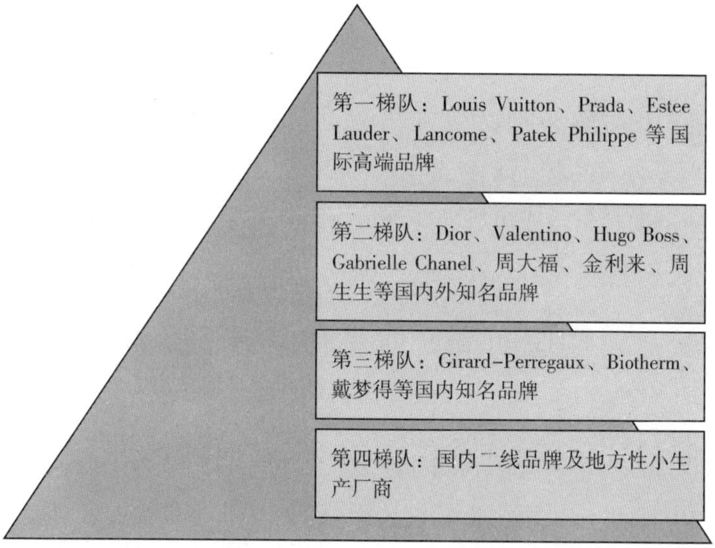

图 6-3 时尚品行业竞争格局

资料来源：笔者整理。

由时尚集团开发的中国时尚指数旨在推动中国时尚产业的研究与发展，为立足于中国的时尚企业、时尚品牌、时尚产业人士提供智慧支持与专业指引，是观察和评价中国城市时尚发展现状与趋势的公共口径。2014 年的中国时尚指数，微观上细化到不同代际时尚人群的生活习惯剖析，宏观上则对时尚产业圈进行了盘点与预测，提出时尚已经成为共性追求，小而美的生态圈

表 6-6 2014 年中国十大快时尚企业排名

排 名	企业名称
1	上海美特斯邦威服饰股份有限公司
2	广州 EMU 依妙实业有限公司
3	凡客诚品（北京）科技有限公司
4	上海麦考林国际邮购有限公司
5	温州优衣派服饰控股有限公司
6	阿仕顿男装连锁（中国）有限公司
7	福建诺奇股份有限公司
8	北京九合尚品科技有限公司
9	广州摩拉网络科技有限公司
10	杭州黯涉电子商务有限公司

资料来源：前瞻产业研究院. 2015~2020 年中国快时尚行业商业模式与投资预测分析报告.

会是未来产业的运营重点，并回答了如何创造时尚并且让时尚人群有感等问题。

第四，中国时尚企业加快"走出去"。为拓展国内外市场，如服装纺织行业协会推动了时尚品牌企业"走出去"活动，为拓展海外市场搭建平台，探索向俄罗斯市场、东南亚市场、非洲市场延伸的渠道，扩大亚洲市场。

七、中国时尚产业盈利指标及能力分析

盈利能力是指企业获取利润的能力。盈利能力被认为是创造价值的核心，时尚产业盈利总的来说可由创新设计能力、品牌塑造能力、价值链整合能力、消费引导能力和长期为客户创造价值的能力五个不可分割的部分组成（见图 6-4）。

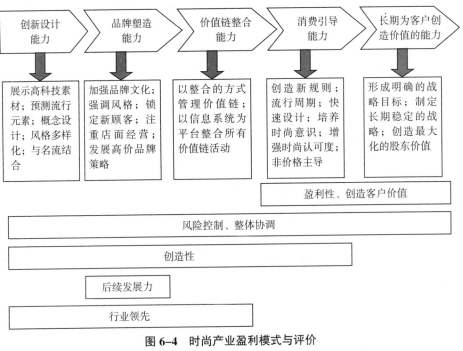

图 6-4　时尚产业盈利模式与评价

资料来源：笔者整理。

（一）创新设计能力

这是时尚产品的本质属性，时尚产品要求以不断创新实现其价值增值。时尚产品无疑应该特别注重品牌的包装和设计，流通企业要实施差异化战略，只有在准确的市场定位的基础上，形成自己的经营特色，建立自己的自主品牌，提高产品的附加值，才能避免陷入低价竞争的恶性循环。这也是大众时尚产业中流通企业获得持续稳定利润的前提。随着市场需求的多样化，为了在提供多样化产品方面具有竞争力和获得利润，企业应从客户角度审视产品外部多样化程度，充分考虑客户的消费趋势、需求特点、功能要求及反馈意见，企业必须通过创新商业模式来摆脱日益激烈的同质化时尚产品市场竞争，为顾客打造个性化的时尚生活，达到服务与设计、技术、生产的完美结合。

（二）品牌塑造能力

时尚产品更多地成为身份象征和地位的表达方式，要用特定的价值理念和精神赋予其特定内涵。作为时尚品牌，其诠释的是一种独特的生活习惯、行为模式及文化理念等，因此它本身需要具备一定的个性。可以说，自创时尚品牌这一方式是实现创建时尚品牌的必经之路。中国企业只有创出自己的时尚品牌，才能在与强劲的外国公司的竞争中占有一席之地。许多国际时尚品牌的成功也证明了这一点。借用他人的品牌不仅会丧失自己的特色，也会丧失品牌发展的空间，在中国文化正在受到越来越多关注的今天，应将民族特有的文化与国际时尚紧密连接起来，打造属于本国的时尚品牌。

（三）价值链整合能力

包含企业价值链中的企业基础设施建设、品牌推广、供应链整合、人力资源管理等辅助活动和企业基本价值活动，其中人力资源管理融入了各种价值链活动之中，各个部分之间建立有效的关联，相互支持，相互影响，以信息系统为平台整合在一起，形成了具有自完善功能的价值链系统。随着信息技术的迅速发展和广泛应用，时尚产品的竞争日益激烈，促使产品生命周期变得越来越短，企业间的竞争或合作已由内部资源的竞争合作上升为整个供应链管理体系的对比与合作。在全球供应链视角下了解世界各地消费者需求的同时，应整合供应链最有创新意义的产品，运用供应链中的追踪和分配技术找到新设计、新产品、新客户，以更加合理地配置资源，提高企业竞争能力。对产品本身可随时进行计划、协调、操作、控制和优化，使供应链中的生产企业、供应商、销售商、消费者之间快速实现一体化和快速反应，达到商流、物流、资金流和信息流的协调通畅，提升价值链整合能力，以满足全球消费者需求，实现产品增值，降低成本，扩大收益。

（四）消费引导能力

当产品所倡导的价值理念获得消费者认同时，产品价格就不再是影响其购买决策的决定因素，而创造新规则、流行周期、快速设计、培养时尚意识、增强时尚认可度等非价格因素成为消费的主导，时尚产品的营销模式是其市场软实力的体现。时尚企业之所以逐渐在产业链中处于核心地位，根本在于其日益增强的渠道控制力。目前，国内时尚产业已经进入了品牌化的阶段，时尚产业中的企业是实施品牌化的主体，继续强化渠道优势是实施品牌战略的重要手段。

随着我国中等收入群体的崛起，我国消费者的时尚消费观正在日趋理性化。在这种背景下，顶级时尚品牌的品牌传播方式也需要进行相应的调整。随着信息技术的发展及相关时尚知识的普及，消费者购买时尚产品时不仅关注产品设计，更对产品设计的精神内涵提出了越来越高的要求，他们对于时尚产品的内涵非常了解，知道自己需要什么，同时他们也需要通过品牌内涵来获得社会地位的认同。同时，时尚产品作为高品质生活的象征，已逐渐超越产品外表，而寻求贴近时尚的品位内涵，对时尚产品需求的极简主义就印证了这一点。

（五）长期为客户创造价值的能力

从价值链角度看，在多项相对独立的价值创造活动中，关键是增加时尚产业价值链中的技术、资金、信息的密集程度，使最新的时尚元素快速融入产品并占领市场。从服装行业价值链角度分析，附加值高的部分主要集中在材料、设计、品牌环节。企业应根据自己的实际情况，确定核心业务，掌握市场主动权，对非核心业务采用外包形式，以减少过多劳动占有，形成明确的战略目标，制定长期稳定的战略，创造最大化的股东价值。

参考文献

[1] 高长春. 时尚产业经济学导论 [M]. 北京：经济管理出版社，2011.

[2] 宋煌. 浅析上海时尚产业发展路径选择 [J]. 企业经济，2011 (10).

[3] 颜莉，高长春. 时尚产业模块化组织价值创新要素及其影响机制研究[J]. 经济问题探索，2012 (3).

[4] 中欧国际工商学院《中欧商业评论》时尚产业研究中心，"中国时尚产业蓝皮书" 课题组. 时尚产业蓝皮书. 2008.

[5] 高秀明. 实现服装成衣业最优库存的供应链控制研究 [D]. 上海：东华大学博士学位论文，2004.

[6] 张玉斌. 服装企业供应链库存管理研究 [D]. 苏州：苏州大学硕士学位论文，2008.

[7] 吴珊. 中国服装产业发展的品牌经济研究 [D]. 济南：山东大学博士学位论文，2008.

[8] 肖鑫，邬关荣. 时尚产业评价及影响因素 [J]. 经营与管理，2013 (6).

[9] 伍双双. 基于沪宁杭生活型态比较的时尚产业发展研究 [D]. 杭州：浙江理工大学硕士学位论文，2013.

[10] 宋煜，胡晓鹏. 浅析上海时尚产业发展路径选择 [J]. 企业经济，2011 (1).

（作者单位：北京航空航天大学）

"十三五"中国时尚产业转型升级战略目标及建议

王子先

我国已经进入加快经济转型和产业升级的关键时期,打造产业升级 2.0 版成为今后一个时期的战略目标。2013 年我国 GDP 总规模达 568845 亿元,占全球的 12.3%,人均约合 6767 美元,已经进入中上等收入阶段。但是,经济和产业发展也面临越来越多的深层次矛盾和问题,包括生态、环境、资源、劳动力、成本、汇率等方面的深度制约,现有粗放型经济发展模式难以为继。外部危机进一步加大了经济结构性问题,使得经济产业转型更加紧迫。同时,伴随我国人均收入水平进入中高等收入阶段,消费结构升级显著加快,工业化、城镇化、信息化、市场化、国际化加快推进,时尚产业进入快速发展期。我国时尚产业经历了国际金融危机的严峻考验,实现了率先突围,保持了快速恢复和发展的趋势,升级步伐加快,一定程度上发挥了产业升级的引领作用。未来,在我国经济发展由不发达阶段向发达阶段推进的过程中,我国要实现向全球价值链、产业链、创新链中高端的攀升,特别是在"十三五"经济结构升级的关键时期,着力发展时尚产业和时尚品牌,推动时尚产业率先升级,对国家整体产业升级有着多方面的重要意义。中国有可能利用 10 年左右的时间,即到 2025 年前后,走出一条时尚产业率先实现向全球价值链高端跃升的道路。

一、"十三五"时期我国整体产业结构升级的战略定位

党的十八大报告提出了推进经济结构战略性调整的总目标，强调必须以改善需求结构、优化产业结构、促进区域协调发展、推进城镇化为重点，着力解决制约经济持续健康发展的重大结构性问题。要牢牢把握扩大内需这一战略基点，加快建立扩大消费需求的长效机制，释放居民消费潜力，保持投资合理增长，扩大国内市场规模。在这一总目标下，明确了未来 10 年产业升级的大方向：推动战略性新兴产业、先进制造业健康发展，加快传统产业转型升级，推动服务业特别是现代服务业发展壮大，合理布局建设基础设施和基础产业。建设下一代信息基础设施，发展现代信息技术产业体系；提高大中型企业核心竞争力，支持小微企业特别是科技型小微企业提高竞争力。关于未来产业升级的目标指向已经跃然纸上。

《国家"十二五"规划纲要》也提出，坚持把经济结构战略性调整作为加快转变经济发展方式的主攻方向。加强农业基础地位，提升制造业核心竞争力，发展战略性新兴产业，加快发展服务业，促进经济增长向依靠第一、第二、第三产业协同带动转变。《规划纲要》还明确规定了"十二五"时期结构调整取得重大进展的目标，即工业结构继续优化，战略性新兴产业发展取得突破，服务业增加值占国内生产总值比重提高 4 个百分点。《规划纲要》把经济和产业结构战略性调整放在了极其重要的位置。

2014 年 3 月 17 日，李克强总理首次提出了"打造中国经济升级版"的理念，此后也多次强调了这个战略构想，为我国经济转型指出明确方向。中国经济升级版就是要实现十八大报告提出的经济发展目标，到 2020 年全面建成小康社会，实现 GDP 和城乡居民人均收入比 2010 年翻一番。李克强总理指出，打造中国经济升级版的关键在于推动经济转型，而推动转型需要把改革的红利、内需的潜力、创新的活力叠加起来，形成新动力。当经济运行在合理区间内，宏观政策要以调结构、促改革为主，更多地发挥市场配置资源和自我调节的作用，增强经济发展的活力和后劲，推动经济转型。

专家研究表明，2008 年以来我国经济结构调整取得了重要进展。"十二五"规划提出的科学发展主题与加快经济发展方式转变的战略目标取得了积极成效。中国经济已从"十一五"时期的"初步纳入"科学发展轨道，发展到"十二五"时期的"基本纳入"科学发展轨道（胡鞍钢，2013）。"两个同步"目标超额实现，城乡居民收入差距开始缩小，民生指标大幅度改善，资源节约型社会与环境友好型社会建设取得新进展，单位 GDP 能耗继续保持下降。特别是创新驱动战略顺利实施，创新能力大幅增强。2012 年每万人口发明专利拥有量（件）达到 23 件，已经接近 2015 年的目标（33 件）；研究与开发试验经费支出占 GDP 的比重迅速提高，2013 年我国全社会研究与试验发展（R&D）经费支出 11847 亿元，比 1995 年增长 33 倍，年均增长 21.6%，R&D经费支出占 GDP 的比重达 2.08%，比 1995 年提高 1.51 个百分点。

同时，我们也清醒地看到，制约发展的长期性深层次矛盾依然存在，经济发展方式尚未得到根本性转变，科学发展的基础尚不巩固，有些方面明显滞后：

第一，三次产业结构调整尚待继续努力。2013 年服务业增加值比重达46.1%，服务业比重第一次超过第二产业，预计 2014 年可达 47.2%，将比2000 年提高 4.2 个百分点，提前完成"十二五"规划中预期 2015 年服务业比重达 47%的目标。但是这与外部危机冲击下制造业自身发展放慢有密切关系，能不能巩固和持续还有不确定性，特别是生产性服务业发展仍然严重滞后，服务业结构有待进一步优化。

第二，中国制造面临重大挑战，实体经济振兴任务艰巨。中国制造总体仍然处于全球价值链的低端，主要集中在劳动密集和低附加值环节，处于微笑曲线的底部，核心能力和国际竞争力有待进一步提高。国际金融危机以来，除了外需放缓和其他外部冲击外，中国制造业还面临一系列挑战：一是生态环境和土地、资源约束日益严格；二是劳动力供求关系出现转折性变化，工资上升加快，传统比较优势削弱；三是成本、汇率因素影响显著加大，制造业利润空间大大压缩；四是第三次工业革命将显著加大中国制造业企业的生存危机。数字化制造进一步削弱我国制造业规模经济优势，使传统劳动力和低成本优势对产业竞争力的影响相对下降，个性化定制冲击我国大规模出口生产体系，日益扁平化、分散化的世界产业组织和商业模式冲击我国现行过于僵化的"大而全"式产业组织模式，智能制造、网络服务普及以及制造与服务、生产与市场的日益融合，正给我国制造业企业带来全方位挑战。在内外部叠加压力下，完成国家振兴实体经济的任务更加艰巨。

第三，中小微企业遭遇重重压力，创业创新活力得不到充分释放。据统计，我国中小企业总数超过4000万家，占全国企业总量的99%。另外，国家工商总局公布的《全国小型微型企业发展情况报告》显示，截至2013年3月底，我国实有小微企业1169.87万家，占企业总数的76.57%。若将4436.29万户个体工商户视作微型企业纳入统计，则小微企业在工商登记注册的市场主体中所占比重达到94.15%。据统计，我国中小企业创造的最终产品和服务价值相当于国内生产总值（GDP）总量的60%，纳税占国家税收总额的50%，完成了65%的发明专利和80%以上的新产品开发。在小型微型企业内部结构中，微型企业占据绝对份额，小型企业占14.88%，微型企业占85.12%，小型与微型企业的比例约为1:5.72。但是国际金融危机以来，越来越多的企业面临生存压力，内外部各种压力相互叠加，严重挤压生存和利润空间，不少企业关门停产，其作为日益重要的创新创业主体的作用无法充分发挥。虽然国家采取的减税减负等政策措施取得了一定效果，但是中小微企业生存与发展仍然受到种种束缚，内生发展创新活力无法充分释放。

第四，节能减排取得进展，但生态环境压力仍然巨大。2013年，全年能源消费总量37.5亿吨标准煤，比2012年增长3.7%。煤炭消费量增长3.7%；原油消费量增长3.4%；天然气消费量增长13.0%；电力消费量增长7.5%。全国万元国内生产总值能耗下降3.7%。但是，大江大河治理任务艰巨，生态环境压力仍然巨大，"两型"社会建设仍待破题。

综合各方面情况可以看到，"十一五"以来中国经济增长方式转变加快，开始逐步进入科学发展轨道，但是成效仍然不够显著，需要进一步打造中国经济产业升级版，以实现经济发展方式的根本性转变，将国民经济与社会发展进一步纳入全面协调可持续发展的良性轨道。打造中国经济产业升级版，就是要平稳跨越"中等收入陷阱"和各类矛盾凸显期，使得经济、社会、文化、科技和自然五大系统实现向良性循环的转变。打造中国经济产业升级版，

"十二五"时期是"攻坚转型期","十三五"时期是"全面升级期",需要进一步将国民经济和社会发展"全面纳入"科学发展轨道（胡鞍钢，2013）。成功打造中国经济产业升级版，将使得中国经济发展迈向一个更加高效、更加绿色、更加公平、更具国际竞争力的新轨道，为确保实现党的十八大报告所提出的"两个百年目标"和实现中华民族伟大复兴的"中国梦"奠定长远的、坚实的基础。

"十三五"是我国产业结构实现全面转型升级的关键时期，面临非常艰巨的目标和任务。从国内看，产业结构升级目标是实现从重化工工业为主向从先进制造业和服务业为主转变，居民消费从生存型向发展享受型转变，从依靠廉价劳动力的比较优势向充分开发利用人力资源的综合优势转变，从数量投入型向效率创新驱动型转变（刘世锦，2014）。从国际看，应顺应世界技术、产业革命和全球化大潮流，创造国际竞争新优势，全面提升国际竞争力，找准在全球竞争中的战略定位，将中国产业升级纳入全球视野，努力实现在全球产业价值链上地位向中高端的攀升。

正如李克强总理在2014年政府工作报告中明确指出的，产业升级的方向是实现向全球价值链高端的跃升。他在分析政府工作要把握的三大原则和政策方向时指出，我们追求的发展，是提高质量效益、推进转型升级、改善人民生活的发展。要在稳增长的同时，推动发展从主要依靠要素投入向更多依靠创新驱动转变，从主要依靠传统比较优势向更多发挥综合竞争优势转换，从国际产业分工中低端向中高端提升。随后在谈到2014年重点工作时，更是首次提出推动我国产业向全球价值链高端跃升。我们认为，在中国进入从中高收入向高收入迈进的历史新阶段，必须也能够确立这样的战略思维和全球定位，在更充分融入全球经济的同时实现地位攀升，在参与全球资源深度整合中加强能力建设，在激烈的国际竞争中收获新的开放红利，而实现中国产业向全球价值链中高端跃升是其中的主线。因此，把我国产业升级目标直接指向提升国际分工和全球价值链地位，具有非常重要的战略指导意义。

二、新形势下推动时尚产业率先升级的重要意义

时尚产业的发展与升级是引领世界产业发展的重要趋势之一，既体现了一个国家在文化、科技、创意设计等方面的软实力，也一定程度上代表着各国产业的国际竞争力。随着我国进入中高等收入阶段，并向高收入阶段迈进，基于传统劳动力和生产要素的静态比较优势迫切需要向基于全球价值链的动态竞争优势升级。国家进入竞争优势换挡期，往往面临很大的"断档"风险，旧的优势不再、新的优势不来，会使经济发展失去动能，这也是一些国家陷入中等收入陷阱的重要原因。时尚产业介于高科技产业和传统产业之间，有可能成为中国产业率先实现向全球价值链中高端升级的领军者，突破"中国制造"的内外部重围，顺利实现竞争优势的切换，在全球时尚产业分工及竞争中逐步占据中高端位置，对我国总体产业升级发挥示范带动和辐射引领作用。

（一）引领我国产业升级，提升我国在全球产业链中的地位

《"十二五"规划纲要》强调，坚持走中国特色新型工业化道路，适应市场需求变化，根据科技进步新趋势，发挥我国产业在全球经济中的比较优势，发展结构优化、技术先进、清洁安全、附加值高、吸纳就业能力强的现代产业体系。"十三五"和未来更长时间产业升级的总体方向是，坚持走新型工业化道路，把增强自主创新能力作为中心环节，加快产业转型升级步伐，提升整体技术水平和综合竞争力，实现制造业由大到强的转变。加快发展基于文化艺术内涵和创意设计的时尚产业和时尚品牌，符合我国产业升级的总体方向，也是产业升级的重要选择。大力发展时尚产业可以从多方面推动我国制造业升级，提升我国整体产业在全球产业链上的地位。

中国已经成为全球制造业第一大国和世界货物贸易第一大国，但是中国制造也存在创新不足和附加值较低的现实问题，总体处于全球产业链低端。不仅对内面临资源、生态、环境等条件制约，劳动力供求格局面临拐点，成

本和汇率压力不断加大，传统优势削弱；而且，对外面临越来越多发展中经济体的竞争压力，而高端产业又面临来自发达国家的竞争，外部经贸摩擦也进入高发期。从全球产业链价值角度看，现今的"中国制造"与历史上的拉美国家，亚洲的日本、韩国和中国台湾等国家和地区一样，都过度依赖低廉的劳动力，总体技术含量和附加值不高，未来"中国制造"的奇迹同样可以在劳动力更加低廉而充裕的印度、越南或者其他国家发生。因此，中国制造的转型升级势在必行。

2008 年国际金融危机以来，外部冲击明显加大并一直持续，一系列内外部压力的叠加使得中国制造转型升级的压力骤然加大，变得更加紧迫。不仅有需求面的压力，而且来自成本面的压力也持续增加，中国制造的利润空间日益被挤压，大量中小企业濒临生存危机甚至有的关门破产，一些有实力的大企业被迫加快转型升级，中国制造面临前所未有的挑战。

总之，中国制造转型升级的大幕已经拉开，各行业、各地方都在加快探索适合的转型升级路径。而由于时尚产业所具有的独特特点，可能而且已经成为开启中国制造转型破冰之旅的先行产业之一。

加快时尚产业发展与升级既是中国产业转型的重要组成部分，也对中国整体产业升级有重要的拉动作用。在我国，时尚产业与文化创意产业一样，都是崇尚创新、个人创造力和文化艺术性的新兴产业，虽然不一定是高技术产业，但必须是充分应用高新和先进技术成果的产业，都相对具有知识密集、高附加值、高整合性特点，以创新为导向是其最大的特点，符合从"中国制造"向"中国创造"转型的大方向。进一步加快时尚产业的发展与升级，必将打造出中国制造的一片高地，引领中国产业升级的潮流；同时，对设计、营销和创新等制造业薄弱环节也将产生重要的示范带动作用，并对相关联产业及企业产生广泛的外溢示范效应。

（二）率先向全球价值链中高端跃升，顺利实现竞争优势挡位切换

我国制造业总体处于全球价值链低端，虽与制造业本身技术装备水平有一定关联，但关键还是不适应世界制造业与生产性服务业专业化分工不断深

化、同时相互融合度不断提高的潮流，在研发、销售、信息、物流供应链、售后服务等高端服务环节上严重滞后，并导致我国产业核心竞争力的不足。最新发布的《国务院关于加快发展生产性服务业促进产业结构调整升级的指导意见》（国发〔2014〕26 号）指出，生产性服务业发展相对滞后、水平不高、结构不合理等问题突出，亟待加快发展。生产性服务业涉及农业、工业等产业的多个环节，具有专业性强、创新活跃、产业融合度高、带动作用显著等特点，是全球产业竞争的战略制高点。加快发展生产性服务业，是向结构调整要动力、促进经济稳定增长的重大措施，既可以有效激发内需潜力、扩大社会就业、持续改善人民生活，也有利于引领产业向价值链高端提升。

当前国际分工已经进入全球价值链分工新阶段，第三方生产性服务业的发展，一方面使得企业内部的价值链得到优化，核心竞争力得以提高；另一方面，企业外部乃至整个经济体系的资源配置效率大大提升，产业分工与产业结构更加合理，整体经济的创新力与竞争力大幅提升。在全球价值链时代，生产性服务业的主要服务对象是生产制造业，两者的分工与融合使企业的生产模式与业务流程发生巨大变化，从大规模生产到定制生产，再到大规模定制，生产环节与业务单元的模块化与外包趋势日益增强。这推动了新的产业分工的形成，完全不同于传统的"水平分工"和"垂直分工"，而是以"微笑曲线"为代表的分工形式，一种全球价值链分工的典型形态。"微笑曲线"的高端在整体生产过程的上下游阶段，即以研发、销售、物流、售后服务等为主的生产性服务，技术含量和附加值较高。"微笑曲线"的底部即生产的中游阶段，主要是制造、加工或组装过程，利润空间较小。在这种新型工业化体系中，生产性服务业的作用不仅体现在其自身作为利润源泉的价值，更体现在其作为各个专业化生产环节的纽带而产生的产业组织"黏合剂"功能，是生产率提升的最大源泉。

充分认识并适应全球价值链时代世界产业发展新潮，形成符合时代潮流的中国产业转型模式并付诸实践，还有很长的路要走。在这种情况下，时尚产业由于它天然具有以创意设计和全球化时尚潮流为导向的特性，更容易成为我国产业升级的第一个"吃螃蟹者"。以时尚产业为先导，广泛学习借鉴各国的先进经验和发展模式，最有可能率先探索在深化制造业与服务业分工融合基础上的产业升级新路径，在时尚设计、时尚营销、文化创意等领域率先突破，并带动时尚产业整个生产性服务链条的创新，包括研发设计、物流供应链、市场营销、信息和专业服务、金融和创业投资、管理咨询和人力资源开发等环节，打造全新的经营管理模式，率先形成本行业专业化、差异化的核心竞争力，提升在全球分工中的地位。其中一个关键是，最有可能破解中国产业进入高成本时代之围，先行改变处于微笑曲线的低端位置，提升非价格竞争力，率先实现在全球价值链位置中从低端向中高端的跃升。

（三）率先实现在全球创新链中的地位突破，推动我国产业自主创新能力的提升

时尚产业是兼容文化艺术内涵和创意设计的消费类产业，实现了时尚和科技的结合，其发展必须建立在开放的思维、全球化的视野、宽容的心态和良好的创新氛围基础上，创新是时尚产业的灵魂，贴近细分化消费群体和消费者互动体验是核心导向，信息化、网络化、个性化是产业潮流。因此，时尚产业的发展必然以创意设计为前提；同样，时尚与科技的结合，必然推动民族创新思维与理念的培育及成长。

正如美国学者理查德·弗罗里达在《创意经济》①一书中所指出的，美国能够在一个多世纪里在全球范围内保持竞争力、在技术创新上取得巨大成功，其最关键的一个因素是对新思想的开放性，这种开放性使美国可以调动和驾驭全国乃至全世界人才的创新能力。目前，全球对创造型人才的争夺更加激烈。因此，吸引并充分利用全球创造型人才是创造产业竞争优势的关键，是提高创意设计能力的根本保障，还是产业创新的根本动力。

根据世界知识产权组织发布的"2014 年全球创新指数"报告，欧洲经济体在"最具创新力经济体"排行中位居前列。根据这份指数报告，高收入经济体占据了 2014 年排行榜的前 25 位，其中瑞士、英国、瑞典、芬兰、荷兰等欧洲经济体依次位居"最具创新力经济体"的前 5 位，而瑞士更是连续四年高居榜首。美国、新加坡、丹麦、卢森堡以及中国香港则排在第 6 位至第

---

① ［美］理查德·弗罗里达. 创意经济 ［M］. 北京：中国人民大学出版社，2006.

10 位。在中等收入经济体中，中国、巴西是创新领域的领头羊，其中中国内地提高了 6 个名次至第 29 位。该指数显示，中等收入经济体在创新能力方面正在缩小与高收入经济体之间的差距，但是中等收入经济体必须继续投资以加强其创新生态系统建设，并密切监控其创新指标的质量。该指数显示，中国在全球创新链中的地位虽然有所进步，但仍存在不小差距。

全球创意力指数（Global Creativity Index）是根据经济增长中的科技、人才和宽容度来测算一个国家的创意性竞争能力。在这个指数的排名中，瑞典、日本、芬兰排在前三位，美国排在第四位，瑞士、丹麦、荷兰排名也靠前。而且，创意力与达沃斯经济论坛的竞争力排名高度相关。在全球新经济的发展潮流中，一批新兴的创意经济中心由于在人才培育和争夺上的成功而得以迅速崛起。人才是全球创新的一块"最大的磁石"。正因为如此，美国的奥斯汀、西雅图地区可以很快成为美国的创新焦点，同样班加鲁尔、斯德哥尔摩、芬兰、爱尔兰和中国的上海、深圳、大连等也很快加入引领产业创新潮流的队伍之中。

国务院总理李克强 2014 年 9 月 10 日在出席第八届夏季达沃斯论坛致辞时表示，中国经济每一回破茧成蝶，靠的都是创新。要用好创新这把"金钥匙"，着力推进体制创新和科技创新，借改革创新的"东风"，在 960 万平方公里土地上掀起一个"大众创业"、"草根创业"的新浪潮。时尚产业是大众参与创业的一个优先领域，现在如火如荼的创客革命、众包、众筹、3D 打印都可以在时尚产业实验推广，而且实际上也走在前面，可以借机推动面上创业创新的民主化、草根化，赶上世界新工业革命的大潮，焕发普通大众和广大中小微企业的创新活力；同时借助互联网，还可以面向全球推进开放式创新，招揽全球创新人才，创造更加宽容开放的创新环境。

因此，追赶世界时尚产业发展的潮流，实现时尚产业与创意产业的良性互动，有利于培育形成鼓励创新创业的社会文化氛围和制度环境，有利于培育和吸纳全球创造性人才，在全球人才竞争中抢占更有利的位置；还有利于适应信息网络化条件下全球新经济发展的潮流，率先提高时尚产业及其关联产业基于信息化、个性化的创新设计能力，推动时尚与科技更好地结合。

总之，由于时尚产业与创意创新经济的高度关联，时尚产业的发展与升级也必将有利于培育全民更开放宽容的创新思维与理念，为我国提高自主创新能力和建设创新型国家提供重要原动力，并推动提升我国产业在全球创新链中的地位。

（四）有利于推动我国在全球价值链品牌营销端的突破，提升我国在国际贸易中的定价权话语权

中国出口企业目前大多采取贴牌代工模式，在全球价值链分工中总体处于低端位置。根据商务部2012年的调查估计，目前我国拥有自有品牌产品出口企业接近20%，自有名牌产品出口约占出口总额的11%。多数企业规模较小、缺乏自主品牌；少数龙头企业在国内市场虽然拥有了自主品牌甚至知名品牌，但在外销出口上仍完全或主要做贴牌生产，没有国际化品牌，更谈不上国际名牌。现有出口企业不得不长期依赖价格竞争，非价格竞争力较差。我国企业品牌运作能力差的关键在于研发和工业设计能力低，提高产品开发设计能力是加快培育我国知名国际品牌的前提条件。时尚产业的核心在于时尚设计和品牌运作，时尚产业的发展与升级必将成为拉动我国产品设计能力提升的引擎，在开发国际知名品牌、提升企业竞争力上发挥至关重要的作用。

当前国内产业界越来越认识到提升工业品开发设计能力的重要性。相关研究（王晓红，2008）显示，制造商竞争力的主要差别往往取决于产品设计的好坏，取决于利用客户的反馈改进其产品和服务，以及巧妙地营销新产品、有效地管理分销和库存等因素。正如英国设计家保罗·雷莱斯曾说过："在一个竞争的世界上，工业化国家进入几乎用同样的原材料生产同一类产品的阶段，设计便成为了决定的因素。"日本的调查也表明，在开发差异化产品、国际名牌产品、提高产品附加值、提高市场占有率、创造明星企业等方面，设计的作用占70%以上。

时尚产业必须具备强势的品牌，这是时尚产业的核心载体；而且由于现代消费日益全球化，时尚品牌还必须是国际化的，品牌的工艺又可以是有民族特色和传统的，但品牌的营销和运作必须是国际化的，以适应和创造国际时尚消费需求为导向。打造时尚品牌还是企业整体价值链和创新链条的最终成果，从产品研发设计到生产工艺流程、质量管理、客户管理、信息化管理、商标管理、物流供应链管理、市场营销、售后服务等一系列环节都不可缺少。其中,最核心最直接的有两个环节:一是产品设计;二是品牌营销运作能力。时尚品牌产品设计是基于研发和创新基础上的新产品开发,决定着企业的核心竞争力;时尚品牌营销运作能力决定着企业产品和品牌的市场认知度,也是现代企业价值链和创新链的重要高端环节。由于时尚产业在品牌设计和营销上具有引领现代企业发展潮流的特点,加快时尚产业发展与升级,必将对提升我国品牌设计运作能力发挥重要先导作用,同时也将成为发展我国知名国际品牌的弄潮儿,将推动外向型工业从贴牌代工向自主品牌的转型,显著提高我国出口企业在国际贸易中的定价权、话语权,提升非价格竞争力,逐步走上差异化个性化经营之路。

(五) 有利于增强国家软实力,提升中国在全球价值链文化端的影响力

党的十七大将提高国家文化软实力、增强中华文化国际影响力作为重要的战略方向。党的十八大将其作为我们全面建设小康社会五点新要求之一提出,这五点新要求是:经济持续健康发展,人民民主不断提高,文化软实力显著增强,人民生活全面提高,资源节约型、环境友好型的社会建设取得明显进展。这恰恰是中国特色社会主义"五位一体"的五个方面。这说明党的十八大把增强国家文化软实力作为全面建设小康社会的一个总领性的要求,进一步突出了其战略地位。这是党中央在对当今世界经济与文化日益融合这一重要趋势正确判断基础上做出的重大判断和决策,显示在未来发展战略中,文化的地位日益重要,既是适应当代世界发展潮流的必然选择,也是中国实现全面建设小康社会目标的内在要求。当今世界,综合国力的竞争不仅包括经济、科技、军事等领域实力的竞争,也是文化、价值观等软实力领域的竞争,今后软实力的竞争和博弈还将日益激烈。

在现有全球政治经济格局下,提升我国软实力、扩大中华文化影响力,具有十分重要的战略意义。正如约瑟夫·奈所说:"在全球信息化时代,文化、政治价值观和外交等软实力的来源是成就大国的部分因素。国家的强盛不仅取决于谁的军队能打胜仗,还要看谁能服人。"

文化代表着国家身份和民族形象，对比政治与经济，其产生的吸引力和影响力更为持久，是软实力的主要载体和具体体现。在经济全球化和科技革命不断深化的国际环境中，文化日益成为国家软实力竞争的重要组成部分。中国是一个文化大国，有着五千年的文明史和光辉灿烂的历史文化传统。但是在文化软实力竞争日趋激烈的国际形势下，中华文化在对外文化交流与竞争中却处于弱势，文化软实力展示和运用非常不足。如由于跨文化差异等原因，中国对外的文化贸易逆差严重。和中国对外贸易"出超"相比，中国的对外文化交流和传播则是严重"入超"，存在"文化赤字"。

中国文化向世界的传播以及对世界的影响力，和中国文化本身的内涵和魅力相比，相差甚远。提高文化实力，是全民族的事业。中国软实力和文化影响力不足的一个关键是缺乏市场化、商品化、国际化的有效载体和渠道。

时尚产业是一个国家文化的品牌载体，是文化魅力和影响力的重要输出渠道，借助时尚产品和品牌是对外进行文化传播最直接、最有效的方式之一，也必将对提升国家文化软实力发挥某种先导作用。我们可以参考借鉴韩国时尚产业的经验，打造以时尚产品和品牌扩大文化影响的新平台。实际上，近年来"韩潮"汹涌，就是把中华文化的精神内涵发挥到极致的典型事例。韩国服装、韩国电视连续剧、韩国歌舞被称为"韩流"广泛向世界传播；日本动漫和音乐，受到我国青少年追逐。据相关调查，中国青少年喜欢日本动漫的占 60%，喜欢欧美动漫的占 29%，喜欢中国动漫的占 11%。在语言文化方面，中国和西方的交流也处于严重逆差状态。

中华文化具有丰厚的底蕴、广泛的适用性和极强的生命力，与西方现代工业文明和当代信息社会不仅不矛盾，而且还具有高度的契合性和强大的亲和力。加快时尚产业发展和升级，完全有可能创造出具有丰厚文化底蕴的时尚精品和名牌，融解全球化与本土化、传统文化与现代文明以及东西方价值观的冲突，向全世界展现中华文化的强大魅力，推动提升我国产业在全球价值链文化端的影响力，在国家软实力的全球竞争中占据有利位置。

（六）加强国内价值链构建，打通国内消费和流通的通道，增强内需驱动力

按照党的十八大要求的到 2020 年实现全面建成小康社会的宏伟目标，关键是满足人民日益提高的物质文化生活需要，而消费水平是其具体体现。党的十八大报告明确提出了新时期增加居民收入、稳步提高居民消费率、改善民生，形成消费、投资、出口协调拉动经济增长的要求。

国际经验表明，一国进入工业化中期阶段以后，消费将加快发展，消费率趋于上升，以满足人民生活水平日益提高的需要。但我国消费率却长期趋于下降，与世界经济发展的一般趋势和钱纳里的标准结构有着非常明显的偏离。目前我国消费率还不到 50%，不仅低于发达国家，在发展中国家中也属于最低水平，比同是人口大国的印度也要低近 20 个百分点。积极扩大消费需求特别是居民消费、实现经济增长动力模式的战略转型，具有重大而深远的战略意义。

同时，我国 2013 年人均 GDP 已达 6767 美元，而人均 GDP 在 3000 美元以上阶段，是消费结构加速升级期。随着人均收入 2020 年比 2000 年翻两番，我国人均收入进入高收入阶段，居民消费更进一步从生存型向发展享受型升级，中国也将进入产业时尚化快速升级期，还将不断涌现新的消费热点。未来，我国住、用和服务性消费比重将显著上升，住房、汽车、交通、通信、教育、文化、旅游和服务性消费等发展潜力巨大。根据国际上时尚产业发展规律，在这个阶段时尚产业将成为新的消费热点。在我国成为世界最大消费市场之一的同时，机构早就预测我国还将成为高端消费品的重要目标市场、世界奢侈品的最大市场。中国成为世界最大奢侈品消费市场之一已成事实，还是世界最大的奢侈品购买国，其他高端消费品未来发展空间也十分巨大。

重构时尚产业国内价值链体系，打通相关流通和消费通道，助推时尚产业的发展与升级，有利于适应消费结构升级新趋势，全面提高生产和服务质量、水平，并有可能成为消费品行业升级的先导，引领行业发展潮流，既为扩大消费需求创造动力，也为更好地满足居民消费需求特别是有时尚文化内涵的中高端消费需求创造条件。以庞大的国内消费市场为后盾，完全可以率

先推动相关流通和服务业体系的重构，优化重组时尚产业的国内价值链网络，先行创造基于国内市场需求的竞争优势，顺利实现竞争档位和经营模式的切换，强化辐射经济发展的内需驱动力，同时为进一步推进时尚及相关产业国际化经营打下坚实基础。

（七）在全球生态链竞争中占据有利地形，推动我国资源节约和环境友好型社会的建设

中共十八大报告指出，建设生态文明，是关系人民福祉、关乎民族未来的长远大计。面对资源约束趋紧、环境污染严重、生态系统退化的严峻形势，必须树立尊重自然、顺应自然、保护自然的生态文明理念，把生态文明建设放在突出地位，融入经济建设、政治建设、文化建设、社会建设各方面和全过程，努力建设美丽中国，实现中华民族永续发展。十八大报告第一次把生态文明建设纳入五大建设，与经济、政治、文化、社会建设并列；同时还明确"坚持节约资源和保护环境的基本国策"，要求：着力推进绿色发展、循环发展、低碳发展，形成节约资源和保护环境的空间格局、产业结构、生产方式、生活方式，从源头上扭转生态环境恶化趋势，为人民创造良好生产生活环境，为全球生态安全做出贡献。这确立了我国在全球生态链竞争中的目标。

哥本哈根联合国气候变化大会后，我国政府承诺到 2020 年，单位国内生产总值的二氧化碳排放要比 2005 年下降 40%~45%，非化石能源占一次能源的比重达到 25%，并把这作为约束性指标纳入国民经济和社会发展规划。把绿色理念由政府和企业推向社会大众，引导全社会转变生活方式，提倡绿色生活理念。近年来，加快向低能耗、低污染、低排放为基础的绿色低碳经济模式转变成为全球热点，世界各国都在加快经济发展模式与战略的重大转型，全球经济模式都在加快向绿色低碳的转变，绿色经济正在引领世界产业、技术和管理的重大变革。绿色低碳经济是一个新的经济、技术和社会体系，是以低能耗、低污染、低排放为基础的经济模式，其实质是能源高效利用、清洁能源开发、追求绿色 GDP 的问题，核心是能源技术和减排技术创新、产业结构调整和制度创新以及人类生存发展理念的根本性转变，是人类社会继农业文明、工业文明之后迈向生态文明的又一重大革命。

时尚产业的发展符合加强生态文明建设和两型社会发展的要求。首先，时尚产业和品牌是建立在丰厚的文化内涵基础上，是文化的商品化、产业化、国际化，因此必然是高附加值、高加工度化的产业，也是相对节约资源和有利生态环境的产业。其次，时尚产业建立在时尚产品开发设计和时尚营销的基础上，必然是新型工业化导向的产业，有利于形成符合世界潮流的产业链，走依靠创新和效率驱动的新路子。最后，时尚产业是产业聚集和城市聚集的良好结合点，而中心城市的升级转型和国际性大都市圈的建设，必将成为建设两型社会的强大推动力。

随着全球环保潮流的发展，绿色时尚已经成为时尚产业的重要发展方向。绿色环保理念的提倡将加快绿色时尚产业的大发展，并对我国转变经济发展方式产生全方位的积极影响。不仅节约和环保成为主流导向，而且随着绿色环保理念的深入，奢侈品业还开始关注劳工待遇、人性化等因素，有利于社会事业发展；在时尚产品设计开发和营销服务过程中，人们也会更多重视社会责任和道德，包括以人为本的世界普适价值观念，将有利于和谐社会及和谐世界的建设。因此，绿色时尚产业的率先发展，还将引领我国经济增长模式转变的潮流，成为"两型"社会建设的先导，提升我国在全球生态链竞争中的地位，也为全球生态文明建设做出更大贡献。

（八）抢占全球城市价值链竞争的制高点，配合中心城市的经济转型和大都市圈的建设

"十二五"规划提出构建城市化战略格局的总要求，指出：按照统筹规划、合理布局、完善功能、以大带小的原则，遵循城市发展客观规律，以大城市为依托，以中小城市为重点，逐步形成辐射作用大的城市群，促进大中小城市和小城镇协调发展。构建以陆桥通道、沿长江通道为两条横轴，以沿海、京哈京广、包昆通道为三条纵轴，以轴线上若干城市群为依托、其他城市化地区和城市为重要组成部分的城市化战略格局，促进经济增长和市场空间由东向西、由南向北拓展。强调要在东部地区逐步打造更具国际竞争力的城市群，在中西部有条件的地区培育壮大若干城市群。

国家区域经济总体战略和规划明确了东部地区经济转型的方向，即率先

提高自主创新能力，率先实现经济结构优化升级和增长方式转变，推动制造业向精加工深加工转变，率先实现向服务经济转型。同时还把发展大都市圈（即城市群）作为沿海中心城市经济转型的战略方向，继已形成城市群发展格局的京津冀、长江三角洲、珠江三角洲等区域外，国家近期又推出长江经济带发展规划，将长江上中下游城市群建设都纳入国家总体规划。中心城市和大都市圈在中国经济转型和产业升级中必将发挥日益重要的带动作用。

时尚产业和时尚品牌的发展，需要以时尚都市为载体；同样，时尚产业和品牌的发展也会对中心城市的产业升级和经济转型产生积极推动作用。两者相互关联，相辅相成。时尚产业需要链条式的发展，而这恰恰与中心城市的产业聚合和服务功能拓展紧密相连，有着良性的互动关系。韦伯认为，产业聚集既可以节约社会组织成本（制度成本、政策成本），也可以节约自然空间的组织成本，还可以节约企业的组织成本。而且，中心城市的发展必然经历从产业聚集向城市聚集的不断升级。我国包括沿海在内的中心城市大多产业结构不合理、生产性服务业严重滞后、供应链能力不足，城市间存在区域壁垒、产业分工协作不畅，城市公共服务和多样化功能不足，难以形成各具特色的专业化差异化的强大产业聚集能力。

特别是现代大都市圈建设已成为世界经济发展的潮流，美国的纽约、英国的伦敦、日本的东京等都成为各自经济的核心和枢纽，也是国际经济、金融、贸易、信息中心，还是世界科学技术中心、国际文化艺术交流中心，成为决定各国国际竞争力的核心。加快建立若干个国际性的大都市圈已成为我国建成现代化强国的战略选择。我国现有的三大都市圈珠三角（核心是港深）、长三角和京津冀都市圈已具备一定的基础和条件，在加快经济转型的同时推进国际性大都市圈建设既面临空前的机遇，也面临诸多挑战，关键是要找到产业聚集和城市聚集的良好结合点。

国际实践表明，国际大都市与时尚产业基本上是共存共荣的关系，国际性的大都市，无论是前述纽约、伦敦、东京，还是巴黎、米兰、中国香港、新加坡等，也都是时尚之都。时尚产业和品牌由于自身的特殊性，其发展将有利于从各方面推动我国大都市圈的建设：一是有利于挖掘发挥城市的文化底蕴和内涵，提升城市的文化品位和形象，在吸收传统文化内涵基础上顺应全球时尚潮流不断创新，最终打造我们的时尚之都；二是有利于形成时尚的商品化、产业化和国际化产业链条，并适应现代消费社会及信息化、网络化的潮流，提高产业自主创新和开发设计能力，推动大都市圈的产业升级；三是有利于推动制造业与生产性服务业的分工与融合，加快中心城市生产性服务业的聚集，推动大都市圈向服务经济的转型；四是时尚产业本土化与国际化的结合，也会使其最有可能成为国际化的先导产业，引领中心城市经济国际化的潮流，提升我国大都市圈的国际影响力；五是时尚产业在中心城市的聚集发展，必将带动其公共服务、社会中介服务和公用设施的发展，并成为大都市圈功能拓展和城市聚集的重要原动力。

总之，加快时尚产业和品牌的发展，打造我国自己的时尚之都，将在我国建设国际性大都市圈战略中占有一席之地，发挥出一定的先导示范作用，产生良好的互动效应；同时也会在全球城市价值链重构中占据有利地形，以中心城市为先导推动我国在全球价值链的地位攀升。

三、时尚产业升级战略目标：率先向全球价值链高端跃升

推动时尚产业升级必须首先确定其战略目标定位，虽然时尚产业升级的内涵丰富多彩，包括技术、工艺、产品、流程、管理、商业模式创新等各个层面，但是具体内容和形式都服从于总体目标定位。确定中国时尚产业率先实现向全球价值链高端升级的目标，既是我国总体产业升级的战略要求，也是我国经济从中高等收入向高收入阶段迈进的客观需要，消费结构升级和人民生活水平不断提高对时尚产业提出了新要求。同时，伴随新一轮改革开放的推进和经济国际化水平的进一步提升，中国经济将进一步融入全球经济，基于全球视野和战略定位确定中国整体及时尚产业升级目标，将成为中国经济进入新阶段的新常态。

（一）时尚产业全球价值链的形成及主要特点

时尚产业是全球化程度最高的产业之一，随着时尚产业国际分工的不断深化及跨国贸易投资的迅速发展，时尚产业较早就形成了全球加工制造网络；随着服务全球化和外包化，时尚产业也较早形成了全球生产服务体系，实现了全球制造与服务的高度融合，构建了时尚产业自身复杂庞大的全球价值链、供应链体系，将全球制造与全球营销、全球创意、全球消费及全球服务更密切结合起来。时尚产业全球价值链与整体全球价值链发展的背景与趋势大致相同，但是却也有自身的一些特点（顾庆良，2010）。

（1）链条长。时尚产业全球价值链是一个由多领域、多行业、多门类、多环节、多流程组成的综合性网络，包括产品的创新、设计、研发、生产制造、品牌、营销、服务等一系列价值增值活动及其相关环节，可能是链条最长的产业之一。以时装产业为例，其价值链包括材料研发、面料纹样、款式设计、产品策划、生产加工、贸易、零售、营销、品牌推广、售后服务等，还包括装备、配饰件供应、包装、物流等支持活动。

（2）购买者驱动。时尚产业全球价值链是典型的购买者驱动型，核心在于设计、品牌及营销，主导企业由零售商、品牌专营商、品牌制造商三类构成，欧美发达国家领军企业控制了研发设计和品牌营销两个高端环节，价值链上利润主要流向这两个高附加值环节，而发展中经济体则从事附加值较低的加工制造装配等低端环节。

（3）微笑曲线效应突出。时尚产业的微笑曲线更加典型，两个高端——研发设计和品牌营销——地位更加突出，不仅创造更多的增加值和利润，而且对整个行业发展发挥组织、带动、控制和引领作用，谁掌握了两个高端环节，谁就能掌控时尚产业的全球价值链，成为行业资源和市场的掌控者以及全球价值链的治理者。

（4）快捷性。时尚产业的全球供应链具有快速反应和敏捷生产的特点，可以快速适应社会文化和市场消费潮流的变化，确立市场导向的管理及业务流程。时尚产业升级非常快速，必须迅速适应消费者偏好的变化，实现从产品到技术、设计、管理、流程和商业模式的创新。所以，时尚产业不一定是高科技，但是必须是采用最先进技术、工艺、方法和理念的行业，在应用技术领域的创新走在最前头。

（5）集聚性强。时尚产业一般产业集聚度较高，以龙头企业为核心，形成以产业集群和产业联盟为主的产业组织形态，聚集上中下游的供应商、零售商、制造商和客户，有着高度发达的供应链体系。同时，由于时尚产业的品牌设计、消费及交易中心都主要集中于城市，所以其空间集聚性也比较突出，时尚产业核心聚集于都市，本质上是都市产业，只有通过都市空间聚集才能达到规模经济的要求。

（6）创业创新灵活性。时尚产业以中小企业为主导，如意大利时尚产业中80%以上为20人以下的小微企业。除了极少数零售商、品牌运营商之外，绝大多数时尚设计、品牌、加工企业都是高度专业化细分化的中小微企业。因此，时尚产业与时下创新创意创业"民主化"、"草根化"的潮流非常契合，不仅专业人士而且普通大众、消费者都可以通过众包、众筹、创客、3D 打印等方式参与时尚产业创意设计、加工制造、品牌营销。目前时尚创业已经吸引了大批热血青年，未来时尚产业在草根创新创业中可以发挥引领作用。

（7）文化性。文化创意是时尚产业全球价值链高端中的重要一级，这是明显不同于其他行业价值链的一个重要特点。不仅技术与时尚结合可以带来高附加值，文化与时尚结合同样可以显著提升产业的附加值，创造更多的增值和利润。同时，文化作为辐射力、渗透力极强的元素，可以与不同行业、不同企业和产品实现无缝对接，促进时尚产业加快转型升级，创新商业模式。

（8）全球性。时尚产业全球化比其他消费品产业来得更加迅猛，跨国贸易投资和全球产业转移推动了时尚产业全球生产网络的形成与升级，时尚文化消费潮流的跨国流行促进了全球市场格局的拓展，时尚产业全球价值链的全球化程度进入全球产业最高之列。具体表现在消费市场全球化、加工制造全球化、研发设计全球化、文化创意全球化、物流供应链全球化、品牌营销全球化等方面。

（二）中国时尚产业参与全球价值链情况

中国已经成为世界上最大的时尚产品消费市场之一，是最大的世界奢侈品购买国，也是世界重要的时尚产品生产供应国，国际时尚领军企业和品牌先后进入中国，国际时尚潮流和文化影响日隆，在改革开放中时尚产业得到不断发展和升级，参与全球价值链是重要动力之一，与中国的对外开放基本同步。与其他产业不同的是，时尚产业是在对外开放中创立和逐步发展起来的，经历了从无到有的变化过程，在过去的短缺经济时代人们都是为温饱而奋斗，时尚从概念到实体都难以存在，是真正的奢侈品。十一届三中全会以来中国确立对外开放的基本国策，国门开始打开，国家鼓励吸收外资、发展"三来一补"、兴办经济特区，我国服装、鞋类等轻纺消费品工业最早开始利用外资发展加工贸易，不仅引进了资金、技术、设备、管理以及原材料、零配件等中间品，还利用了国外的品牌、设计和营销渠道，最早开始嵌入全球价值链，进入国际上部门内、产品内分工，借助开放我国得以跻身全球时尚产业之列，尽管我们自己那时候并没有这样的意识。早期进来的主要是港澳台资，1992 年邓小平"南方谈话"以后更多的美欧跨国公司开始进入，一些时尚产业领军企业和品牌也先后进来，包括时尚产业在内的中国产业得以在更大范围嵌入全球价值链。2001 年中国加入世界贸易组织，开始全面融入世界经济，对外开放进入新阶段，贸易投资自由化取得重大进展，市场开放程度大大提高，跨国公司对华投资进入战略性投资阶段，世界 500 强跨国公司纷纷进入，更多的国际时尚品牌得以进入中国市场，我国时尚产业与其他行业一样得以全方位参与全球价值链分工与贸易。除了国际市场开放带来的红利特别是纺织品配额取消的直接红利之外，由于国内市场国际化，竞争空前加剧，"狼来了"激发国内企业"与狼共舞，学习先进，搏击大海，锻炼内功，大胆改革，扩大开放，加快升级"，反而促进了本土企业竞争力的提升，国内时尚产业也开始了一轮深入参与全球价值链并加快发展升级的进程。这期间，国家先后实施科教兴国、科技兴贸、建设创新型国家、鼓励自主创新、发展自主品牌、加工贸易转型升级等战略和政策，主动推动各类产业加快创新升级的步伐；实施"走出去"战略，更是为国内时尚产业参与全球价值链合作与竞争提供了新的舞台，雅戈尔就是在此期间开始了"借船出海"的尝试。2008 年的次贷危机，给全球时尚产业带来了重大打击，中国时尚产业也经历了严峻考验，但是它们发挥优势，利用"口红效应"，加快了升级步伐，基本实现了率先突围，在全球价值链竞争中实现了地位新的攀升。

（三）中国时尚产业参与全球价值链的成效与差距

参与全球价值链对中国时尚产业的起步、发展与升级发挥了全方位的促进作用。一是通过对外开放打破了起步"瓶颈"，实现了从无到有的发展升级过程；二是通过利用外资、发展加工贸易，"三资企业"成为发展时尚产业的重要力量，代工贴牌模式得到迅速扩大，更多的国内生产加工企业得以嵌入全球价值链，发挥比较优势，收获开放红利，取得生存发展的机会；三是带来广泛的外溢效应和学习效应，一大批本土时尚企业在合作与竞争中成长壮大；四是引进了先进技术和高质量中间品投资品，成为促进时尚产业技术创新和生产效率提升的重要动力，也成为提高自主创新能力的重要途径；五是促进了软要素的创新，包括制度、管理、文化、理念和商业模式的创新，这些恰恰是时尚产业最关键的发展元素；六是参与研发设计的全球化，树立工业设计意识，提高了国内时尚企业的创意设计水平。

现在中国成为世界制造业和世界贸易第一大国，220多种产品产量居世界第一，其中时尚产业是重要组成部分，不少时尚产品产量及出口量居世界前列，中国是时尚产业中鞋、袜、服装、伞等产品的世界第一供应国。以服装为例，我国服装出口连续十多年排名世界第一，2013年服装出口1782.74亿美元，占世界服装出口比重从2000年的18.2%提高到2012年的37.8%，2013年继续小幅上升。2013年服装出口数量达313.59亿件，80%为中小企业生产。[①]同时，市场竞争和外溢效应推动本土企业不断发展壮大，内销市场不断扩大，2013年服装内销比重升至74%，出口比重降低至26%；服装民族品牌开始发力，一般贸易比重上升，在全球价值链上的地位得到提升。

但是，跟欧美发达国家比，我国时尚产业参与全球价值链也存在很多不足与问题，差距仍然很大。一是总体仍然处于全球价值链和微笑曲线的低端，大多是劳动密集型加工制造环节，附加值和技术含量有待提高；二是以贴牌代工为主，自主知识产权和品牌占比较低，在全球价值链上总体处于被支配

---

① 由历年中国海关进出口统计所得。

地位；三是时尚企业核心能力有待提高，品牌层次较低，有些企业不能专心主业、培育核心优势领域、实行专精细经营；四是很多时尚企业经营管理现代化国际化水平不高，商业模式创新落后于世界潮流，难以适应世界时尚潮流风云变幻的大趋势；五是时尚企业价值链、供应链管理相对落后，形成对外国跨国公司全球价值链的依赖，国际话语权定价权影响力较低；六是市场营销和服务环节严重滞后，制造与服务融合不够，而时尚产业是制造与多样化服务高度融合的产业，这一点非常严重地拖了时尚产业发展的后腿；七是价值链软件因素制约仍然严重，国际化人才短缺，创意设计能力有待提高，从政府到企业对时尚产业的发展理念和定位都亟待改进。

总之，中国时尚产业加快向全球价值链高端升级势在必行。

（四）基于全球价值链的中国时尚产业升级战略目标

按照党的十八大到 2020 年全面建成小康社会的要求，基于中国总体产业升级的战略定位，结合时尚产业的发展能力和现实，研究制定具有前瞻性、科学性、可行性的行业战略目标，率先实现向全球价值链高端跃升，在我国整体产业升级进程中发挥引领作用。打通时尚产业国内价值链与全球价值链对接的大通道，寻找嵌入全球价值链中高端的切入点和突破口，完善相关的产业政策及规划，建设行业协调机制，加强行业指导，采取积极有效的政策措施，推动时尚产业的率先升级转型。

1. 总体方向

参照国际上时尚产业参与国际分工和全球价值链的一般规律，结合我国经济总体发展战略要求和国情，我国时尚产业升级的远期战略目标就是努力实现向全球价值链高端的攀升，全面提高时尚产业在全球价值链产业链创新链上的竞争力、影响力和话语权，在总体产业升级和价值链地位攀升中发挥重要引领和先导作用。可以简单概括为"一个攀升，两个高端，五个结合，三个引领"的"1253"路线图："一个攀升"就是向全球价值链高端地位攀升，显著提高全球价值链治理水平；"两个高端"是指占领全球价值链研发设计和市场营销两个高端；"五个结合"是指推动时尚与科技的结合、时尚与文化的结合、时尚与创新的结合、时尚制造与服务的结合、核心能力建设与品牌营销的结合；"三个引领"是指以时尚产业率先升级引领我国总体产业升级，在我国创新创业中发挥引领作用，在国家整体对外开放和参与全球价值链竞争中发挥引领作用。时尚产业升级总体应遵循以下原则方向：在科学发展观的指导下，坚持以人为本，坚持资源节约、环境友好的可持续发展原则，大力推动中国时尚产业健康快速发展，以适应人们不断增长的时尚消费需求；全方位参与全球价值链分工与贸易，扩大对外开放，走开放式发展道路，以开放促进时尚产业的跨越式升级；大力提高企业自主创新能力，增强设计研发能力，提高时尚产品的科技含量，实现以创新谋发展；积极培育时尚产业自主知识产权和品牌，尤其要努力提高国际品牌数量，提高自主品牌在国际市场占有率，全面提升时尚产业的国际竞争力；提高产业聚集发展水平，积极消除行业垄断、行政垄断、区域垄断等阻碍行业发展的市场壁垒，提高市场配置资源的效率，促使要素向具有时尚产业比较优势的区域聚集发展；努力提高行业国际化水平，积极吸引时尚产业跨国直接投资，尤其加大力度吸引相关行业跨国公司研发、设计机构，通过技术合作、人才流动、强化示范带动等方式促进其技术外溢，提高本土企业的学习能力；同时，要积极鼓励有潜力的时尚产业，如服装、珠宝首饰、消费电子、美容美发等到国外投资建厂、并购或设立研发设计及销售机构，提高国际化运营能力。努力构建我国时尚产业自己的全球价值链体系，加强国内价值链的重塑与建设，实现两者的良性互动，创造国际竞争新优势，全面提高核心能力，助推时尚产业国际分工地位的全面攀升。

2. 中期目标（2016~2020 年）和远期目标（2020~2025 年）

结合国家"十三五"规划和全面建设小康社会的总体战略目标，中国时尚产业发展战略目标可以分为中期目标（2016~2020 年）和远期目标（2020~2025 年）。

中期目标（2016~2020 年）："十三五"期间，配合国家整体经济转型及产业升级部署，努力争取在嵌入时尚产业全球价值链研发设计、品牌营销、文化创意三大高端环节上取得一定突破，争取大部分时尚企业率先实现向全球价值链中端以上的跃升，重点是率先推动在相对容易攻下的文化创意核心端和物流供应链、信息、商务等生产性服务环节取得突破、实现重大跃升。巩固在国际金融危机期间时尚产业升级的成果，保持后来居上的良好势头；强化全球视野和战略思维，树立新的国际定位，努力拓展时尚产业的全球布局；进一步解放思想，重视发展国内时尚产业，提高公众时尚消费意识，加快培育国内时尚消费市场，实施双轮驱动的价值链战略，帮助广大企业实现国内与全球价值链的互联互通，为整体链条升级打下坚实基础。继续扩大产业发展规模，到2020年，时尚产业增加值增长速度力争高于GDP以及服务业的增长，年均增速大体保持在20%左右；启动实施时尚产业创意设计和品牌营销两大战略工程，努力培育具有国际影响力的领军企业和时尚品牌；推动时尚与文化结合，强化时尚产业的文化内涵，打造时尚产业价值链新的关键节点；加快培养各类时尚产业专业人才，既面向全球吸纳高端人才，又广泛吸纳普通大众和草根创业创意设计人才。

远期目标（2020~2025年）：国务院发展研究中心的研究显示，2014~2023年我国GDP年平均增长速度将保持在6.5%左右，但由于汇率升值因素，人均GDP将增长较快，有可能从2013年的6767美元升至2023年的2万美元左右，从目前1万国际元上升到1.7万国际元左右，按照国际组织的标准目前1.2万国际元即进入高收入阶段（刘世锦，2014）。在2020年实现全面建成小康社会目标以后，到2025年我国将顺利迈入高收入阶段，完成从中等收入向高收入阶段的顺利过渡。与人均收入水平实现向高收入阶段过渡相伴随的必然是经济结构的重大转型和产业结构的重大升级。在此背景下，时尚产业积蓄已有的力量和优势，应该可以率先实现向全球价值链高端的升级，争取大多数时尚企业总体嵌入全球价值链高端，特别是在研发设计和品牌营销两个高端实现重大跨越。大幅度提升中国时尚产业的国际竞争力，培育一批拥有核心技术、自主知识产权的领军型企业和自主品牌，大大延伸全球价值链的深度、广度布局，占领时尚产业微笑曲线的高端，大大提高全球价值链的治理水平及对全球市场与资源的掌控能力；显著提升全球资源整合深度，更充分利用全球知识、技术和创新人才，提高开放式创新水平；大幅度提高时尚产业外观设计、实用新型及发明三项专利拥有量；形成以上海、北京、深圳、杭州、广州、大连、青岛、成都等中心城市带动，以长三角、珠三角、京津冀三大经济圈为龙头，打造国际一流水平的中国时尚之都，引领中国时尚产业发展的基本布局；大幅提高产业集聚水平，建成一批国际水平的时尚产业园区，形成若干国际一流水平的时尚产业集群。到 2025 年，时尚产业增加值居于世界前列，总体国际竞争力及质量水平可以与发达国家一比高下。

3. 实施步骤

第一阶段：打通时尚产业国内价值链与全球价值链的通道，努力实现向全球价值链中端以上的升级。时尚企业首先必须练好内功，专注核心领域和核心业务，显著提升自身的研发设计和市场营销能力，充分利用好庞大的国内市场，优化重组国内产业链、供应链体系，全面加强国内能力建设，率先实现国内价值链的升级；与此同时，进一步拓展延伸全球价值链并力争实现地位攀升。国家应通过制定和完善产业政策，促进提高企业技术创新能力、经营管理能力、市场开拓能力，支持发展自主知识产权和自有品牌，为时尚企业价值链升级创造更好的条件。

第二阶段：全面提升时尚产业全球资源整合能力，充分利用两种资源、两个市场，争取率先实现向全球价值链高端跃升。支持鼓励时尚企业积极主动实施全球化经营战略，切实增强对外直接投资、跨国并购能力，积极培育中国时尚产业跨国公司和国际品牌，提高对国际市场和资源的掌控能力，主动参与行业国际规则标准制定，提升全球价值链治理水平，在国际时尚产业竞争中实现竞争优势档位的顺利切合，向创新和开放驱动模式转变，赢得国际竞争主动权、话语权。

四、中国时尚产业向全球价值链高端升级的战略途径

必须指出的是，我国产业向时尚化升级是整体产业升级的一个战略方向。在品牌化、高端化和国际化基础上重组全球价值链、加快向时尚化升级，是先行工业化国家产业升级的普遍路径，是世界跨国公司普遍的选择，我国在产业发展战略和政策上也无法回避。必须适应国际潮流提升对这一战略方向重要性的认识，科学确定我国产业升级的路径，将时尚产业发展与升级纳入国家中长期经济发展战略规划及产业政策范围，稳步提高时尚消费能力，夯

实时尚产业发展与升级的基础,培育时尚产品消费市场,提高时尚产品供给能力。"十三五"时期,我国人均 GDP 进入从 7000 多美元向 12000 美元以上过渡期,居民消费结构将加快向发展型、享受型转变,必须顺应居民对消费品的消费从数量型向高档次高质量时尚化产品转变的需要,系统谋划时尚产业升级的路径和对策措施。

(一) 找准突破口,带动时尚产业的全面升级

1. 以服装行业为重要突破口引领时尚产业升级

服装是大众接触最为频繁、范围最广的时尚产业,也是时尚产业的核心行业之一。向外扩展则是珠宝、皮革、钟表和家居饰品,最外围延伸出中介、模特、设计师、时尚教育、媒体等。纺织服装产业作为"民生行业",积淀了诸多产业优势,但也存在不少问题。当前服装企业应抓住后危机时代的变革机遇,大力实施科技兴业、品牌创新的战略,进而实现从服装大国迈向服装强国这一目标。深圳美百年服装有限公司是外部危机下实现价值链升级的成功例子。原来是专门为日本客户供货的贴牌代工型服装出口企业,设计、品牌、营销网络完全掌握在日方客户手中,属于典型的受制型价值链治理模式,没有自己的议价能力和话语权,生产和销售都被日方控制,处于完全被动地位。但是国际金融危机带来严重冲击,日本客户订单大幅下降,企业利润下降乃至亏损,在外部高压之下被迫转型。他们将目光转向国内市场,利用原来学到的产品设计和品牌营销经验与知识,投资建立自己的品牌及专卖店,拓展国内市场;由于原来掌握的生产工艺和质量管理上的优势,企业可以与国内品牌商、渠道商、供应商建立新型的合作关系,实现了向关系型价值链的转型,赢得了自己的定价权,通过掌控设计和品牌营销环节可以从客户和供应商处分享更大的增值。未来,美百年可以凭借价值链治理能力获得更大的国内市场空间,同时将为在新起点上拓展国际市场,延伸全球价值链布局,并最终实现地位攀升打下坚实基础(顾庆良,2010)。雅戈尔是实施双轮驱动价值链战略的成功实践者,在首先重构国内产业链价值链的基础上,通过海外并购拓展全球价值链,推进国际化经营。雅戈尔首先建立了自己的销售网络,掌握了国内最大的服装营销网。其次,通过与中科院合作建设数字化工

程，以此为支撑随后建立了物流、信息流、资金流三流合一的高效供应链体系。为了节省成本，提高竞争力，雅戈尔逐步重构了自己的国内产业链价值链网络，成为世界上目前唯一一家上游种棉花、中游做生产、下游做销售的服装企业，通过一系列整合，雅戈尔正在把自己打造成像 Zara 那样的快速时装品牌。在强大国内产业链价值链支撑下，雅戈尔开始向国际化进军，2008年他们以 1.2 亿美元收购了美国 KELLWOOD 公司旗下两家子公司新马和SMART，拥有 20 多个品牌的 ODM 业务，主销美国市场，年销量 5 亿美元，还有在美国多年积累的营销渠道和物流配送体系，通过"借船出海"，他们打下了拓展全球价值链布局的关键战役，进入美国市场，并开始高起点推进从贴牌代工向自主品牌国际化经营模式的升级（郎咸平，2014）。美百年和雅戈尔价值链升级之路是一条既可行又相对快捷高效的路径，对于行业有广泛借鉴和启示意义。总体上看，推动服装行业加快向品牌化、国际化、时尚化升级需要几大抓手：一是引导鼓励行业龙头企业通过自主品牌建设和"借船出海"，打造国内国际知名品牌，提高国际知名度；二是支持有实力的企业积极参与后危机时代世界产业大重组大调整，开展海外并购，加强各层次战略合作，集聚全球优势要素、人才、知识和管理流程，提升核心竞争力；三是鼓励出口型企业以内养外，利用国内市场重塑国内价值链，积累经验和实力，推动实现全球价值链的升级；四是继续打造几大中心城市成为服装之都，加强产业集聚，引领服装业时尚化进程；五是进一步完善服装行业品牌化时尚化的产业技术政策和中介服务体系，加强自我服务和行业自律。

2. 以时尚产业园区建设为突破口带动率先升级

建立时尚产业园区，有利于促进产业集聚发展，实现资源节约、信息共享，在更大范围、更高程度上实现资源的优化配置，构建产业的综合优势，强化产业整体能力。国家应鼓励有条件的地方加快时尚产业园建设，优先扶持发展一批国家级时尚产业示范园区，给予必要的政策支持，发挥示范带动作用，推动当地乃至周边地区时尚产业发展。从软件、动漫、设计等服务业发展来看，产业园区都发挥了重要作用。国家可根据各地时尚产业发展的程度、特色，选择创办各类特色产业园区。这类园区主要应分布在时尚产业发达、时尚消费能力较强的中心城市。如，服装可选择上海、北京、大连、深圳、广州、杭州、武汉、重庆等城市，化妆品可选择北京、上海、苏州、广州等城市。对于产业园区应在土地、税收、资金以及专业化人才引进上给予相应的政策支持。

3. 以中心城市为突破口带动整体时尚产业升级

鉴于时尚产业贴近市场、贴近消费者、贴近国际潮流，同时集文化、创意、科技、绿色及现代经营理念与管理流程于一身的特点，建议在中央政府层面明确大的战略方向、产业规划与政策导向的前提下，继续坚持以中心城市为主导的基本路径，充分发挥地方自主性、积极性、创造性，推进我国时尚产业发展与升级，努力打造若干个国际性时尚之都。近年来全国主要中心城市在推动时尚产业发展与升级方面都进行了积极探索、积累了不少经验，特别是上海走在全国前面，继续引领我国时尚产业的发展与升级之路。上海市政府已经明确了发展"时尚产业"的目标，是国内政府部门首次在正式文件中明确将时尚产业作为重点支持的产业发展方向，体现了上海作为国内时尚产业领军城市所具备的前瞻性思维和产业战略定位。时尚产业已成为都市新概念经济的主旋律，上海的目标是打造世界"第六时尚之都"。上海近年发展振兴时尚产业方面有许多引人注目的亮点，除了借力上海"四大中心"、自由贸易区建设以及"世博会效应"，聚焦全球时尚界精英的眼球和人气，提升上海国际知名度美誉度，助推上海时尚产业的跨越式发展之外，在时尚产业园区建设、时尚展会、时尚产业中介组织建设、培育时尚产业人才、提升工业设计水平、推广时尚品牌、优化升级时尚产业链价值链等方面继续成为国内的"领头羊"，还适时出台了支持时尚产业发展的配套政策。可以预见，以具备前瞻性战略思维的政府导向为指导，以一大批行业龙头企业为主体，以不断完善的公共及中介服务体系为辅助，以富有洞察力的高水平学术研究团队为智力支撑，上海实现国际时尚之都目标为期不远，也必将引领我国整体时尚产业向全球价值链高端的率先升级。

4. 以绿色低碳模式为突破口开创时尚产业升级新路径

"十三五"是中国向绿色经济转型的一个关键时期。我国发展时尚产业，必须走绿色低碳经济的新路径。我国应将时尚产业纳入绿色经济的先行产业。时尚产业的主要特点就是物质消耗低，文化附加值、技术含量较高，加快其发展与升级，既有利于提高企业效益，也有利于保护自然环境，有利于消费品行业的优化升级，有利于国际竞争力的提升。在低碳经济时代要转变发展理念、转变发展方式，摒弃片面追求 GDP 增长而不考虑资源投入和环境成本的粗放型发展模式，走全面协调可持续发展的道路，努力实现人口、资源、环境相协调，真正做到又好又快发展。为了推动时尚产业升级与绿色低碳经济的紧密结合，需要将服装、皮革、钟表、家居饰品、消费类电子和动漫、时尚书籍传媒等时尚行业纳入国家鼓励的绿色经济重要门类，予以重点支持，引领时尚产业向绿色经济转型的进程。

5. 以网络信息技术创新为突破口探索时尚产业升级新模式

国家已经把新一代信息网络技术作为最重要的新兴产业，互联网产业也是我国所有产业中后来居上的极少数产业领域之一，具有相当强的国际竞争力。互联网的兴起对时尚的流行及沟通具有革命性的推动作用，虽然电子商务最早兴起于书籍、原材料等标准化产品的 B2B 业务，但是越来越多的时尚产品加入 B2B、B2C、C2C 交易方式，实现了时尚产品的流通和交易。时尚产品网络销售已经成为重要趋势，根据艾瑞咨询集团的报告，中国内地 2010 年时尚奢侈品网络购物交易规模为 63.6 亿元，2011 年约为 107.3 亿元，预计 2015 年将达 372.4 亿元，而且未来发展空间依然巨大（朱桦，2012）。尤其是物联网、云计算等将进一步改变人类的生活方式、生产方式和商业模式，如时尚界刻意追求的快速反应、敏捷制造与零售，就是通过物联网平台实现，服装行业的大规模定制、大规模客制、大规模个制也是如此。物联网、云计算、大数据平台的应用将生产与流通、消费更紧密联系在一起，将大大加快时尚产业的升级进程。全球互联网自 20 世纪 90 年代进入商用以来迅速拓展，已经成为当今世界推动经济发展和社会进步的重要平台。经过二十几年的发展，全球互联网已经覆盖五大洲几乎所有国家和地区，全球网民预计 2014 年年底将达到近 30 亿，用户普及率近 40%，移动宽带普及率 32%，手机用户 70 亿，普及率 96%（国际电信联盟，2014）。同时，互联网迅速渗透到经济社会活动各个领域，推动了全球信息化进程。全球互联网内容和服务市场发展活跃，众多的 ISP（Internet Service Provider）参与到国际互联网服务的产业链中，推动形成了一批 ISP，如 Google、Yahoo、eBAY 等，成为具有全球影响力的互联网企业。中国的互联网发展虽然起步比国际互联网晚，但发展十分迅速。2013 年底中国互联网网民数超过 6.18 亿，手机用户超过 12 亿，均居全球第一，互联网普及率达 45.8%，网站总数 320 万个，微博用户 2.81 亿（中国互联网信息中心，2014），涌现了一批像阿里巴巴、百度、腾讯这样的国际水平的互联网巨头。

互联网革命引起社会形态、社会结构、消费习惯等各方面变化，深刻改变着人类的生产方式、思维方式、生活方式、价值观念。目前新一代互联网革命方兴未艾，传统行业正日益被互联网渗透，颠覆着各行各业，促使行业进行新的结构调整，特别是时下最热的"大数据"、"云计算"、"物联网"、"创新社区"、"移动互联网"等成为信息革命下的重要内容，信息革命的影响力不亚于两次工业革命对社会变化的影响，必将推动社会向智能化、快捷化、精确化发展，信息网络革命加强了国与国之间的交流，推动了风起云涌的互联网和知识经济时代的到来。无论是制造业还是其他产业的全球价值链的每个环节都必须重新定义，包括研发、设计、生产、销售、服务，新的产品、新的服务、新的流程都必须基于互联网技术进行再造。核心技术主导的模式已经落伍，企业的生存和发展越来越依赖社会化的价值创造、网络化的生态布局和适时化的市场洞察。

美国学者里夫金在新作《大时代：震撼时代的第三次工业革命》中提出，在互联网时代，能源的分布可以建立起神经式的互动网络，把普通的电网变成能源型互联网。随着生产生活的数字化和自动化，未来将出现由通信、能源和运输三大网络相互融合形成的"超级物联网"，人们能直接在物联网上生产、分享能源和实物，并运用大数据和算法来提高效率和生产力。里夫金认为，以互联网为基础的物联网、新能源技术革命会让社会大生产在一些领域的边际成本降低到接近零的水平，也就相当于免费供应。于是，人们开始乐于与人分享一件商品而不是独占，从而产生了一种深刻改变社会的混合经济模式。在新著《零边际成本社会》中他进一步指出，新兴的物联网正在催生一种改变人类生活方式的新经济模式，未来越来越多的领域都将引入"零边际成本"模式，在全球协同共享模式和各经济体相互依赖不断深化的条件下，人类进入一个物联网和协同共赢的新经济时代。据思科预测，到 2020 年物联网将创造 14.4 万亿美元的价值，物联网也因此成为发达国家创新战略的重点。里夫金还认为中国有能力引领以互联网技术和新能源系统为核心的第三次工业革命。他认为，作为世界第二大经济体的中国，应该抓住"零成本"社会的契机，继续推动物联网和类似互联网分享平台"协作公地"的建设，以确保其在第三次工业革命中的领导地位，打造更公平、更可持续、更繁荣的"后碳"时代的生态文明。

可见，适应全球网络化大趋势，是时尚产业升级的必然之选。时尚产业必须广泛运用信息网络技术成果，加快自身网络化进程，实现时尚生产、设计、消费、营销、服务与网络的深度融合，探索新一代互联网下时尚产业升级的新模式。

（二）时尚产业向全球价值链高端升级的主要节点

中国时尚产业和时尚品牌向全球价值链高端升级将主要有以下核心节点：

1. 树立正确的全球价值链升级思维和发展理念

从外部看，必须基于全球化和新的产业技术革命的趋势和全球价值链时代的潮流，在充分利用两个市场、两种资源、两种能力的基础上，确立时尚产业开放式发展与战略升级思维，通过参与全球价值链合作与竞争实现时尚产业跨越式升级。从国内看，发展时尚产业要坚持科学发展观和加快经济产业转型升级的要求，把提升发展质量效率和实现地位攀升放在优先位置，推动在关键节点上的率先突破，扭转在全球价值链中的不利位置；同时，进一步解放思想，转变观念，顺应时尚产业在我国迈向高收入阶段加快发展的趋势和社会大众的普遍需要，毫不犹豫地推动时尚产业发展与升级。另外，努力在全社会倡导健康向上、节能环保、勤俭节约的时尚消费观念。既要破除落后、封闭、陈旧的消费意识，也要避免由于追求时尚而导致的各种超前消费和浪费。

2. 推动时尚与文化的深度结合

文化创意是时尚产业价值链的核心节点和灵魂。中国时尚产业之所以处于低端和低附加值位置，缺乏引领潮流的文化创意设计也是重要症结之一。文化创意设计已经不局限于对于产品外观的美化处理，而是将高新科技发明、创新、文化审美内涵以及市场需求等多重因素融合起来加以统筹考虑，需要让工程师、设计师和商务管理人员共同参与。文化创意和设计工作将对时尚企业的发展战略及竞争优势产生重大影响，强化其产品的市场竞争能力。时尚产业与创意产业同属文化产业范畴，源自创意或文化积累，透过智慧财产的形成与运用，具有创造财富、扩大增值及利润空间，并促进整体产业链升级的功能。应该以此为重要节点，用好国家有关文化创意方面的鼓励政策，推动时尚与文化创意的深度结合，带动时尚产业的升级。时尚产业应该充分利用中国元素，依托中国文化，打造时尚品牌。目前，这方面成功的案例很多。"上海滩"是一个致力于中式风格的本土品牌，从中国香港到进入上海，再到进军巴黎、纽约、伦敦、东京等时尚之都，其成功除了依靠中国概念风格的产品吸引全球眼光，更应归功于东方文化与西方设计完美结合体现出来的国际化和时尚化。1997 年，"上海滩"虽然被历峰集团收购，但是仍然坚持中国风格，奉行以中国元素为底蕴的现代设计，进一步挖掘"上海滩"的潜在价值和空间，努力创造一个中西合璧的全球通行品牌。上海家化把中医中药理论和中华美学传统注入具有现代和西方特征的个人护理用品中，推出了佰草集品牌，在几乎被外国品牌一统天下的中高端化妆品领域为中国品牌赢得了一席之地。

3. 推动中国时尚产业核心能力建设与品牌营销的结合

时尚产业品牌营销虽然有自己的特点，但是同样也离不开核心能力的建设，应该将两者很好地结合起来，互联互动，以提高核心能力为前提和基础，以品牌营销为驱动力和手段，做到顺势而为、水到渠成，实现最大增值。时尚企业当务之急是重组产业链，专注核心领域，培育核心竞争优势，并广泛利用外包、外协、联盟等手段，深度整合利用全球资源，最大程度上增强核心竞争力，实现价值链升级。当然，时尚产业是与百姓生活联系最紧密的产业，这些产业有些着重满足人们生活消费需求，如服装、化妆品、电子消费品、美容美发等；有些则着重满足人们精神文化消费需求，如影视、音乐、动漫、健身旅游等。因此，时尚产业的市场规模也取决于大众消费者的认知程度。从国际经验来看，时尚产业发展与大规模的品牌宣传、产品推介营销活动也是分不开的，如通过媒体广告、体验消费、社会公益活动等都将提高时尚品牌的影响力和销售效果。许多国际品牌，如香奈儿、迪奥、雅诗兰黛、兰蔻、玉兰油、劳力士、皮尔·卡丹、谢瑞麟等正是通过各种形式的品牌宣传活动，成为中国人耳熟能详的时尚品牌。目前，中国时尚产业已经开始注重品牌宣传推广活动。出现了一批专业报刊、网站，各种美容类的网站数量早已超过300家，并出现了《中国美容时尚报》以及《医学美学美容》、《中国科学美容》、《美容院》、《健康与美容》等专业期刊。《时尚》、《瑞丽》、《精品购物指南》、《健康时尚》、《37度女人》等时尚媒体已经产生了较大的影响力，不少知名电视、大众报刊纷纷介入时尚宣传，但是媒体数量和品种还远远不能满足时尚产业快速发展的需要，企业和媒体时尚营销网络建设仍然有待推进。同时，在借鉴国外经验基础上，还需要大大加强国内时尚企业品牌营销网络建设，培养营销人才，推进品牌营销国际化能力建设，显著提高品牌营销水平，提升国际知名度、美誉度。

4. 推动时尚与科技的深度结合

时尚和科技的结合是一种趋势，未来时尚创业的发展将在很大程度上受制于科技创新的水平。这一点在IT数码产品、动漫、游戏、影视等领域显得尤为突出。例如，苹果公司的iPhone系列就是时尚与科技结合的典范，追求差异化、快速更新，每隔几个月就会有一批新型号问世，而且在外观和功能上不断创新。面对消费者需求不断变化，科技也要引领消费者走向更时尚的生活。我国已经具备了相当的科学技术实力，要充分利用科技手段创新时尚品牌，充分应用高科技和先进技术成果促进时尚产业升级，运用新技术、新工艺、新流程，开发新产品、新花色、新款式，增加新功能、新体验，促进和引导消费，满足人们的时尚产品消费需求。

5. 推动时尚制造与服务的融合

时尚制造与服务有更多的交集，不仅时尚产业本身同时覆盖了制造业与服务业，而且时尚产业的三大核心节点（研发设计、品牌营销、文化创意）都是生产性服务业的最重要组成部分，在产业发展实践中时尚制造与服务也日益高度融合。众多的时尚领军企业经历了时尚制造与服务融合由初级到高级演变的过程，大幅提升了核心竞争力，推动了价值链链条升级，不断创造出国际一流的新的时尚产品及品牌，其经验值得学习和借鉴。我国有必要结合国外经验和国内产业升级战略需要，探索出一条推动时尚制造与服务融合互动的发展路径。

6. 推动时尚与大众创业创新的结合

时尚产业及其全球价值链的特性都表明，时尚产业创新创业与当下全球性创新民主化草根化潮流高度契合，特别是由于其快捷性、灵活性、文化性、全球性特点，已经成为广大专业人士和普通大众参与创业创意的热门领域之一。未来，随着网络信息技术的突破与应用，时尚产业将成为草根创业创新的新战场。通过互联网、云计算、大数据、物联网，消费者可以更多介入设计与制造，设计者更多介入生产和流通，客户与设计、生产、销售互动，零售商可以介入消费者个人生活咨询服务，信息网络平台可以提供平台与渠道服务。这将告别传统以生产企业为主导的生产方式和商业模式，包括作为经典的福特"流水线"模式和丰田"精益生产"模式，创造出新的时尚产业领域、产品、业态和商业模式，时尚让每一个人参与创业创新，时尚让每一个人自由发展。

（三）推动从中国加工制造向中国时尚升级的技术路径

1. 中国时尚产业升级的总体路径

中国时尚产业在改革开放 30 多年中经历了从初建到逐步发展的过程，中国加入世界贸易组织以来，时尚产业开始升级，2008 年国际金融危机以来进一步加快了升级步伐。越来越多的本土时尚品牌出现，本土设计师在成长，本土零售企业在崛起，正经历一个从量变到质变的过程。部分领军企业实力发展壮大，实施国际化经营战略，开始拓展全球价值链布局；国际金融危机期间，一些时尚加工出口企业逆势上扬，它们通过与客户和供应商共同研发设计来提高产品质量水平，通过在线设计、数字化平台为客户提供一站式服务，提高了产品附加值、客户忠诚度和价值链管理能力；一些外贸服务企业，借鉴"香港利丰"模式，创造外贸综合服务新业态，打通"商流、物流、资金流、信息流"一站式综合服务平台，介入一些高档名酒和电子消费品、时装等国内外贸易，推动虚拟生产和跨境电商业务，成为时尚产品销售的新渠道；一些外贸代工企业从单纯代工转而逐步掌握营销、设计、市场渠道等资源，培育出一些高水平的产业链价值链环节如原创设计和自有品牌，实现从OEM 到 ODM 甚至 OBM 的升级；还有如深圳田面创意产业园聚集国内外优秀设计公司及专家，通过设计外包等方式为时尚和其他行业企业提供高水平的设计服务，助推产业升级。有学者提出了"中国加工—中国制造—中国创造—中国时尚"升级路径，从更高层次指出了时尚产业升级的大框架，即由下向上的累积的提升，进而由左向右的产业的升级，显示时尚产业不同阶段的动态结构演变过程（顾庆良，2010）（见表 7–1）。

表 7–1　从中国加工、中国制造到中国创造、中国时尚

中国加工 ⟶	中国制造 ⟶	中国创意/创造 ⟶	中国品牌/时尚
批量适应性	快速反应	创新设计	时尚内涵
品种适应性	设计供样能力	艺术创意氛围	智力资本
低启动成本	品质档次水平	创新产品市场化、产业化	营销力
打样技术	制造成本效率	知识员工、资本	品牌组合
加工成本	供应链管理	技术装备创新	区域集合品牌
生产效率	销售网络/交易成本	新材料新工艺	时尚引导力
品质保证	运营效率		时尚市场网络
JIT 交货			
数字化技术信息链接：产业链整合、知识资本、智力资源、服务与知识产品、综合管理系统、无缝供应链、贸易、环保、CSR			

资料来源：顾庆良. 时尚产业导论［M］. 上海：上海人民出版社，2010.

2. 时尚产业价值链升级的四大关键内容：工艺升级、产品升级、功能升级和价值链升级

时尚工艺或流程升级：通过采用新技术、新工艺、新流程，并对生产过程进行重组，来提高投入产出效率，使自己生产的产品或服务比竞争对手更有竞争力。

产品升级：通过提高产品档次，不断推出新品种、新花色、新款式，以更高的质量、更低的价格获得比对手更高的竞争力。

功能升级：通过对价值链增值环节的重组，增加新功能或者放弃原来低效率功能来获取新的竞争优势，比如从生产制造环节向研发设计和市场营销等增值和利润更丰厚的环节跨越等。

价值链升级：是指利用从原来价值链上获得的能力或资源实现从一条价

值链向另一条价值链的升级，即链条的升级，如从原先生产电视机向生产笔记本电脑的升级。

一般而言，产业价值链升级遵循从工艺流程升级向产品升级、功能升级、链条升级依次递进的次序，但是时尚产业价值链由于其快捷性、灵活性等特点，链条较长，节点更加丰富，往往有着多样化的路径和选择，时尚企业可以根据自身优势和外部市场竞争状况做出自己的决定。

五、对策建议

时尚产业率先升级对引领我国整体产业向全球价值链高端攀升的作用，将会逐步得到社会各方面的认知和重视，先行国家的经验和中国的实践会证明这一点。应将时尚产业作为国家产业发展战略的重要组成部分加以规划、扶持，努力打造有国际竞争力的中国时尚产业链价值链创新链；通过新一轮对外开放，全面提升全球资源整合能力，实现在全球价值链中地位由低端向高端的跨越；通过加强核心能力建设、增强企业自主创新能力，强化开放的学习效应和溢出效应，规避被低端锁定的风险，收获更大全球化红利。

（一）争取将时尚产业发展纳入国家中长期规划，加强行业协调服务体系建设

1. 争取纳入国家中长期规划

从国外时尚产业发展的实践来看，时尚产业的发展与繁荣离不开国家发展战略和产业政策的支持，需要营造有利于时尚产业和品牌发展的政策和舆论环境。例如日本在1995年就确立了21世纪的文化立国方略，2001年开始全力实施知识产权立国战略，明确提出十年内把日本建成世界第一知识产权国；还通过设立战略会议、恳谈会、幕僚会议、审议会等形式，研究商讨具体对策，推动时尚产业发展。韩国时尚产业近年来发展迅速得益于政府制定的"以感性文化设计为竞争力"的发展战略，在经济起飞的基础上以倾国之力振兴文化产业，韩国影视、游戏等产业迅速创造了覆盖亚洲乃至全球市场

的奇迹，打造了时尚文化的"韩流"。为了推动文化产品的出口，韩国政府成立了韩国文化内容振兴院（KCCA），有力地带动了韩国料理和时装、首饰、化妆品、旅游业的发展。因此，争取将时尚产业纳入国家"十三五"和更长期规划，从国家层面对时尚产业发展进行统一规划，合理布局，既有利于激发各地发展时尚产业的积极性，加大时尚产业投入力度，同时也有利于避免"一拥而上，一哄而起"，避免产业趋同、重复建设而造成资源浪费。

2. 加强行业协调服务体系建设，搞好具体时尚行业发展规划

建议国家有关产业部门指导成立全国时尚产业协会，或者推出一个影响力最大的中心城市按照全国商协会改革最新精神和要求，面向全国建立完全新型的行业协调服务体系，实行新的管理模式，以企业为主导，建立全方位自律协调中介服务机制，大幅度提高中介服务水平及效率，为行业发展出谋划策，创造宽松有利的营商环境。世界几大时尚之都都建立了强有力的时尚产业中介组织，这些组织发挥了十分关键的作用，其经验可资借鉴。建议有关行业部门和中介组织尽快推进时尚产业及其重要行业的专项规划编制工作，切实把时尚产业发展作为转变发展方式的重要突破口，加快时尚产业园区等服务载体建设，加快时尚产业集聚，推进时尚之都建设和行业龙头企业升级步伐。同时，要加强区域联动发展，避免产业趋同化现象。

3. 完善时尚产业的全国公益性服务体系

目前，由于对时尚产业缺乏清晰的定位，国家对时尚产业运行总体情况及存在的问题都不甚了了，时尚产业统计体系、运行分析体系及相关的协调服务体系等都没有建立起来。为此，财政应投入资金，建立时尚产业统计数据库，提供公共信息咨询服务，开展时尚产业基础、创新升级及战略规划研究等工作，为产业发展升级提供数据和理论支持。支持打造时尚产业展会推介平台，积极参加国际时尚产品展会，兴办全国时尚购物展，并走向全球市场；可利用上海、深圳等世界设计之都优势，开展国家设计创新中心等服务平台建设，加强研发设计孵化网络建设，推动国家生产力和科技促进服务体系对时尚产业的全覆盖，提高全国时尚产业创新能力。

4. 加强时尚产业人才培养

时尚产业涉及面广，个性化程度高，人才培养任务更加艰巨。目前，观念落后和人才匮乏已成为我国时尚产业继续发展的桎梏。一要充分发挥高等院校、科研院所以及各类职业学校作用，通过建立产学研相结合的教育创新体系，针对培养符合时尚产业发展需求的人才目标，应紧紧把握艺术设计教育所特有的敏锐性、定向性、实践性、开放性等特点，结合时尚产业的发展趋势，运用现代教育教学理论，加强专业学科建设，提高技能训练实效，培养和输出适合时尚产业发展的人才。二要支持企业加强职业教育和职工在岗培训。时尚领军企业应该建立高水平的职工教育和在职培训体系，尤其要注重培养员工国际化水平，通过选送员工进行国际交流、项目合作、短期培训等方式迅速培养一批熟悉国际市场、熟悉国际规则和国际惯例的国际化专业人才。三要建立社会培训体系。可由行业协会、中介服务组织等机构牵头，采取政府、民间共同出资等方式创办各类时尚产业培训机构，培训机构以中短期为主，着重为企业输送各类技能人才。四要加强对大众和"草根"参与时尚产业创业创新创意的支持和培训，支持建立相关的公共中介培训平台。五要积极吸收海外时尚创意高端研发设计和品牌营销人才。

（二）坚持区域差异化发展路径，打造一批时尚产业示范都市

从长三角区域看，应该发挥上海高端服务聚集、创新创意人才聚集的核心优势，与宁波、南京、杭州、苏州等周边城市建立互动机制，实现优势互补，打造完善的时尚产业运作机制，加快建设长三角时尚产业带。从珠三角、环渤海、中西部和东北看，也应结合自身特色和优势，各自分工与侧重加快时尚产业发展与升级。要在全国东中西部选择时尚产业基础与区位、政策优势明显的十大中心城市，如上海、北京、深圳、广州、杭州、南京、大连、武汉、重庆、成都，作为国家重点支持的时尚产业示范城市，加大政策支持力度，给予先行先试权力，引领我国时尚产业发展与升级的进程。

（三）推动时尚企业主体的重组升级，打造一大批国际一流的时尚领军企业

重视发挥时尚龙头企业在我国构建自己的全球价值链战略中的作用，注重时尚产业全球价值链治理能力建设。时尚产业发展必须坚持以企业为主体

的原则，以企业创新升级为主导，以公共中介服务与政策支持为辅助，走出一条中国特色时尚化升级之路。同时，加快产业时尚化升级进程，有必要选择若干重点行业有实力的各类企业加大支持培育力度，实施"百家时尚龙头企业培育工程"，帮助其解决转型升级过程中遇到的各种技术、产业、管理和体制政策等方面难题，推动其率先向全球价值链高端跃升；积极支持中小微企业参与时尚产业创业创新，包括鼓励大众和"草根"个体参与，充分释放其创新创意活力，培养时尚产业发展的生力军；参考借鉴国际上时尚之都和跨国公司的经验，加强时尚企业核心能力建设，培育一批国际知名的中国时尚行业跨国公司和品牌，充分发挥其对中国整体产业和时尚行业升级的辐射带动作用。

（四）围绕时尚产业集聚开展双向投资与服务外包，推动整体价值链的升级

随着国际分工的深化发展，产业竞争已经从企业层面延伸至整个产业链、价值链。因此，构建时尚制造业和时尚服务业的竞争新优势，也必将越来越多地来源于产业价值链、供应链上、下游各环节的系统协同与整合。过去，利用外资是我国参与全球价值链分工的主渠道，下一步对外投资和服务外包将成为我国参与全球价值链重塑、实现地位攀升的核心引擎。应该利用时尚产业园区的平台，通过鼓励开展双向跨国投资和服务外包，促进产业聚集，推动优势资源、要素、技术、知识和人才的聚集，在更大范围、更高程度上实现资源的全球优化配置，拓展时尚企业的全球供应链布局，构建产业链的综合优势。建议国家推进经济国际化和发展服务外包的相关政策、规划，应该把时尚产业及其园区纳入考虑和支持范围，不仅注重推进工艺流程、产品与功能升级，还要注意推动时尚产业整体价值链链条上的升级，把其中的服务端、知识端、文化端升级作为时尚产业以开放促升级的核心内容。政府应加强对时尚产业园区的通信网络、基础设施、环境美化等方面建设，为入园企业提供便捷的服务；同时，大力改进园区的招商引资模式，以推进价值链升级为重要着力点；应加强各类研发设计、信息服务、知识产权保护等公共服务平台建设，为企业营造有利于创新发展的环境；鼓励园区积极开展双向跨国

投资和服务外包，根据需要还可以组织"抱团出海"，拓展全球价值链布局。

（五）加强研发设计，创造时尚产业国际竞争新优势

要实现时尚产业全球竞争优势档位的顺利切换，必须攻克研发设计这一难关。目前中国时尚产业总体创新能力不强，发明专利数量少、缺乏核心技术已经成为影响产业竞争力的关键因素。以动漫产业为例，近年来，中国动漫企业将大量精力用于动漫产品的来料加工，已经成为美国、日本等动漫大国的重要代工基地，但原创性产品数量很少。目前全国动画产量不敷全国市场需求，大量依赖进口动漫产品来填补。[①] 又如，服装行业主要从事贴牌生产，而面料工艺研发、款式设计等主要由跨国公司完成。提高时尚产业自主创新能力关键有以下几点：

1. 增加研发经费投入

中国时尚消费品制造和服务企业 R&D 经费占销售收入的比重普遍不高。根据 2004 年工业普查数据，规模以上服装行业研发投入仅占销售收入的0.16%，而纺织行业为 0.3%。2010 年，我国 500 强企业研发投入占销售收入的比重平均也只有 1.42%，中小微企业比重更低。距离国家规定的 R&D 经费支出占销售收入的比重达到 3%~5%的要求差距很大。因此，时尚制造企业应按销售比例逐年递增研发经费，政府要通过项目科研配套资金、企业创新基金等方式加大企业研发资助力度。

2. 加强企业科技人才投入，建设适应自主创新的企业文化和利益分配机制

时尚企业应该树立"以人为本"的人才观念，形成尊重科学、尊重知识、尊重人才、尊重创新的良好风尚，形成激励人才的体制机制环境。尤其要大力提倡股权激励、期权激励等方式稳定科研队伍，激励技术人才的创新积极性。

3. 高度重视知识产权战略

注重加强自身的知识产权开发，鼓励培育自主知识产权和专利发明，为时尚产业升级提供强大科技知识后盾；提高维权意识，对于可能存在的创新点要尽可能申请专利保护。企业要建立知识产权分析和预警机制，有条件的

---

① 庞井君，陈共德，方德运. 中国动漫产业自主创新实现路径与政策机制［J］. 视听界，2006（6）.

企业要设立知识产权机构，由专业人才从事企业知识产权管理工作，在保护自身知识产权同时，也避免侵犯他人知识产权。

4. 坚持走开放式创新之路，提高学习再创新能力

要把参与全球价值链研发设计端的分工合作作为重要出发点，充分利用国外先进技术、知识、人才和理念以及商业模式，有条件的企业可以与跨国公司合作开发研发设计项目，龙头企业还要与链上的合作伙伴建立战略联盟及合作网络，在整合全球创新资源的基础上实现弯道超车；同时，增强自主创新能力，开发具有自主知识产权的国际化品牌。要把吸引外商投资与产业产品结构的调整优化结合起来，引导跨国公司更多地设立研发中心。

（六）加强品牌营销，提升国际定价权话语权

缺乏品牌是制约时尚产业发展的重要因素，缺乏品牌不仅直接影响到中国时尚产业的经济效益，还影响到行业的国际地位。为此建议：一要鼓励有实力的企业建立健全自己的国内外营销网络，加强自主品牌建设，提高品牌营销能力。二要加强品牌宣传。引导报纸、网络、广播、电视、期刊等大众媒体，通过专栏、新闻、广告等不同方式，广泛传播现代时尚消费理念，宣传健康的时尚消费方式，提高大众消费意识，增强对时尚品牌的认知度，尤其要加强对本土品牌的宣传力度。要引导企业加强广告宣传经费投入，对企业品牌进行系统、整体策划，除通过各种传媒进行广告宣传外，还要注重通过各种公益活动扩大品牌宣传的效果。三要加强上下游产业链的协同。上游供应商、下游分销商的市场行为，以及战略咨询、广告、公关等专业服务公司的服务都制约着时尚品牌的发展。四要鼓励企业通过合资、并购等方式打造国际时尚品牌。通过国际并购获得时尚品牌是一个重要途径。这方面的成功案例很多，如中国联想并购 IBM 同样获得了国际品牌。此外，可通过合资方式使用联合品牌，迅速提升本土品牌知名度。有了品牌和实力，时尚企业才能在国际竞争中打翻身仗，提升国际定价权、话语权。

（七）构建高水平的供应链体系，提高全球价值链治理水平

跨国公司在高端研发、设计、渠道整合和战略资源整合上实现了全球优

化布局，建立了全球网络体系，其运作需要全球供应链管理体系的支撑，并借此重组流程、推动创新、降低成本、提高效率、控制风险，正是高水平的供应链体系确保了其在全球价值链的主导地位。跨国公司作为全球价值链的"链主"，必须对全球深度分解的价值链环节进行有效治理，为此它们通过非核心技术输出、并购、合并、合作等各种手段进行全球供应链的整合，从而掌控了整个链条，掌握了定价权和话语权，并获得了高附加值（王子先，2012）。跨国公司进行全球供应链整合的基本逻辑是，促进供应链上商流、物流、信息流和资金流的融合，开展供应链关系管理，提升供应链效率，尤其近些年来通过供应链金融创新加强供应链上的财务一体化管理受到重视，并通过贸易融资、并购、直接投资等手段来提高对整个供应链的掌控能力。无论是全球价值链的布局、运营，还是全球供应链网络的构筑，通常都是通过有形的供应链管理体系来实施和操作，因此供应链管理和服务平台引领全球商业模式的变革。在企业自身供应链管理体系不断发展完善的同时，全球第三方供应链应运而生。供应链管理从自我服务转型为面向全社会的第三方新兴服务业，推动了产业组织革命和世界经济产业技术发展模式的转变。我国大多数行业以加工制造为主导的价值链需要通过多种渠道实现重组，培养研发、营销、物流、信息、金融等关键战略环节。为此需要加强全球供应链的整合，发展强势的供应链一体化服务企业，提升全球供应链治理水平。除了企业自身的供应链管理体系培育外，大力发展第三方供应链服务平台成为重要的战略选择。

时尚产业价值链由于其链条长、集聚性强、快捷性高、灵活性大、全球化程度高等特点，是典型的购买者驱动型，更需要强大的供应链体系支撑。高水平的供应链管理体系是时尚产业实现全球价值链深度分解、全球布局和安全运行的基本保障，也是推动地位攀升的关键。由于时尚产业这种近市场、短周期、快流行的特性，其供应链具有下游变化快、向上游波动幅度不断放大的"鞭子效应"，而且属于长供应链，需要整个供应链体系的深度整合和快速反应（顾庆良，2010）。国际上知名的时尚企业及品牌通常都拥有高水平的供应链体系，相比起来我国企业差距很大，亟须补课。通过构建高水平的供应链体系，可以更好地参与全球价值链重塑，逐步改变中国企业对跨国公司和国外零售商价值链的高度依赖，同时提升自己的全球价值链治理水平，从而改变在国际分工中的不利地位。

（八）发挥时尚产业升级对整体产业升级的引领作用，建立有利于促进时尚产业发展的政策环境

时尚产业的发展离不开良好的政策环境。支持时尚创意创业是世界上很多国家普遍的做法，对我们有重要借鉴意义。要全面梳理和完善时尚产业政策支持体系，促进提升时尚产业的创新创意能力。

1. 提高收入水平，改善消费预期

时尚消费水平的提高首先取决于实际收入水平。根据恩格尔定律，家庭收入增加越大，支出总额中用于发展和享受消费的比例就越大。为此，一要努力提高城乡居民收入，增强时尚消费能力，国家除力争提高工资收入外，还可采取提高个人所得税标准、取消利息税等优惠政策增加工薪阶层收入水平，逐步扩大中产阶级比例。二要加快建立和完善社会保障体系，消除制约时尚消费的体制性障碍，积极为城乡居民解除用于住房、医疗、养老、教育、失业等后顾之忧的主要消费支出，使居民能够把更多的收入用于时尚消费，提高生活品质。三要完善消费信贷制度，改善消费预期，让更多的人能够消费时尚产品，特别是对高档电子消费品、高档健身器材、高档时装等要积极发展信贷消费。

2. 营造公开公平、竞争有序的市场环境

一是大力促进民营经济进入时尚产业。凡是国家法律法规没有禁止的领域都要允许民营企业进入，要实行内外资平等待遇，凡是允许外资进入的领域，都要允许内资进入，尤其要鼓励民营资本以独资、合资、合作、联营、参股、特许经营等方式进入市场。二是规范时尚产业市场准入条件与监管。政府部门一方面要大力支持"草根"参与时尚产业创业创新活动，减少不必要的限制；另一方面也要完善市场准入标准，加强规范监管，建立公开透明、管理规范的市场准入制度，保证产品质量安全，严厉打击危害人民健康的假冒伪劣产品。三是对于时尚服务业应该放宽企业市场准入，降低市场准入门槛，废除不合理的歧视性规定，在注册资本金、土地、水电供应等方面应参

照国家颁布的发展现代服务业的有关规定执行。

3. 积极改善投融资环境，加大时尚产业投入力度

鼓励金融机构对时尚消费品制造企业和服务企业予以信贷支持，在控制风险的前提下，加快开发适应时尚产业需要的金融产品。支持符合条件的企业进入境内外资本市场融资，通过股票上市、发行企业债券等渠道筹措资金。鼓励各类创业风险投资机构、信用担保机构，对发展前景好、吸纳就业多，以及运用新技术、新业态的中小时尚消费品制造企业和服务企业开展投资担保业务，尤其要鼓励地方民营股份制银行为美容美发、服装等小企业给予信贷支持。支持互联网金融、供应链金融、众筹等新型金融业态参与时尚产业的创业创意项目，资助大众和草根参与时尚创业创新。

4. 完善国内税收政策

为了加快时尚产业的发展和升级，建议国家尽快出台相关的税收支持政策，重点是鼓励企业使用高新技术成果、增加研发投入、培育自主品牌、加快国际化经营步伐等方面。同时，大力扶持时尚制造业相关联的生产性服务业和配套产业的发展，符合国家高新技术产业认定标准的，要享受国家高新技术产业税收优惠政策。建议将时尚产业相关门类分别纳入国家新近出台的增值税转型、鼓励文化产业、鼓励科技创新、鼓励生产性服务业和高科技服务业政策支持范围。

5. 合理调整进口税，促进国际时尚产业向我国转移

建议合理调低高档奢侈消费品的进口关税、消费税，显著缩小国内外价格差，引导消费者以本土购买替代跨国旅游购买，以国内消费替代跨境消费，吸引国际时尚巨头向国内转移加工制造能力，推动国际时尚产业及要素向我国转移，使我国成为全球时尚产业更加重要的生产供应中心。

参考文献

[1] 王洛林. 全球化：服务外包与中国的政策选择 [M]. 北京：经济管理出版社，2010.

[2] 中欧国际工商学院《中欧商业评论》时尚产业研究中心，"中国时尚产业蓝皮书"课题组. 中国时尚产业蓝皮书 2008. 2008.

[3] 中欧国际工商学院《中欧商业评论》时尚产业研究中心，"中国时尚产业蓝皮书"课题组. 中国时尚产业蓝皮书 2010. 2010.

[4] 张幼文. 2010 中国国际地位报告 [M]. 北京：人民出版社，2010.

[5] 中国社会科学院工业经济研究所. 历年中国产业发展报告 [M]. 北京：经济管理出版社.

[6] 张予成. 中国创意产业发展报告 2010 [M]. 北京：中国经济出版社，2010.

[7] 张其仔. 中国产业竞争力报告 2010 [M]. 北京：社会科学文献出版社，2010.

[8] 顾庆良. 时尚产业导论 [M]. 上海：上海人民出版社，2010.

[9] 里夫金. 大时代：震撼时代的第三次工业革命 [M]. 北京：人民出版社，2014.

[10] 荆林波. 中国商业发展报告 [M]. 北京：社会科学文献出版社，2010.

[11] 郎咸平. 破解时尚产业战略突围之道 [M]. 北京：东方出版社，2007.

[12] 郎咸平. 产业链阴谋 [M]. 北京：东方出版社，2008.

[13] 杨大筠. 推动时尚 [M]. 北京：东方出版社，2007.

[14] 刘世锦. 在改革中形成增长新常态 [M]. 北京：中信出版社，2014.

[15] 雷昊等. 全球价值链治理 [M]. 北京：中国人民大学出版社，2012.

[16] 经济合作组织. 互联经济体：受益于全球价值链 [M]. 北京：中国商务出版社，2013.

[17] 克里斯，安德森. 创客——新工业革命 [M]. 北京：中信出版社，2012.

[18] 王子先. 深圳供应链管理行业发展报告 [M]. 北京：经济管理出版社，2012.

[19] 郑艳玲. 供应链增值 [M]. 北京：中国人民大学出版社，2013.

[20] 上海财经大学，中国产业发展研究院. 2014 中国产业发展报告 [M]. 上海：上海财经大学出版社，2014.

[21] 高骞. 上海打造国际时尚之都的探索与实践 [M]. 上海：上海人民出版社，2010.

[22] 朱桦. 经典与时尚：当代中国国际奢侈品产业探析 [M]. 上海：上海人民出版社，2012.

[23] 魏国江. 价值链视角下现代产业发展研究 [M]. 北京：经济科学出版社，2013.

[24] 张向晨. 全球价值链理论与实践 [M]. 北京：中国商务出版社，2014.

[25] 联合国贸发会议. 世界投资报告 2013 [M]. 北京：经济管理出版社，2014.

[26] 陈大中，程宪. 历年服务经济报告 [M]. 北京：经济管理出版社，历年.

[27] 里夫金. 零边际成本社会 [M]. 北京：中信出版社，2014.

[28] 郎咸平. 中国制造的危机与出路 [M]. 北京：东方出版社，2014.

[29] 王晓红. 中国设计：服务外包与竞争力 [M]. 北京：人民出版社，2008.

（作者单位：商务部政策研究室）

关于上海时尚产业优化升级的对策建议

盛宝富

近年来，在上海市政府一系列举措的推动下，上海传统产业加快向时尚产业转型升级，时尚消费产业正日益成为上海商务发展的新亮点。上海加快"四个中心"建设的同时也为时尚产业发展带来了重要的机遇期，时尚产业因其所拥有的渗透性和辐射性等特点，对上海推动产业结构升级，转变经济发展方式具有重要意义。

一、时尚产业界定及其发展的重要意义

(一)《上海产业发展重点支持目录（2008）》关于"时尚产业"的定义及分类

时尚产业最早发端于法国巴黎与意大利米兰的服装制造业，既有先进制造业的概念，也有传统手工业的技艺；既有现代审美的需求，也有传统文化的内涵；是融合了第二产业的制造、第三产业中的商业、媒介、媒体、设计等一系列的业态，是创意性、生产性的新兴产业运作方式。然而，根据国内外学者研究可知，时尚产业没有一个较为清晰的边界，它是由多个不同的产业部门共同组成的。狭义的时尚产业主要指服装、服饰品行业，稍为广义的时尚产业又包含纺织、服装服饰辅料附件、服装商贸以及其他相关行业，广义的时尚产业还包括美容及化妆品、运动及健康用品、室内装饰、居室用品、

生活用品以及耐用消费品，最广义的时尚产业则扩展到建筑及景观等公共设施、交通通信业、休闲产业、餐饮服务业、文化产业及其他产业，覆盖人类衣食住行等各个领域。

综合国内外研究，本研究将时尚产业定义如下：时尚产业需要满足人们的心理需求和审美需求，是通过各类传统产业进行资源整合、提升和组合后形成的，以服装业为核心，对生活环境进行装饰和美化的产业，它的产业链完整，包括通过工业和商业化方式所进行的时尚产品和时尚服务的设计、采购、制造、推广、销售、使用、消费、收藏等一系列经营性活动。

2008 年 9 月 17 日，上海市人民政府办公厅向全市转发了上海市经委、市发展改革委制定的《上海产业发展重点支持目录（2008）》，明确列入了"时尚产业"的条目。这是中国第一次在政府正式文件中使用这一词汇，并且作为产业发展导向。根据该目录中时尚产业的划定，"时尚产业"包括服装服饰、美容美发、黄金珠宝、消费类电子产品等轻工产品为主的先进制造业，也涵盖了科技、教育、创意、零售等在内的现代服务业。时尚产业是对各类传统产业资源要素进行整合、提升、组合后，满足不断滋生的时尚消费而形成的产业集群，是文化创意产业向商业化、社会化的进一步延伸，兼具二、三产业融合的属性。

上海的目标是继纽约、巴黎、伦敦、米兰和东京之后，倾力打造世界"第六时尚之都"。时尚产业已成为都市新概念经济的主旋律。综观今日之上海，服装服饰、珠宝饰品、皮具箱包、家纺布艺、钟表眼镜、玻璃器皿、数码电子以及时尚媒体等行业，皆已被列为上海现代都市时尚产业之主打。

（二）上海时尚产业发展的重要意义

时尚产业因其所拥有的渗透性和辐射性等特点，对上海推动产业结构升级、转变经济发展方式，加快"四个中心"建设具有重要意义。

发展时尚产业是上海领全国之先，率先向全球价值链中高端跃升的需要。我国在全球生产体系中的位置仍处于以代工和贴牌为主阶段，实现从 OEM 向 ODM 和 OBM 转型升级仍是长期艰巨的任务。由于时尚产业在全球价值链分工中占据中高端位置，附加值高、利润空间大，再加上其具有绿色、主流、可持续、产业带动性强等特点，是世界各国争相发展的重点产业。发展时尚产业是上海产业升级的一个重要方向，必须从不受重视的低附加值生产方式向高附加值的时尚化升级，将时尚产业扶植为战略性产业。

发展时尚产业是上海加快融入"一带一路"和长江经济带建设的国家战略，加强区域经济合作的要求。 如何加强区域合作是上海经济发展应该注重的一个问题，上海产业在长三角地区的龙头地位，要求上海应该加快发展具有引领区域发展的高端产业和新型产业，形成区域产业的合理分工，发挥上海产业在长三角地区的领航带动作用。发展时尚产业，有助于体现上海经济中心城市的价值，最大限度地发挥区域综合优势，促进长三角地区相关制造业的整合和结构优化，也可产生更多各种不同的消费群体，又可以进一步拉动整个长三角地区的经济发展，增加上海的辐射作用。

发展时尚产业符合上海建设"国际经济、金融、贸易和航运中心"的城市功能定位。 现代化城市必须以高附加值的制造业和现代服务业的发展为主要方向。在时尚产业的上、下游产业链中，将时尚文化与创意产业发展，时尚文化与现代服务业的发展，时尚文化与促进消费紧密结合，联动发展，有利于加快上海的服务经济、创新经济的形成和提升，增强城市在区域经济乃至全球经济中的综合服务功能，加速推进城市的现代化、国际化进程，提升上海城市综合竞争力。

发展时尚产业是上海主动适应积极引领"新常态"，加快建设全球科技创新中心的必由之路。 按照中央和习近平总书记的指示，上海要推进创新驱动发展，加快向具有全球影响力的科技创新中心进军。以发展时尚产业为牵动，积极推进科技创新，大力发展具有自主知识产权的品牌和服务，能够加快上海创新型发展，提高上海综合竞争实力。同时，大力发展以创新为核心、以知识经济为内容的时尚产业，还能够带动和促进上海科技、文化、教育、人才建设等工作，促进纺织业等传统行业向时尚行业转型升级，为加快"四个中心"建设提供基础和支持。

发展时尚产业是加快形成服务经济为主的产业结构，实现现代服务业又好又快发展的重要举措。 积极推动三大产业共同发展，在加快服务业发展中推进结构调整，形成服务经济为主的产业结构，这是上海"四个中心"建设的战略性产业支撑，也是上海必须长期坚持的产业发展方针。大力发展现代服务业，积极实施时尚品牌战略，着力推进与时尚相关的创意，包括休闲、体育、娱乐、美容设计、婚庆、娱乐、旅行等行业的发展，有利于促进现代服务业发展，提升经济规模与质量，进一步发挥现代服务业对先进制造业的服务和支撑功能，实现二、三产业相互促进，优势互补，良性发展，进一步增强城市的集聚和辐射能力。

二、上海时尚消费市场及产业整体发展情况

近年来，上海时尚产业发展较快，正在并已经建设一批具有开创意义的时尚创意园区，时尚消费也日益成为上海新的消费热点。上海市政府也结合自身特点，研究制定了时尚产业发展规划和重点指南，在推动时尚产业发展的政策体系方面进行了战略探索。

（一）上海时尚消费市场加速升级

上海历来是一个消费的大都市，有着深厚的时尚文化历史底蕴。20 世纪90 年代以来，上海经济社会连续多年快速发展，由消费梯度上升带动的市场增长，在时尚消费方面呈现出更为鲜明的加速升级态势。信息技术革命的渗透和绿色、健康、时尚新消费理念的兴起，对上海消费结构的提升和消费方式的转变产生了重要影响。时尚消费成为上海新消费热点。

1. 信息产品消费高于全国水平

来自工业和信息化部的数据显示，2013 年，全国互联网普及率为 45.8%，东部沿海地区则普遍高于全国水平，其中上海为 70.7%、江苏为 51.7%、浙江为 60.8%、福建为 64.1%、山东为 44.7%、广东为 66.0%。2013 年，我国移动电话普及率已达 90.8 部/百人，其中，东部沿海地区的上海、江苏、浙江、福建、广东等省市的移动电话普及率均超过 100 部/百人。2012 年，受益于 3G智能手机产品消费更新换代趋势加速，上海市限额以上通信器材类商品持续旺销，实现零售额 111.99 亿元，比上年增长 55.6%；书籍电子化趋势延续，

电子出版物及音像制品类销售增长较快，实现零售额 3.37 亿元，同比增长 15.5%。

2. 化妆品销售较快增长

被称为时尚产业中"美丽经济"的美容化妆品市场，经过多年来的迅猛发展成就显著。在外资日化巨头牢牢把握高端市场绝大部分市场份额的同时，上海亦涌现出一批优秀的本土化妆品品牌，如上海家化旗下的佰草集，上海伽蓝集团的自然堂以及相宜本草、美即面膜等，在一定程度上改变了当下上海化妆品市场的竞争格局，也推动了上海化妆品消费市场的发展。2014 年全年商品销售总额 74142.59 亿元，比上年增长 11.4%，增速比上年回落 1.1 个百分点；社会消费品零售总额 8718.65 亿元，增长 8.7%，增速提高 0.1 个百分点。2014 年全年上海化妆品类商品零售额 359.75 亿元，增长 25.7%，不仅快于上海社会消费品零售总额增幅，也明显快于全国化妆品类商品零售额 10% 的年增幅。

3. 品牌和奢侈品消费快速增长

奢侈品是超出人们生存与发展需要范围的，具有独特、稀缺、珍奇等特点的消费品，是一种非必需品。奢侈品消费在消费经济学中占有重要地位，代表的是技术领先、设计领先、管理领先、消费领先的集中体，在整个行业发展中起风向标作用，今天的奢侈品很可能是明天的必需品。个性化消费正成为上海消费新时尚，带动品牌消费。穿戴名牌成为居民消费的新潮流，也带动奢侈品消费快速增长。调查显示，近年来上海所在的东部沿海地区化妆品类、金银珠宝类、时装类、体育娱乐用品类、电子出版物及音像制品类、儿童玩具类等商品零售额年增长率保持在 30% 以上。意大利米兰营销公司 ContactLab 2014 年初的一项调查显示，上海奢侈品消费者人均花费达到 1000 美元（约合人民币 6000 元），而纽约市民人均奢侈品花费则只有 500 美元（约合人民币 3000 元）。

（二）上海时尚消费品产业发展情况

1. 传统消费品行业加快向时尚产业转型升级

纺织服装、家化等传统行业曾是上海的支柱产业，拥有过光辉岁月，自

20 世纪 90 年代起相继进行大规模调整。近年来，上海纺织服装、家化等传统消费品行业加快优化产业结构，推动产业升级，这一趋势既和国家宏观经济政策保持了高度一致，又反映了传统消费品行业的现实要求，也符合上海发展生产性服务业和现代服务业、加快经济结构调整的方向。上海服装、家化等传统消费品行业发展呈现三大特点：

一是以技术改造和科技创新带动产业升级。技术进步优化产品结构，带动了产业升级，规模以上工业的利税增长幅度是产量增幅的三倍多，产品技术附加值和品牌价值的提高带来了可观的经济效益。

二是积极走出家门，开拓海内外两个市场。通过企业参加海内外展销，宣传推广上海服装等消费品，拓宽营销网络和销售渠道。

三是借助"上海时尚文化节"、"上海国际服装节"等展会的影响，宣传推广上海时尚品牌。这些特点表明上海的传统消费品产业正在向时尚产业优化升级。

2. 纺织时尚产业战略布局完成

20 世纪 90 年代，面对传统纺织业经济效益日渐下滑的趋势，上海纺织集团确立"科技与时尚"发展战略，利用自身有形与无形优势，率先在全国打造创意园区。从最早的 M50 园区起步，紧跟上海创意产业发展要求和上海城市转型方向，短短几年，培育出 M50、尚街 LOFT、卓维 700、西郊鑫桥等上海特色创意产业园区。

为集聚各方优势资源，加快纺织时尚产业建设，上海纺织在 2010 年特别成立上海纺织时尚产业发展有限公司，全面完善时尚产业布局，打造时尚产业链。围绕"科技与时尚"理念，由传统制造业向服务价值链延伸，坚持走时尚产业发展路线，以中高端服装服饰品牌为核心，以创意园区品牌为平台，以设计师孵化器、网络营销、文化传媒、会展活动、品牌输出、物业管理等为依托，形成完整的产业链。

由原第十七棉纺织总厂改造而成的上海国际时尚中心，是百年老工业华丽转身的典范，中心旨在打造成亚洲最大的时尚发布与展示的时尚体验平台，试运营阶段已承接了上海时装周闭幕式、华谊之夜等高端时尚活动。

基于上海国际时尚中心揭开面纱，上海纺织也正式对外发布品牌园区战略版图。该版图旗下共有四大品牌、六大平台、11 家专业公司。四大品牌为：以时尚文化为创意源头的 M50 时尚文化品牌，以服饰甲方设计为核心的尚街 LOFT 时尚设计品牌，以室内、平面、工业产品等设计为主的上海国际设计交流中心时尚设计品牌和以时尚发布与体验为核心的上海国际时尚中心时尚体验品牌。在四大品牌的基础上，上海纺织提出建设围绕时尚产业的六大平台，包括 Creative M50 创意新锐培养与推广平台、服装服饰设计师孵化平台、当代陶瓷艺术文化体验平台、创意设计大师交流平台、尚街 LOFT·鑫灵电子商务服务平台、大型时尚活动展示与服务平台。据介绍，四大品牌与六大平台已通过时尚产业发展有限公司旗下 11 家专业时尚运营公司全面负责运营，将更好地为上海乃至全国时尚产业发展提供最专业的服务。

3. 本土原创品牌破茧而出

上海一直是中国品牌先锋城市，品牌是创意设计成就的浓缩。2012 年度设计之都活动周首次推出"年度品牌"评选，这次"年度品牌"评选突出设计在品牌塑造中的作用与价值。一些上海本土原创品牌，它们从默默无闻到小有名气，靠设计的力量发展壮大。

"佰草集"是上海家化创造的全新汉方化妆品牌。为打入欧洲市场，家化邀请优秀的世界级设计公司参与，除产品包装、瓶型等视觉设计及终端销售设计外，还包括更软性的广告视觉设计、主打产品与系列产品体系设计、陈列方式设计等。经全方位设计之后，"佰草集"顺利入驻法国巴黎香榭丽舍大街的丝芙兰旗舰店。

起步于田子坊的"WOO 妩"是设计师品牌，以围巾艺术为主，其店面开在一线商圈，与国际奢侈品同台竞争。其产品约 1/4 都带扣子，羊绒产品配牛角扣，真丝产品配手工盘扣，皮草产品配暗扣等。这样围巾不会滑落，还能保持原始造型的完美，更奇妙的是当围巾加上扣子以后，就像变魔术一样，可以有 10 多种不同穿法：围巾、披肩、斗篷、开衫、衣服……这样的设计让这个品牌迅速获得了市场认可。

"ART@WARE"是奇特品牌，将中国艺术家作品以限量版的方式印制到陶瓷产品上，建立一个艺术家网络，向世界传播中国艺术家的现代画作品，目前在 10 多个国家与地区销售，在博物馆、艺术馆、高档会所等处展示与销售，让对艺术感兴趣的人成为使用者，在使用过程中成为现代艺术的传播者。目前正在与法国皮具企业洽谈艺术与皮具产品结合的模式。

4. 加快打造上海时尚创意产业聚集区

近年来，上海时尚创意园区恰如雨后春笋，截至 2012 年底，上海形成了 89 个创意产业集聚区，30 个设计创新示范企业，内外资独立设计机构不断涌现，上海已初步完成设计生态链的建设。上海有各种各样的设计企业与机构近 4000 家，有与设计相关的从业人员逾 17 万人，有 48 所高等院校开设了与设计相关的设计类院系，上海设计业界的整体水平处于国内领先地位。无论是产业规模还是产业增长速度，均位于全国前列。

专栏 8-1　上海时尚园

坐落于天山路 1718 号的上海时尚园建于 2005 年春，这是市、区联手改造工业老厂房的成功之作。上海时尚园所在的老厂房，前身是上海汽车集团离合器总厂。由于产业结构调整，工厂在 1996 年搬迁到郊区。这是园区建设前的旧厂房，拥有凌乱的老车间、斑驳陆离的走廊、饱经沧桑的历史痕迹。2005 年，市、区联手投入 1200 多万元装修费用于老厂房改造，并邀来中国服装设计师协会，共同打造起一个时尚园区上海时尚园，以服装设计师集聚为特点，借助行业服务和人才信息的集聚效应，对服装行业产生了巨大的辐射作用，已成功跻身于上海创意产业十大品牌园区的行列。园区定位非常明确，这是一个以设计师集聚为主的时尚创意产业园区，是具有服装设计、时尚发布、品牌培育等诸多功能的产业技术服务平台和示范基地。园区入住企业包括中国服装设计研究中心上海分部等服装设计、工业设计、设计师品牌公司以及培训学校，还包括行业机构如亚洲时尚联合会中国秘书处和中国服装设计师协会上海代表处、中国服装设计研究中心上海分部、日本文化服装学院上海分校、毛戈平形象艺术设计培训中心等。从引进第一家具有原创品牌"IS.CHAO"的张义超设计工作室，即上海张义超服饰有限公司起，时尚园已引进了"东北虎皮草"、"保罗·哈博"、"GIORZIO 玖姿"等十余家国内知名品牌设计、展示工作室。来自西子湖畔

的张义超,进入上海时尚园后,在短短的一年时间里,已在全国开设了 30 多家专卖店。浙江海宁的"玖姿女装",2006 年在时尚园建起一个 300 多平方米的玖姿新品陈列展示厅,并迅速扩张。如今,经过两年多运作,时尚园六幢楼房,共 8700 余平方米的面积内已经汇集了 28 家在中国具有一定影响力的服装时尚设计创意型研发企业和机构,在国内时装设计界也打开了知名度。时下,园区内还设有模特经纪公司、视觉艺术中心"5 号车间",以及亚洲时尚联合会中国秘书处等行业组织。由此,园内已经初步形成了高度时尚化的国内时尚品牌包装发布、产品研发、信息互动的场所。加上邻近东华大学、工程技术大学等专业院校,上海时尚园已形成服装设计产业链,由此吸引到包括国内十余家自主品牌服装服饰企业入驻。园区已形成了五大功能:一是培育产业人才,二是培育产业设计,三是培育时尚文化,四是培育行业协会,五是培育视觉艺术。

(三) 上海市政府对推动时尚产业发展的政策支持

近年来,上海市政府推出了一系列重要举措,积极推动上海时尚产业迅猛发展,主要措施有:

1. 积极探索推动时尚产业发展的政策体系

2005 年 2 月 23 日,上海市首先推出了《上海加速发展现代服务业实施纲要》,并在 2005 年 11 月 30 日,继续推出《关于上海加速发展现代服务业若干政策意见》。在创意产业方面,2008 年 6 月 13 日,市经委、市委宣传部出台了《上海市加快创意产业发展的指导意见》。2008 年 6 月 17 日,上海市经委又推出《上海市创意产业集聚区认定管理办法(试行)》,而实质的认定工作早就展开了。2008 年 9 月 17 日,上海市人民政府办公厅转发了市经委、市发展和改革委员会制定的《上海产业发展重点支持目录(2008)》。2008 年 10 月 21日,上海市经委、发展和改革委员会、城市规划管理局、房屋土地资源管理局又联合出台了推进本市生产性服务业功能区建设的指导意见。

2. 确立"设计之都"推进机制

2010 年 2 月,上海加入联合国教科文组织"创意城市网络",获"设计之都"称号。近年来，上海已确立"设计之都"推进机制，如建立联合国教科文组织"创意城市"（上海）推进办公室以及创意设计联席会议，市经济信息化委员会联合 12 个部门共同出台了促进上海创意设计业发展的相关政策。

3. 成立上海国际时尚联合会

诞生于 2003 年 8 月的上海国际时尚联合会是在杉杉、上海丝绸、大杨、红豆等一批国内知名企业家和国际时尚机构、专家等共同努力下成立的。联合会成立伊始，就把如何全心全力打造上海成为世界第六大时尚之都，作为工作的重要内容。联合会通过以政府支持、行业推动、专业机构运作、吸收国内外品牌企业、知名人士共同参与的模式，创建一个国际时尚的核心先导区——国际时尚之都区，这个先导区汇集国内外品牌企业、名牌设计师，创建以服装设计、贸易、发布、展示等为中心的时尚服装（饰）大型先导核心城区，以专业化、国际化、市场化运作，使该区域成为上海时尚服装（饰）业的龙头。几年来，联合会利用国际时尚交流大平台，与上海服装行业协会携手合作，共同发挥各自优势，通过组织上海"中华杯"国际服装设计大赛、上海时尚周、上海国际时尚品牌博览会、上海国际时尚峰会及联合会年会等活动和其他的国际交流与合作项目，推进城市之间、机构之间、会员之间的合作交流。

4. 加速培养时尚产业人才

上海时尚产业迅猛发展，带来了巨大的人才需求，同时使时尚培训市场行情水涨船高。目前，一个强势人才培养网络在上海已经形成。东华大学、上海工程技术大学、拉萨尔国际设计学院、中法埃菲时装设计师服装学院、上海大学——巴黎国际时装艺术学院，以及众多服装教育、培训机构，正在为培育服装企业及时尚产业人才搭建平台。为推出更多的设计新秀和设计师人才，上海世贸商城特意组建了"时尚设计谷"，吸纳国内知名设计师入驻。与此同时，服装行业协会培训部主办的"服装制作技能培训师"、"服装设计培训师"、"服装管理培训师"、"服装营销培训师"等课程也相继开课。此外，"中华杯"男装、女装、童装、内衣四项国际性权威大赛，均"力挺"本土设计师，希望从中挖掘、培养具有潜力的优秀设计人才。高端管理人才的培养方面，从 2008 年 9 月起，法国时尚学院（IFM）与法国巴黎高等商学院

（HECParis）及中国清华大学经济管理学院合作，联合开设高级时尚管理培训项目。该课程从全球化和创新、品牌管理、沟通和零售、时尚文化、价值链和商业模式、产品策略和时尚产业的精髓七大模块，全方位打造高端时尚产业管理经营人才。

5. 加快打造"一周一节"等时尚产业发展的助推平台

"上海国际服装文化节"和"上海时装周"（简称"一节一周"）这两个市政府主办、上海纺织控股（集团）公司承办的活动已成为上海发展时尚产业、连接社会资源的重要渠道。作为上海四大节庆之一，它不仅是一个城市的重要节庆活动，也是服装服饰产业中重要的商贸活动，具有双重性质。国外品牌通过在"一节一周"到沪走秀，70%落户上海；中国设计师和品牌通过"一节一周"的交流活动走进巴黎和米兰，提升世界影响力。国内其他城市的成熟品牌在把上海作为占领全国市场制高点时，需要这样一个平台来发挥作用。这两个活动是集聚上海乃至全国时尚资源的舞台。"一节一周"为上海时尚产业连接了社会资源，也对提升上海城市形象发挥着重要的作用。

（四）上海时尚产业发展所面临的问题与制约因素

总体来看，上海时尚产业还不成熟，发展还处于比较初级的阶段。与国外日新月异并较为成熟的时尚产业的飞速发展相比，还有很大的距离。这不仅表现在时尚产业占 GDP 的比重低、产品出口量小、品牌少等方面，更重要的是在发展时尚消费品产业的观念、体制、机制、政策、人才等方面还存在着一些亟待解决的问题。

1. 产业发展促进机制有待加强

从发展环境来看，上海市各级政府虽然对时尚产业发展的重视程度有了明显的提升，但由于对时尚产业的战略定位、发展路径仍缺乏明确的思路，尚未确切把握创意产业在上海产业升级的战略层面上的定位，对时尚产业发展的介入仍显不够，力度相对较弱。目前上海尚未明确指定或成立专门的时尚产业促进部门和机构，尚未正式出台专门针对时尚产业发展的总体规划、战略和指导意见，尚未制定实施具有全市性、明确指向性的时尚产业扶持政策，体制协调的有效性有待于进一步加强。

2. 完整有序的时尚产业链尚未形成

时尚产业的各个分支产业总体上仍处于割裂状态，基本还都是各做各的，比如化妆品就只关注化妆品，时装只关心时装，没有建立完整有序的产业链。例如，汽车和手表对于很多消费者来说都是时尚的标志，因为现在很多人买车已经超越了功能追求的阶段，而具有更多的象征意义，因此汽车的营销就可以和其他的时尚品牌结合起来。

3. 时尚产业自主原创的能力不强

一是有影响的原创平台不够，缺乏自主原创的活力；时尚产业园尚未形成集聚效应，尚未对上海时尚产业总体发展起到明显的推动作用，不利于集聚大批时尚产业专门人才，也不易产生规模和品牌效应。二是时尚产业发展忽略了对人文、对消费者心理的形态的深入关注，因此时尚产品和服务的提供方、设计者、营销者与时尚产品的消费者之间产生了距离。

4. 品牌创建中存在的主要问题与制约因素

一是由于体制变迁和其他外部的整合因素，使得上海一些原有的老品牌逐渐淡出，甚至完全消亡。二是由于现有的企业制度，尤其是国有企业的经营与人事管理制度的扭曲，造成了企业品牌建设的内驱力不足。三是对中国文化、中国元素的挖掘开发远远不够，缺乏能具有中国特色、代表中华民族的时尚文化，能代表中国的时尚品牌。四是上海企业在品牌投入和品牌推介上也明显不足。时尚的营销水平与国际市场和国际品牌都还有一定的差距。

5. 时尚产业专门人才严重匮乏

首先，从人才资源看，上海时尚产业的人才队伍不够壮大，特别是缺少世界级的时尚创意设计大师。上海服装界"圈内有名，圈外无名"，设计师众多，但缺少像乔治·阿玛尼、路易·威登、迪奥这样的顶级大师。海外大批的大众品牌对中国本土品牌形成了强烈冲击。其次，国际品牌运作人才短缺。尽管上海有不少时尚企业经理人，但绝大多数经理人缺乏品牌运作、品牌管理经验，缺乏好的理念、工具、方法，不清楚国外品牌运作的规则。

三、上海打造世界时尚产业之都的机遇与目标

时尚之都通常都是国际性大都市，贸易、金融、航运、教育发达。从伦敦、巴黎、米兰、纽约、东京等世界著名的时尚中心的发展轨迹看，传统制造行业也曾是这些"时尚之都"最重要的产业，它们的发展历程证明上海可以也是必然要走上这条路。上海从 20 世纪 30 年代起就有"东方巴黎"之称，其服饰文化作为海派文化的一个重要组成部分，影响深远。随着上海经济社会的快速发展，上海拥有时尚产业发展不断优化升级的政策环境和不断完善的社会支持系统，上海时尚产业也拥有崇尚创新、激励原创的大气候以及良好的区位条件，上海发展时尚产业正面临着重大发展机遇。

（一）上海打造世界时尚产业之都的机遇

第一，政策环境不断优化。近年来，上海采取了一系列措施促进都市产业的发展，鼓励非国有资本进入；支持以都市工业园、文化创意园、时尚街区等形式为时尚产业"筑巢"，为小型时尚企业以较低的成本进入，减少创业风险等，创造了有利的条件。近年来，服务业发展被提到前所未有的高度，我国已确立了提升服务业发展的重大战略，并做出了相应部署。发展时尚产业将是上海必要而又正确的选择。

第二，产业基础实力雄厚。上海具有发展时尚产业必需的精密制造工业基础，轻纺工业基础好。虽然上海的纺织服装等传统制造业由于劳动成本以及产业转移大环境的需要，不再是上海的支柱产业，但围绕这个产业的上游和终端，从创意设计、营销策划、品牌推广、终端消费及进出口贸易等这些与整个城市发展息息相关的现代服务业还是无可争议地扎根在上海，并且发展迅速，作为全国最大的服装设计、生产、销售、贸易中心，在生产组织、工艺流程、人员培训等方面，可与长三角地区的纺织服装产业集群形成有效的协同与配合。

第三，长江经济带和长三角腹地支撑。推动区域合作，加快长江经济带

建设和长三角经济一体化，已经提到国家战略的高度。长江经济带拥有我国最广阔的腹地和发展空间，这是我国今后 15 年经济增长潜力最大的地区，也成为世界上可开发规模最大、影响范围最广的内河经济带。作为长三角区域中心城市，同时也是长江经济带唯一的一级中心城市，上海必将在区域一体化发展中担负着重要责任。随着长江经济带产业联动不断发展，时尚产业企业可发挥各自优势，扩大多层次、多渠道合作，推进创作、创造、营销、展示、传播、交流等环节的一体联动，在拓展时尚产业市场空间、延伸时尚产业链方面形成共赢。

第四，中产阶层日益成为主导群体。党的十八大报告重点聚焦居民收入十年翻番的新目标，对稳定居民收入预期、增强居民消费能力和消费信心具有关键性作用，将鼓舞居民释放消费热情，实现潜在消费目标。以理智化、知识化、追求精神和道德满足消费为特征的庞大的中产阶层，成为我国最主要的消费群体。根据中国社会科学院的预测，2010~2015 年，中国的消费规模将增加 1 倍，达到 4 万亿美元。到 2020 年，我国消费需求可提高到 45 万亿~50 万亿元，届时中等收入阶层将有望达到 40%~50%。根据麦肯锡全球研究院（MGI）的研究，到 2025 年，我国中等收入人群将会达到 5.2 亿人，将占预期城镇总人口的一半以上，其每年总可支配收入为 13.3 万亿元人民币。上海是全国经济发展水平最高的特大型城市，人均 GDP 已突破 10000 美元，超越小康发展阶段，消费能力强劲的白领、中等收入阶层成长极快，消费模式拉动着整个都市产业的升级，对时尚消费的追求，为时尚产业的发展带来了巨大的发展机遇。

第五，国内消费市场开放度进一步扩大也将对上海时尚产业发展产生助推作用。随着我国进一步推进多边贸易和区域贸易自由化体制，随着上海国际贸易中心和中国（上海）自由贸易试验区的建设，加之人民币升值和国际化趋势，在继续扩大出口的同时，国人对进口品的消费能力将进一步提升，美国食品工业协会预测，到 2020 年左右，中国将成为全球最大的进口食品消费国。随着进口产品中消费品所占比例将明显扩大，时尚消费理念、模式、结构将更加国际化，将推动国内时尚消费品牌和创新产品发展，以弥补高端消费群体在高端消费品上的结构性短缺和中等收入阶层对多样化高性价比消费品的需求，直接促进上海时尚产业优化升级。时尚消费行业作为一大重点领域，将吸引世界大批精英会聚申城，为上海时尚产业跨越式发展注入动力因子。若能合理调整创意产业结构、健全法规，注重人才培养并加强扶持，上海的时尚产业在后世博时代将实现突破性的飞跃。

（二）上海打造世界时尚产业之都的目标

发展时尚产业、建设时尚之都，是上海顺应当今世界时尚产业发展趋势的客观要求，也是发挥独特优势和彰显城市特色的必然选择，对上海推进产业转型升级，提升国际大都市形象，形成未来竞争优势，都具有十分重要的现实意义和战略意义。

基于上海时尚消费品产业目前发展现状，**上海时尚产业发展战略的总体思路与目标是：**以"一带一路"建设、长江经济带建设等国家战略为指导，充分发挥上海的核心优势，坚持制造和消费双驱动，以打造"国际时尚之都"为契机推动产业升级，领全国之先，率先向全球价值链中高端跃升；鼓励海内外时尚产业（行业与企业）总部办事机构在集聚区内设立总部，形成"集群效应"；以商贸服务业为先导，大力发展信息、物流、贸易支援、会展等现代服务业，推动产业结构升级。积极发展时尚服务业，为上海及全国与全世界的时尚界服务；根据上海经济与产业产品结构的调整需求，大力培育和集聚一批销售收入 5 亿元以上的企业集团和大批时装公司、知名服装、家化、珠宝等品牌，着力打造上海时尚品牌，加强政策引导、改善培育环境，扶强做大、奖掖创新，形成上海本地产学研一体化的时尚产业发展的新模式，逐步建成制造发达、品牌荟萃、市场活跃、消费集聚、影响力大的新兴"国际时尚之都"。

第一阶段：基本建设与政策引导（2014~2015 年）。完善上海时尚中心建设的基础建设。同时，抓紧制定和进一步完善相关的产业发展政策，加大时尚中心建设的宣传力度，营造时尚氛围。

第二阶段：文化繁荣与产业扩张（2016~2017 年）。营造长三角地区乃至国内首家"时尚国际中心"或"国际时尚产业（上海）总部集聚区"，鼓励海内外时尚产业（行业与企业）总部办事机构在集聚区内设立总部。

第三阶段："时尚之都"的形成与发展（2018~2020年）。大力培育和集聚一批销售收入5亿元以上的企业集团和大批时装公司、知名服装、家化、珠宝等品牌，加快上海现代服务业和生产者服务业发展，使之成为拉动上海经济增长和扩大就业的重要都市产业。努力构建长三角地区重要的国际国内贸易性机构集聚中心，强化贸易辐射效应，推动上海国际贸易中心建设。

四、上海加快时尚产业发展与升级的对策建议

上海的各级政府、主管机构、企业和社会中介组织都应发挥积极的作用，以形成一个政府导向、企业创牌、行业与社会中介组织积极扶持的、促进上海时尚产业生长的良好环境。

1. 建立和完善时尚产业发展政策支持系统和促进机制

第一，营造良好的发展环境。为了推进时尚产业的发展并能取得预期的成效，不仅需要营造一个良好的社会文化环境，也需要政府的主导作用。要建立和完善相应的政策体系，引导和推动时尚产业和时尚品牌在上海崛起；要加强对时尚产业的研究和宣传，开展上海时尚产业和时尚品牌的舆论宣传，引导全社会进一步提高认识，培育新型的产业观念和创新意识；建立和完善组织体系，制定上海时尚产业的战略发展规划，对上海时尚产业的发展进行指导和协调。建议上海市国资委开展"四个一"活动，即组织一个论坛（提高意识）、成立一个研究院（加强研究）、成立一个推进联盟（促进协作）、建立一个培训中心（培养人才），把上海打造时尚品牌、推动消费品行业优化升级的战略构想落到实处。

第二，做好时尚产业发展规划。结合上海时尚消费的特色和产业优势，重点以发展"时尚消费设计"产业为主，如时装设计、婚庆设计、商品橱窗陈列设计、创意摄影等，提高上海服务经济的层次。通过与长三角区域联动，与宁波、南京、杭州、苏州等周边城市建立时尚产业互动机制，实现城市优势互补，打造完善的产业运作机制，构筑产业链，为共同推进时尚产业发展贡献力量。

2. 形成消费转型升级与时尚产业升级的良性互动机制

第一，发挥好上海作为消费时尚风向中心作用。带动时尚消费品设计、创新、展示、集约化的生产交易功能。依托产学研多角度推进时尚消费产品创新，使科技的产业化更多地体现在消费产业的提升。加快发展时尚产业和与之相适应的服务业，形成时尚产业经济发展和消费模式提升的良性互动，迎合人民对健康安全长寿、文化精神美学享受、便利高效生活节奏、道德尊严文明诉求的富裕型消费阶段演变。

第二，大力发展本土品牌和超前布局消费产业文化制高点。消费的发展是培育时尚品牌的沃土，品牌的发展又反哺消费的提升。目前的突出问题是国际品牌活跃而本土品牌弱小。要大力支持老字号焕发青春，要鼓励和支持民营经济向品牌化发展，要搭建平台让本土品牌走向国际加快发展。品牌的灵魂是文化，文化含量是未来智慧、休闲、享乐型消费的最重要因素，文化渗透力是未来消费产业的核心竞争力。要利用各种促进手段提升中华文化声誉和影响力，提高我国消费供给在满足民众精神价值取向、身心健康与环境友好诉求方面的能力。

3. 把品牌战略落到实处

在企业层面上，要充分认识到，传统消费产业向时尚产业优化升级是企业跨越式发展的机会。为此，尤其是有自主品牌的出口企业，均应根据自身的条件和发展需求，制定出自己的出口品牌发展战略规划，保持品牌的持续创新能力，不仅产品要有特色，也包括品牌营销理念、营销手段、营销方式与营销服务的创新，实现品牌创新的联动发展与持续发展。

在行业与中介组织层面上，率先组建上海的"科贝尔委员会"即上海品牌企业联盟，共同创牌维权、共同开拓海内外市场、共同培育品牌的人才与消费者、共同推介与传播品牌的文化。建立上海品牌的社会评价体系和评价指数，加强上海出口品牌的宣传与推介工作，扶持一批专司打造上海品牌业务的中介机构。上海有关方面应与"世界品牌实验室"和 Interbrand 等机构建立联系，可以请他们来沪举办咨询会议，进行专业交流。

在政府层面上，加强政策导向与法制规范，积极推出一系列促进与保护上海品牌发展的相关政策与配套措施。建议由市商务委牵头，会同国资委、发改委以及海关、工商、知识产权局等部门，梳理上海品牌名录，提出导向性的上海品牌发展指导意见及实施细则，制定相配套的鼓励政策与促进措施。注意搭建信息平台和投融资平台，加强综合管理，加强行政支持与保护维权。对本土品牌和来沪发展的国内品牌提供扶持，尤其是对为区域发展做出较大贡献的企业给予专项扶持政策。通过投资环境和政策的扶持与约束，使企业和品牌的发展与上海经济的发展挂钩，与上海时尚之都建设同步。

4. 创新企业经营管理和商业模式

加快形成产学研协调发展的时尚消费品产业发展的新模式。在"产"字上下功夫，要以现在的上海时尚园集聚区为基础，结合上海产业结构调整、旧区改造和历史建筑风貌保护，在规划整合的基础上，建立一批功能定位合理、产品特色明显的时尚消费品发展园区。在"学"字上下功夫，积极构筑人才高地，营造尊重创造的氛围，当前应该是"引进急需"和"培养现有"并重，重点是要吸引一批在海外从事时尚产业的优秀人才。同时充分利用高校和科研院所的优势，创造条件在各高校设立各具特色、互为补充的时尚消费品产业专业，引导教学与科研相结合，培养高层次的时尚消费品产业的设计、策划、制作和管理人才，以适应上海时尚消费品产业的优化升级的需要。在"研"字上再深化，通过设立时尚消费品产业研究中心等相关研究机构，进一步加强对时尚消费品产业的跟踪和研究，为上海时尚消费品产业的发展提供理论和实践指导。

调整发展商贸服务业。建设功能完备、特色鲜明，符合世界城市、宜居城市发展要求的现代都市商业体系，基本达到国际大都市现代化商业发展水平。改进提升传统商业区，适度建设大型综合性商业区，积极发展新兴商贸业态，加快发展社区商业。

5. 做强做优时尚产业集聚区

第一，加快推进时尚消费产业集聚区建设。以产业集聚为核心，引导形成载体。把载体建设作为工作重点，积极推进时尚消费产业集聚区建设，使时尚消费产业集聚区成为时尚消费产业企业和时尚消费产业人才的集聚地、时尚消费产业的发源地、时尚消费产业成果的展示窗口，成为上海城市功能的一个新亮点。

第二，逐渐完善时尚消费产业集聚区的公共服务平台。由上海市政府牵头，在投融资、税收、进出口、人才培训等方面，对时尚消费产业集聚区的发展予以适当的优惠或扶持。目前上海扶持时尚消费产业集聚区发展的产业政策体系尚未形成。要建立多种形式的时尚消费产业发展基金，对自主创新技术项目要进行扶持。

五、关于上海市静安区成为上海时尚中心的对策建议

静安区有着深厚的历史底蕴、浓郁的时尚氛围和坚实的产业基础，完全有条件、有能力在上海打造国际时尚中心过程中发挥更大作用，成为世界第六大国际时尚中心核心区。

1. 静安区时尚产业发展现状

近年来，静安区时尚产业发展较快。2013 年，涵盖了媒体业、艺术业、工业设计、建筑设计等十大行业的静安区文化创意产业已形成一定的规模，税收收入 50.34 亿元，占全区税收总收入的 21.19%，同比增长 10.76%。按照上海"设计之都"建设这一总目标，静安区在策划时尚活动、引领时尚潮流、构筑时尚平台、培养时尚人才等方面，成效显著。静安以"设计之都中心区、国际时装周核心区、国际化妆品节策源区、高端艺术品拍卖展示先行区、现代戏剧品牌区、各类时尚活动集聚区"这六大功能区建设为重点，着力推进静安国际时尚中心核心区建设。近年来，先后举办 2013 设计之都活动周、2013 世界城市（上海）文化论坛、2013 上海时装周，并开启外资拍卖境内首次落锤记载。创建时尚产业特色园区。以联动推进、互为补充的方式，充分发挥园区举办时尚类活动的积极性，推进落实各种时尚项目共同营造区域时尚创意的氛围。搭建各类时尚平台，促进产业创新发展。建立时尚设计公共服务平台，搭建中国国际动漫游戏产业发展交易平台，助力中国动漫产业跨越式发展。探索时装周商业走秀新机制，进一步提升"上海时装周品牌"影响力。

2. 近五年来静安区时尚产业面临的挑战

从时尚产业发展大环境来看，随着国内消费理念的改变，人们消费习惯的变化，电子商务的巨大变革，互联网的巨大冲击，加上外资企业在华市场进入调整期，以及周边同质竞争激烈等，也对静安区时尚产业的发展构成了挑战。

一是外区同质竞争激烈及中心城区空心化的压力。上海多个中心城区都提出了发展时尚产业、促进产业结构升级的发展战略。以长宁区为例，近年来长宁区委区政府高度重视发展时尚产业，不断优化文化创意产业布局。城市空心化给时尚产业发展带来了新的挑战。"2012 上海消费意向调查报告"显示，进入 2012 年以来，上海各商圈、商业企业均明显感觉到客流减少。二是内外部环境的变化可能带来的不利影响。随着上海自贸区建设的不断推进，高端外资总部的研发和结算中心将会向自贸区转移并集聚，出现中心城区的产业和楼宇"双空心化"倾向。三是静安区自身发展后劲不足的问题日益凸显。静安区楼宇老化情况较严重，优质商务楼等资源短缺，难以形成规模经济效应。静安区全区甲级写字楼面积仅为 71 万平方米，而浦东新区达到了210 万平方米，不利于时尚园区的建设。

3. 未来五年静安区大力发展时尚产业的机遇与有利条件

上海正处在"创新驱动、转型发展"的关键时期，对时尚产品的消费进一步扩大，《上海市推进国际贸易中心建设条例》、《长江三角洲地区区域规划》、《中国（上海）自由贸易试验区总体方案》等正在加快实施，为静安区培育和发展时尚产业带来难得的历史机遇。2012 年上海居民家庭人均年可支配收入已达 40188 元，按照国际经验，已开始进入富裕消费阶段，消费水平的提高与消费结构的变化，为商贸业发展提供了更大的市场空间。人们追求时尚化的健康生活方式和消费方式成为共同需求。此外，智能化耐用消费品带动新一轮耐用消费品周期。随着网络技术和通信技术的成熟和广泛应用、信息化水平的不断提高，为智能家电的发展做了必要准备，智能化发展将把家电产业带入新阶段，推进新一轮智能化耐用消费品发展周期。上海提出"创新驱动，转型发展"的发展主线，将有力推动静安区加快提升传统行业发展、集聚发展时尚产业。

4. 静安区成为上海时尚中心的对策建议

第一，优化静安区时尚产业发展规划与促进机制。要加快制定《静安区时尚产业发展规划纲要（2014~2020年)》，合理规划时尚产业发展与布局，确定时尚产业的发展龙头、重点领域和产业布局，为培育国际级时尚品牌和人才，培育面向国际市场的时尚企业提供方向性支持。以政策创新和关键政策突破为抓手，做好时尚产业企业认定工作；从财政、金融、土地等方面，增加对时尚产业发展的奖励和扶持。建立时尚产业发展专项基金。

第二，加强时尚产业发展平台和载体建设。通过举办"时尚产业发展论坛"等一批大型时尚活动，集中展示时尚之都的建设成果。吸引国际重要时尚活动到静安区举办，支持企业参与国内外重大时尚活动。提升时尚购物商业商务配套综合水平。引入多元业态，如顶级奢侈名牌单体店、年轻时尚概念店业态，实现社交功能、文化功能的提升，建立时尚创意产业博物馆和时尚产品展示厅。

第三，加强静安区时尚产业"街、廊、馆、店"布局构建。进一步提升南京西路、静安寺地段作为上海高端时尚地标的品位和地位，创造精品，引领创新。按照"旗舰店+总部"的思路推进高端外资商业企业的集聚。规划建设多业态时尚主题商业。

第四，进一步加强时尚品牌建设。大力引进国际快时尚品牌。提升原有传统品牌的特色水平。静安区内传统品牌较多，应通过引进外资或国内知名老字号企业，加快形成传统与时尚相融的状态，增加传统品牌的持续吸引力。

第五，加强时尚创意产业园区建设。规划建设静安时尚创意产业主题区。可利用现有或规划新建有特色的时尚创意产业园，打造静安的立体"798"（"798"为北京知名时尚创意产业园区），结合规划建设若干栋时尚创意产业大厦，通过优惠政策等吸引时尚创意产业先锋企业、艺术家、学校、时尚传媒等入驻时尚创意产业主题区。

第六，注重人才支撑。重点支持一批时尚产业的领军人物；实施时尚产业人才建设工程，加强旅游、物流、金融保险、信息服务等高层次、高技能、通晓国际通行规则的紧缺人才以及时尚产业领军人物的培养和引进；推进人才培训的国际国内交流合作，注重时尚教育，让时尚理念深入到市民的意识中。

参考文献

［1］上海产业发展重点支持目录（2008）［M］.沪府办发〔2008〕41号.

［2］卞向阳.时尚产业与城市文明［M］.上海：东华大学出版社，2010.

［3］宇博智业.2015~2020年中国奢侈品行业竞争格局及发展前景预测报告［R］.2015.

［4］高骞.上海打造国际时尚之都的探索与实践［M］.上海：汉语大词典出版社，2010.

［5］颜莉，高长春.时尚产业国内外研究述评与展望［J］.经济问题探索，2011（8）.

［6］何丹，谭会慧.上海零售业态的变迁与城市商业空间结构［J］.商业研究，2010（5）.

［7］赵君丽.时尚产品的需求分析——网络外部性的视角［J］.消费经济，2014（6）.

［8］高骞.上海时尚产业政策研究［J］.科学发展，2009（10）.

［9］汪明峰，孙莹.全球化与中国时尚消费城市的兴起［J］.地理研究，2013（12）.

（作者单位：上海市商委发展研究中心）

上海静安区成为上海时尚中心案例分析

盛宝富

目前上海已明确提出，要建设成为继纽约、伦敦、米兰、巴黎、东京之后最有潜力打造世界第六大国际时尚中心的城市。作为上海中心城区的静安区，有着深厚的历史底蕴、浓郁的时尚氛围和坚实的产业基础，完全有条件、有能力在上海打造国际时尚中心过程中发挥更大作用，成为世界第六大国际时尚中心核心区。

一、静安区时尚产业发展现状

近年来，静安区时尚产业发展较快。2013 年，涵盖了媒体业、艺术业、工业设计、建筑设计等十大行业的静安区文化创意产业已形成一定的规模，税收收入 50.34 亿元，占全区税收总收入的 21.19%，同比增长 10.76%。按照上海"设计之都"建设这一总目标，静安区在策划时尚活动、引领时尚潮流、构筑时尚平台、培养时尚人才等方面成效显著。

（一）积极推进静安时尚中心核心区建设

静安区从自身的优势出发，充分发挥商贸流通、文化创意产业的综合优势资源，以"设计之都中心区、国际时装周核心区、国际化妆品节策源区、高端艺术品拍卖展示先行区、现代戏剧品牌区、各类时尚活动集聚区"六大功能区建设为重点，着力推进静安国际时尚中心核心区建设。

在静安区南部，以静安南京路上展为中心，东西两侧的高端商业商务楼宇林立于此，国际著名一线品牌云集其中；在静安区北部，以"800秀"为标志的"昌平路创意产业集聚带"进驻了一批世界级传媒和设计企业，为时尚产业的发展提供不可复制的资源。福布斯·静安南京路论坛、中欧顶级品牌高峰论坛、世界城市（上海）文化论坛、现代戏剧谷壹戏剧大赏、爵士音乐节、国际购物嘉年华、上海时装周等大型活动的举办，营造着静安时尚产业的发展氛围。

（二）组织举办大型活动，营造时尚氛围

第一，联合举办"2013设计之都活动周"。为集中展示上海作为"设计之都"三年来的建设成果，体现上海的设计理念和设计实践，在上海市经信委、静安区政府、上海设计之都促进中心联合举办的"2013设计之都活动周"中，静安区作为特别支持单位，被组委会授予"上海设计之都特别贡献奖"。活动周组委会特设的"设计之都静安展区"，以"静安·国际时尚中心核心区"为主题，举办系列响应活动：①激发公民智慧才智的创客设计马拉松活动；②恒隆广场、锦仓文华的现代三彩瓷板画展；③最成功设计大赛颁奖典礼；④2013上海国际室内设计节开幕式暨流行趋势发布会。通过这些系列，进一步彰显静安区坚实的产业基础、浓厚的历史底蕴和浓郁的时尚氛围。

第二，组织举办2013世界城市（上海）文化论坛。作为静安区人民政府与上海戏剧学院战略合作协议的重要内容，"世界城市（上海）文化论坛"在"800秀"成功举办。论坛围绕静安创意产业的发展定位，从时尚设计、文化艺术、城市规划、社会创新等角度展示如何将设计解决方案广泛应用于经济、社会、文化等领域的最佳实践。静安区作为上海重要的中心城区，是上海商业快速发展和城市时尚文化的风向标，而论坛聚焦的"设计创意战略"这一主题，在体现上海这一世界级城市在经济转型发展中已具备国际性视野的同时，也透射出静安区抢先一步打造设计之都中心区的战略眼光。

第三，举办2013上海时装周。上海时装周秋冬发布会已成为以"800秀"为龙头的"昌平路静安创意产业集聚带"的品牌活动。2013年，名震伦敦时装周的华人设计师王海震携其作品压轴登场，大大提升了时装周静安专场的

时尚影响力。同时协调静安寺地铁商城与时装周组委会联手打造沪上新兴时尚地标集聚地，助力本土设计师品牌的传播。

第四，开启外资拍卖境内首次落锤记载。全球排名第一的艺术品拍卖行佳士得在静安区设立了全国第一家独资外资拍卖企业——佳士得（上海）拍卖有限公司，2013 年 9 月，佳士得在静安香格里拉大酒店成功进行展示和首拍，这一首拍既是外商独资拍卖企业在国内开展的首次拍卖活动，更是静安"高端艺术品拍卖展示先行区"建设的先河举措，在全市树立了时尚高端之标杆。2014 年的"春拍"活动也在静安区举行，这一拍卖活动举办更有助于营造静安区在高端艺术文化领域的影响力，成为一个具有引领及示范作用的标杆。

（三）创建时尚产业特色园区

以联动推进、互为补充的方式，充分调动园区举办时尚类活动的积极性，推进落实各种时尚项目共同营造区域时尚创意的氛围。例如：源创园区组织举办"国际静安·源创微电影展赛"、"首届上海市民文化节——西班牙风采展"、"新锐设计师服装饰品展销"等各类具有公益性的时尚活动；安垦园区举办入驻企业设计高档时尚家居、建筑设计等展示活动，传播时尚创新理念；同乐坊园区积极筹划与社区共同举办的"创意市集"活动，营造企业与社会互动的氛围。

（四）搭建各类时尚平台促进产业创新发展

建立时尚设计公共服务平台。一是充分发挥中国竹材装饰（上海）设计应用推广中心及数字内容产业中心进驻静安区的资源，借助这两个中心在行业方面的实体能级，开展以互联网数字内容、建筑设计带动产业发展为特点的合作，打造优势产业集群模式。二是搭建中国国际动漫游戏产业发展交易平台，助力中国动漫产业跨越式发展，实现从动漫大国升级为动漫强国的"中国梦"。

探索时装周商业走秀新机制。按照"融入全市、凸显静安、拉动产业"的原则，在区域内探索建立"南店北展示"新型时尚活动的发布模式。引入第三方策展公司，借助策展公司在高端品牌资源方面的集聚优势，契合南京路品牌商家当季新品发布的"窗口期"，联袂举办商业品牌展示活动，创新时装周活动的组织方式，增加时装周的商业功能，通过市场化运作模式传播上海时装周打造国际第五大时装周理念，进一步提升"上海时装周品牌"影响力。

创新行业间跨界合作的模式。着眼艺术与高端商贸企业"文商融合、跨界合作"新模式，推进文化艺术展示进商场以提升商场的艺术氛围。恒隆广场与蓝舍文化艺术公司合作，恒隆广场在场地安排、展位搭建、安保落实等方面提供保障，蓝舍公司组织当今国内一批著名的当代艺术画家作品进广场展示，用创意营造静安区高端商业的艺术氛围，在高端的同时显现高贵。

（五）强化时尚产业发展环境与人才培养

积极营造政策扶持氛围。一是出台了《静安区促进文化创意产业发展专项资金实施办法（试行）》，该《办法》支持时尚产业重点项目的开展，提升静安在时尚领域的影响力；支持时尚载体的功能优化，为入驻企业营造优雅的办公环境，增加区域内时尚产业的集聚度。二是借助投资鼓励政策，引导创意园区结合自身特色对入驻企业的业态进行调整优化，以服务功能的增强为着力点集聚更多的文创行业的优质企业进驻，提升园区的知名度。

加大时尚人才培育力度。一是着力于昌平路"海外高层次人才创新创业基地"建设，充分利用中心城区的各项优质资源和区委组织部的人才建设政策，加大对时尚人才的引进力度，吸引更多的优秀人才落户静安区。二是围绕上海"设计之都"建设，在市文创办的支持下，继续推进"大师工作室"项目建设，提升企业的创新意识和创新能力，培养创意新锐。

二、近五年来静安区时尚产业面临的挑战

从时尚产业发展大环境来看，随着国内消费理念的改变，人们消费习惯的变化，电子商务的巨大变革，互联网的巨大冲击，加上外资企业在华市场

进入调整期，以及周边同质竞争激烈等，也对静安区时尚产业的发展构成了挑战。

（一）外区同质竞争激烈及中心城区空心化的压力

第一，多中心崛起的格局使城市传统中心区的地位逐渐受到挑战。一方面，以陆家嘴金融中心为代表的新的功能区借助特殊的配套政策正逐步崛起，五角场、中环等新兴区域商业中心的快速崛起和南京西路、徐家汇等传统商圈不断提升；另一方面，上海多个中心城区都提出了发展时尚产业、促进产业结构升级的发展战略，以长宁区为例，近年来长宁区委区政府高度重视发展时尚产业，不断优化文化创意产业布局，通过建设上钢十厂、环东华、多媒体产业园等特色文化创意产业园区，优化园区环境，提升园区服务，集聚了一批充满创业创意创新活力的文化创意企业，成为文化创意产业发展的重要载体。打造"环东华时尚创意产业集聚区"，由长宁区和东华大学共同举办的"2012上海国际服装文化节国际服装论坛暨'环东华时尚周'"隆重开幕，旨在加快推进"环东华时尚创意产业集聚区"建设，带动长宁区创意产业发展；建成一批数字类专业园区，促进信息服务业集聚发展。在"数字长宁"战略的引领下，长宁区对信息服务业的发展给予了大力支持，形成了东、中、西三大园区集聚发展的格局；利用老厂房改建成一批文化创意园，建设了一批产业相对集聚、创意特征明显的主题园区。目前，长宁已建成14家市级文化创意集聚区，促进了长宁文化创意产业的发展。

第二，城市空心化给时尚产业发展带来了新的挑战。城市发展的过程也是城市不断进化的过程，而城市空心化是城市进化过程中的必经阶段。城市空心化一方面是人口空心化，核心城区人口老龄化的同时，大量高收入人群外迁，内部消费力下降。《2012上海消费意向调查报告》显示，进入2012年以来，上海各商圈、商业企业均明显感觉到客流减少；另外，人口空心化必然会导致产业空心化，近几年上海部分中心城区在大规模开店的同时，消费类品牌所需支付的成本也逐年递增，再加上电子商务等业态对传统商业的发展带来了较大冲击，市中心的不少商务楼都出现了商户要求缩减面积或迁移的申请，静安区也面临同样的问题。

（二）内外部环境的变化可能带来的不利影响

第一，来自于全球消费结构变化的挑战。世界经济复苏进程一波三折，不仅对我国出口导向型的制造业产生了严重冲击，而且对刚刚起步的时尚产业也造成了诸多影响。美国经济复苏态势明显，但欧洲经济仍在低位徘徊，日本经济也呈弱势，随着居民收入的下降和企业经营的不景气，发达经济体的消费者也开始改变了消费习惯，开始"量入为出"，谢绝了信用卡消费，开始根据自己的经济状况制订消费计划，居民对于时尚消费的需求下降。此外，由于经济复苏缓慢，金融机构的风险规避意愿更加明显，这将给时尚产业企业特别是中小型文化创意产业的资金融通带来更多困难，而国外市场的不景气，将对我国时尚文化创意产品和服务出口产生直接的抑制作用，不利于我国时尚产业的发展。

第二，外资在中国市场开始进入结构性调整阶段。联合国贸易和发展会议的统计数据显示，2014年中国首次成为全球吸收海外投资最多的国家，但全球直接投资额同比减少8%。过去几年外资进入中国市场也出现了结构性的改变，一方面，从流向制造业转向了服务业，从劳动密集型产业转向了技术密集型产业；另一方面，2012年以来，跨国零售巨头在中国市场集体放缓了扩张的脚步。资料显示，沃尔玛、家乐福、TESCO这些全球排名前三位的外资企业，2012年开店幅度平均降低27%。与此同时，"关店潮"中也出现大批外资企业的身影，显示经济增速减缓，消费明显不足等因素，导致国内市场对外资的吸引力有所下降。同时，外资调整也会对国内商贸零售业、对外资时尚品牌的进入等造成直接的影响，对我国利用外资促进时尚产业发展形成挑战。

第三，开放新举措可能带来的影响。随着上海自贸区建设的不断推进，自贸区规模的扩大，自贸试验区的自由贸易制度、自由企业制度、自由外汇制度以及自由出入境制度，仍会对外资经济产生较强的吸引力。高端外资总部的研发和结算中心将会向自贸区转移并集聚，出现中心城区的产业和楼宇"双空心化"倾向，值得进一步关注。另外，上海周边地区可能推出的开放新举措，也将导致上海乃至长三角地区的发展格局的重大调整。因此，如何

"稳商、留商",真正吸引外资长久落户经营,是中心城区下一步将要正视的问题。

第四,互联网的发展也对时尚产业发展造成了一定的影响。一方面,传统产业借助于与互联网的结合,可以起到推动自身发展的作用,从而对时尚产业发展造成影响。传统产业有很多自身优势,比如传统产业有传统的品牌优势,客户忠诚度的优势,通过互联网的应用,可以提供更好的二次服务的机会。另一方面,时尚产品中那些可智能化的硬件产业,比如智能手表、智能家居产品等,本身也是特别容易受到互联网冲击的产品。

(三) 静安区自身发展后劲不足的问题日益凸显

第一,思想观念上要进一步从战略高度加深对发展时尚产业重要性和迫切性的认识。在战略高度上重视时尚产业,要在认真调研的基础上,借鉴国际先进经验和做法,抓紧制定时尚产业发展战略和总体规划,明确发展战略,结合静安区产业发展的特点,指导产业快速健康发展。并按照规划指导、资源整合、政府推动、社会参与、市场运作的原则,制定推进时尚产业发展的政策,对时尚产业的发展给予适当的优惠和支持,积极创造适合时尚产业发展的软环境。

第二,商务成本居高不下。企业营运成本和政府管理成本上涨过快,是中心城区成熟商圈共同面临的问题。近年来,随着上海多个成熟商圈重新采取国际化的定位,商圈价格节节上涨。在这个背景下,商圈的租金涨幅就更为惊人。最新行业调查结果显示,上海传统商圈在不断升级换代之后,似乎更适合珠宝行业入驻,其承租能力要远远高于运动品牌等行业,后者利润的上涨速度已经跟不上租金上涨的步伐。大多数品牌将经营的亏损看做广告费用,更看重其宣传作用。与此同时,静安区楼宇老化情况较严重,在增量缺乏的背景下,如何控制商务成本是政府急需考量的大问题。

第三,优质商务楼等资源短缺,难以形成规模经济效应。作为上海成熟的商业聚集区,静安区面临很长一段时间的商务楼宇匮乏。与陆家嘴核心商务区相比,静安区甲级写字楼的供应水平明显不足,静安区全区甲级写字楼面积仅为 71 万平方米,而浦东新区达到了 210 万平方米,不利于时尚园区的建设。此外，静安区是上海地域面积最小的中心城区，优质网店资源短缺。由于建筑密度大，建筑残旧，基础设施负荷重，绿地、公共空间相对较少，影响了商业环境的改善；用地有限，发展空间较小，较难为新兴的时尚产业园区、大型购物中心等提供足够用地，商贸网点的更新改造较困难，且地价高昂，加大了商家的经营成本，影响了消费。

三、未来五年静安区大力发展时尚产业的机遇与有利条件

当前，全球经济缓慢复苏进程仍在延续，主要发达经济体美国经济复苏势头较为强劲，导致全球需求出现了积极的变化。我国长期坚持扩大内需的政策导向，又在不断刺激和拉动国内时尚消费，消费在经济增长中的推动作用不断增强。上海正处在"创新驱动、转型发展"的关键时期，对时尚产品的消费进一步扩大，《上海市推进国际贸易中心建设条例》、《长江三角洲地区区域规划》、《中国（上海）自由贸易试验区总体方案》等正在加快实施，为静安区培育和发展时尚产业带来难得的历史机遇。

（一）全球经济缓慢复苏，全球消费需求出现了积极变化

第一，近年来，全球经济缓慢复苏，发达经济体消费回升明显。随着经济改革及刺激政策逐渐释放出效果，主要发达经济体美国经济复苏步伐加快，引领全球经济复苏。美国 2014 年第三季度 GDP 增速大幅上修至 5%，创下过去 11 年来最高，显示经济复苏势头强劲。美国投资信心指数回升、经济景气先行指数走高。2015 年工业生产将提速，固定资产投资稳健增长，住房信贷市场也将回暖，美国经济基本面稳健，内生增长动力强劲。2015 年将呈现"高增速、低通胀、低失业"的"一高两低"特点，预计经济增速达到 3.6%。

随着经济稳步复苏，全球消费中也出现了一些积极的变化。一是消费者信心明显回升。2014 年 11 月，美国消费者信心指数上涨到 88.8，较上年同期指数上涨了 20%，该数值为 2007 年以来的最高水平，主要原因是美国就业率

提高、油价下跌和经济后衰退期股价上涨。据汤姆森路透社和密歇根大学的报告显示，美国消费者对个人财务能力十分有信心，消费力可观。二是最新数据显示，美国人的平均时薪急速上涨。根据美国政府部门报告，2015 年 1 月美国人平均时薪较上月上涨了 0.5%（12 美分），创下自 2008 年以来最大涨幅。目前美国人均小时薪金为 24.75 美元（约合人民币 155 元），比去年同期上涨了 2.2%。三是作为消费主力的中产阶级消费大幅回升。报告显示，2014 年底，随着资产价格在上涨，同时获得信贷的途径趋于宽松，美国家庭正开始购买一些自 2007 年以来推迟购买的消费品。自此次危机开始以来，美国股市已上涨逾 50%，但收入中值趋于下滑。因此，过去 18 个月，美国家庭储蓄占 GDP 的比重几乎下降一半，至 3.2%——这确切反映出了消费者支出的回暖。

第二，中长期内金砖国家消费水平将快速增长。高盛公司最新发布的报告对 2010~2025 年"金砖四国"消费总量的增长前景做了预测。"金砖四国"正在形成规模庞大的消费市场，其速度之快，是 19 世纪末 20 世纪初美国成为世界最大单一消费市场之后的第一次。报告显示，2000~2010 年，短短十年间，"金砖四国"的消费总量增长了 250%。2000 年，"金砖四国"的消费总量仅为 1.4 万亿美元。到 2010 年底，"金砖四国"已达到 4 万亿美元，同年，美国为 10.5 万亿美元，欧洲为 9.5 万亿美元，日本约为 3 万亿美元。只要这一增长势头保持到 2020 年，"金砖四国"的消费市场将达到 12 万亿美元以上。假定人均消费占整体 GDP 的比重与过去十年保持一致，那么，到 2025 年，"金砖四国"的消费总量将增长 4 倍，达到 16 万亿美元以上，超过美国的消费市场。其中，中国的消费总量占到一半，实际值将近 10 万亿美元。印度的消费总量将增长到 3 万亿~4 万亿美元，位居第二。高盛预测，随着 GDP 的增长，消费占 GDP 的比重也将增加。以中国为例，消费占 GDP 的比重到 2015 年将增长到 43%，到 2025 年将增长到 55%。在这种情景下，"金砖四国"的实际消费将增长 5 倍，中国一国的实际消费将于 2025 年超过美国。若按名义价值计算，中国的消费总量将达到 20 万亿美元。"金砖四国"的消费总量平均每年将增长 2 万亿美元，汽车、奢侈品、旅游等行业将以"金砖四国"市场为主体。

（二）从国家层面看，时尚产业发展面临着扩大内需和区域发展一体化的重大机遇

第一，国家扩大内需的机遇。近年来，国家加大了经济结构战略性调整力度，在继续稳定和拓展外需的同时，着力扩大国内需求。党的十七大、十八大都强调，要把扩大内需作为保增长的根本途径，扩大内需、促进消费对转变经济发展方式至关重要。中央经济工作会议明确指出"要以扩大内需特别是居民消费为重点，增强消费对经济的拉动作用"。"扩消费、拉内需"宏观调控政策的实施，给时尚产业快速发展提供了发展机遇。

第二，区域发展一体化的机遇。随着国务院对《长江三角洲地区区域规划》的批准实施，长三角地区形成了一个具有竞争力的世界级城市群，有利于地区进一步消除国际国内不利因素的影响，有利于地区加快转变发展方式，使区域经济从自我循环的封闭模式向新型的大循环模式升级，区域经济活动的进一步密切和城市功能的进一步增强，为时尚产业的加快发展提供了广阔的市场腹地，扩大了时尚产业的辐射半径。

（三）从上海地区的层面看

第一，东部沿海引领消费需求升级的机遇。东部沿海是我国人口密集、对外开放和城市化程度较高、相对富裕发达的地区，东部沿海主要城市的这些消费趋势反映着未来全国消费市场发展的总体趋势。2012 年东南沿海城市人均 GDP 已经进入 10001~20000 美元组，2012 年上海居民家庭人均年可支配收入已达 40188 元，按照国际经验，已开始进入富裕消费阶段。在收入倍增计划推动下，消费将进一步转型，进入以私人轿车和高级住宅、精神享受型为主要特征的富裕阶段，住房、汽车、休闲娱乐将是未来的总体消费升级趋势。消费水平的提高与消费结构的变化，为商贸业发展提供了更大的市场空间。

第二，时尚消费日益受到消费者青睐的机遇。一是追求时尚化的健康生活方式和消费方式成为共同需求。在走过温饱型阶段后，人们的消费目的将从满足物质需求向提升生活方式和消费方式转变，在当今全球化的历史条件

下，健康、科学、先进的时尚消费方式和消费理念加快传播，进一步推动了这种转变的进程。社会不同收入阶层都会被卷入这一进程，带来消费品市场的全面变革，形成结构性变革带动量增长格局。二是生存资料向绿色、营养、方便的时尚消费化提升。有机、绿色食品和无公害食品比重将大幅提升。科技进步带动下，食品安全性、营养性和多元化越来越成为人们消费选择的重要考虑，将推动食品业新产品层出不穷。三是智能化耐用消费品带动新一轮耐用消费品周期。随着网络技术和通信技术的成熟和广泛应用、信息化水平的不断提高，为智能家电的发展做了必要准备，智能化发展将把家电产业带入新阶段，推进新一轮智能化耐用消费品发展周期。通过手机或其他集成设备即可方便地控制所有家电，从而为家电产品互联互通和产品升级带来发展空间，众多家电厂商纷纷布局智能家电产业，将带来又一次行业的洗牌。业内分析称，各家电品类"触网"的深化将是共同基调，4G 网络将大规模落地，网络环境的优化为家电产品的互联互通提供了通道保障，也将加速 3C 产品的智能化协同乃至于扩展至全家电产业链的智能化。2013 年我国智能家电产值已达 1000 亿元，预计到 2020 年将冲击 1 万亿元大关。

（四）从静安区层面看

第一，上海国际贸易中心建设、自贸区建设和长江经济带建设等国家战略给静安区带来全新发展机遇。上海正处于建设国际贸易中心的重要战略机遇期，上海提出"创新驱动，转型发展"的发展主线，将有力推动静安区加快提升传统行业发展、集聚发展时尚产业。自贸区建设和长江经济带建设将为静安区时尚产业发展提供巨大空间。建设时尚之都，既是推动中心城区发展转型的新抓手，也是强化静安区在长三角内区域影响力的新举措，在加快促进形成以现代服务业为主体的现代产业体系的同时，促进人才、技术、信息、资本、品牌等高端要素集聚。

第二，静安区现代服务业高度发达、产业优势明显、资本人才聚集、地理位置优越，具有突出的比较优势。经过多年努力，静安经济总量快速提升，以服务经济为核心的产业结构基本成型，服务环境比较完善，智力资源较为丰富，开放程度较高，为进一步推进发展奠定了基础。静安区是全上海唯一一个所有区境都位于内环内的市中心黄金城区，静安区也是全市所公认的"高品位的商务区"和"高品质的生活居住区"。都市型现代工业已具规模，区内已形成服装服饰、食品加工、家用电器三大优势行业，开发形成了开开衬衫、立丰牛肉干、正章洗涤剂、海鸟电子等民用品牌产品，通信器材、精细化工新材料、生物工程已形成了一定的规模。现代商贸业发达，开开、正章等一批老字号名特店占有一定的市场份额，大批海内外知名品牌纷纷入驻，专业特色街不断崛起，静安区商业商务功能定位相适应的三产项目不断增多，项目投资涉及房地产、文化娱乐、中介咨询、物业管理、软件设计、网络制作等领域。静安区文化源远流长，意蕴厚实，有"文化之区"美称。

四、静安区成为上海时尚中心的对策建议

当前，静安区正处在转型发展的关键时期。发展时尚产业、建设时尚之都，既体现了历史传承，又体现了时代要求，发展时尚产业可以深入挖掘静安区的经济增长点、激发产业活力、提升城区服务功能、引导时尚消费理念、打造竞争新优势，成为上海乃至于全国的时尚消费中心。

（一）优化静安区时尚产业发展规划与促进机制

第一，制定时尚产业发展规划。加快制定《静安区时尚产业发展规划纲要（2014~2020 年)》，合理规划时尚产业发展与布局，确定时尚产业的发展龙头、重点领域和产业布局，为培育国际级时尚品牌和人才，培育面向国际市场的时尚企业提供方向性支持。

第二，完善政策体系设计。以政策创新和关键政策突破为抓手，以创新性含量、销售覆盖面、研发投入比率、市场响应度、国际化程度等为主要指标体系，做好时尚产业企业认定工作。从财政扶持、金融支持、土地保障、配套建设等方面，增加对时尚产业发展的奖励和扶持，重点支持示范企业、示范项目。

第三，建立时尚产业发展专项基金。鼓励行业协会和龙头企业牵头建立

时尚产业风险基金、企业资本运作服务联盟，对服装服饰、家居纺织、建筑设计、工业设计、环境艺术、视觉艺术、数码娱乐等相关行业，给予资金扶持。鼓励外来人才进入时尚产业。

第四，加强环境营造及配套支撑。推进中心城区环境综合整治，加强城市基础设施建设，注重历史文化的传承与保护，加强国际文化交流，加快社会事业发展。不断提升政府服务水平，着力优化城市创业环境。整合各类科技创新服务平台，加强重点行业公共创新服务平台建设。加强相关行业组织规范化建设，支持行业协会为本行业提供专业服务，促进行业协会间的联动与合作。加强对时尚之都建设的宣传和引导，为时尚之都建设营造良好的社会环境。

（二）加强时尚产业发展平台和载体建设

第一，加强对大型时尚活动的支持，扩大影响力。通过举办"时尚产业发展论坛"、"时尚产业之都活动周"、"世界城市（上海）文化论坛"、时装周、电影节等一批大型时尚活动，集中展示时尚之都的建设成果，打造成为自主品牌国际化的服务平台、国际品牌辐射中国的展示高地、原创设计培养提升的孵化基地。吸引国际重要时尚活动到静安区举办，支持企业参与国内外重大时尚活动。

第二，提升时尚购物商业商务配套综合水平。一是在保护传统商业街空间结构不变的基础上增加商业、商务办公用地，使商业从沿街线状发展逐渐向街区块状发展。二是引入多元业态，如顶级奢侈名牌单体店、年轻时尚概念店、奢华上流餐饮、休闲商务酒吧、时尚名媛 CLUB、24 小时打印店等业态，实现社交功能、文化功能的提升。三是在本地配套方面，建议重点引入绿色有机概念店、乐活 LOHAS 生活体验馆等业态。四是在文化商旅方面，建议引入小剧场、人文书店、咖啡店、演艺场馆，重点引入顶级品牌连锁酒店、精品时尚酒店并打造精品民宿。

第三，建立时尚创意产业博物馆和时尚产品展示厅。选择合适场所，将世界、中国、上海、静安等中心城区的时尚产业用实物和图片的形式汇聚于馆中，具有展示展览、体验教育、在线服务、旅游观光和文化交流等功能。

设立"时尚新产品展示厅"，吸引国内外品牌企业来发布最新时尚产业信息，创造良好的时尚产业消费氛围。

（三）加强静安时尚产业"街、廊、馆、店"布局构建

第一，进一步提升南京西路、静安寺地段作为上海高端时尚地标的品位和地位，创造精品，引领创新。在这些高端时尚地段，辟建各类"时尚街"、"时尚精品特色长廊"、"时尚产业博物馆（室）"和"时尚产业品牌旗舰（形象）店"。

第二，按照"旗舰店＋总部"的思路推进高端外资商业企业的集聚。根据国际经验，作为品牌形象展示店的"旗舰店"选址要考虑核心商圈周边人口数量及购买水平（包括机关办公等），并辐射到3~5公里范围内居住的人口数量及购买水平。此外，旗舰店选址对交通要求也很高，最好靠近快速交通（轻轨、地铁）。静安区是历史悠久的市中心城区，也是主要的交通枢纽，非常适合"旗舰店＋总部"的发展思路，打造集国际知名品牌集聚区、新兴业态和模式功能引领区位一体的世界级商业街，着力推进高端外资商业企业的集聚。

第三，规划建设多业态时尚主题商业。作为时尚创意商圈，就必须要拥有自身的显著特色，因此建议可规划建设城市跑酷体验区、街拍大本营、低碳互动公社、个性潮人创意街、二手置换广场、淘宝平面模特拍摄区、创意美食主题街区、Cosplay主题酒店、动漫体验园、先锋设计主题馆等这些新潮商业形态，让商圈总有新创意，总有新发现，成为一个引领时尚前沿的缤纷商业高地。

（四）进一步加强时尚品牌建设

第一，大力引进国际快时尚品牌。以Zara、H&M、C&A、GAP、UNIQLO等几大品牌为代表的快时尚品牌近几年大举进军内地市场，静安区也是快时尚品牌聚集地，建议在今后几年的发展中结合国际消费中心的建设，积极引进国际快时尚品牌，因为快时尚品牌不仅能够聚集大量时尚人士，带来最火速的时尚潮流指标，同时也能丰富时尚产业发展，并衍生很多国际时尚活动，

对于推动时尚产业和商业氛围起到意想不到的效果。

第二，提升原有传统品牌的特色水平。国际时尚中心城市都十分注重保留一些与当地文化历史相关的元素。如悉尼市中心的 The Strand Aroade 和 Queen Victoria Building 这两家美丽典雅的百货商店经营的商品品牌中的 80% 为澳洲的当地品牌，保持了较为本地化的设计风格，讲究明快亮丽，充满时尚气息。静安区内传统品牌较多，如开开衬衫、立丰牛肉干、正章洗涤剂、海鸟电子等品牌产品都极具特色，应通过引进外资或国内知名老字号企业，加快形成传统与时尚相融的状态，增加传统品牌的持续吸引力。

（五）加强时尚创意产业园区建设

第一，规划建设静安时尚创意产业主题区。可利用现有或规划新建有特色的时尚创意产业园，打造静安的立体"798"。结合规划建设若干栋时尚创意产业大厦，通过优惠政策等吸引时尚创意产业先锋企业、艺术家、学校、时尚传媒等入驻时尚创意产业主题区，成为新的文化地标，由此也可带动商圈周边的旅游业、酒店业和会展业等的发展，同时也能提升商圈的品质感，同时可在园内建设南方首个时尚主题博物馆，不定期举办各类时尚展示活动。

第二，规划建设中国首座"模特大厦"。模特是时尚创意产业的产物，更是其重要的终端体现，模特的关注度也在逐年提高，因此建立中国首座"模特大厦"，对于推动静安区的时尚创意产业发展有巨大作用，具体的功能可包括中国模特博物馆、模特培训基地、模特拍摄基地、模特星光大道、模特主题酒店等，通过每年举办丰富的与模特相关的活动，逐步扩大中国模特之家的知名度，也能带动旅游业等相关行业发展。

（六）注重人才支撑

第一，重点支持一批服务水平较高、管理理念较新、经营规模与业绩在行业中排名前列的时尚产业的领军人物，打造全国知名品牌；实施时尚产业人才建设工程，加强旅游、物流、金融保险、信息服务等高层次、高技能、通晓国际通行规则的紧缺人才以及时尚产业领军人物的培养和引进；建立健全人才评估体系和人才激励机制，通过有力措施吸引、留住、用好人才；积极发展职业培训和岗位技能培训，推进人才培训的国际国内交流合作，定期选派相关人员到时尚产业发达的国家和地区学习培训，提高时尚产业相关人员的素质水平。

第二，注重时尚教育。例如法国作为全球时尚产业大国，一直注重对国民的时尚教育，许多公立的中学开设大量的培训，教授一些诸如缝纫、服装设计等课程。巴黎注重将企业实习纳入大学课程，使学生融入职业环境的程度较深。静安区要建设时尚之都核心区，必须注重时尚教育，让时尚理念深入到市民的意识中。

（作者单位：上海市商委发展研究中心）

注重传统文化与时尚融合，推动时尚产业创新

——对河北部分地区时尚产业的调研

王晓红　任晓英

时尚产业以传统文化为基础，以现代科技为先导，将传统文化与现代科技紧密结合、融合发展，是实现我国时尚产业创新，提高国际竞争力的重要途径。我国历史悠久，文化底蕴深厚，各民族、各地区特色文化丰富，这些文化传承为推动时尚产业创新发展提供了良好的基础和条件。2014 年 10~11月，我们先后对河北邢台、武强、衡水、曲阳四个县市的时尚产业进行调研，重点调研了邢窑、武强年画、周窝音乐小镇、西洋乐器产业园、习三内画、曲阳石雕、定瓷等品牌文化时尚产业，这些产业的共性特点是，以传统文化为依托，利用当地特色文化与现代科技、现代时尚元素紧密融合，形成了具有传统文化特色的现代时尚产业，有效地带动了当地产业结构转型升级、服务业发展、就业规模扩大、文化创意人才素质提升，成为拉动当地经济发展的重要引擎和支撑，并形成了一定的品牌影响力，成为地方经济对外开放和国际化的重要窗口。

一、传统文化为时尚产业发展奠定基础

从调研情况来看，上述地区的时尚产业发展大都具有传统文化基础。

邢台邢窑。 邢窑是唐代著名窑厂之一，邢白瓷"类银"、"类雪"，打破了自东汉以来青瓷一统天下的局面，开创了我国隋唐两代"南青北白"的制瓷

业格局，对我国后世颜色瓷器、彩绘瓷的发展产生了巨大而深远的影响。邢窑大约创烧于北朝时期，隋代已能烧制薄如纸、白如雪、质如玉的精细透光的白瓷，将我国制瓷技术推向了新的高峰。唐代邢窑达到鼎盛时期，邢白瓷不仅"天下无贵贱通用"，还远销海外，对海内外陶瓷文化都产生了极其深远的影响。晚唐五代后，邢窑由于战乱、原材料枯竭等原因，逐渐衰落。到宋代，虽还生产少量贡品，其制瓷规模已不能和唐代相比，元代停止生产，整体烧造时间大约为 900 多年。

曲阳石雕。曲阳是河北最古老的县之一，是"中国雕刻之乡"、定瓷艺术的发祥地。曲阳石雕始于汉，兴于唐，盛于元。1995 年曲阳县被命名为"中国雕刻之乡"；2006 年曲阳石雕被确定为首批国家级非物质文化遗产；2011 年曲阳被命名为中国民间文化艺术（石雕、吹歌）之乡，曲阳雕塑文化产业园被命名为"国家级文化产业试验园区"。

曲阳定瓷。定瓷又称定州窑陶瓷，有"定州花瓷瓯，颜色天下白"的美誉，是我国北方影响深远的一个窑系，产地在曲阳，古属直隶定州。曲阳定瓷创烧于隋，唐代远销海内外，北宋创立了覆烧工艺及刻花装饰并形成庞大的定窑体系，名列宋代五大官窑之首。2009 年河北省文物研究所、北京大学考古文博学院组成的考古队对定窑遗址进行了大规模的考古发掘，发现了带有"尚药局"、"尚食局"和"东宫"款的物器残片多件，此次考古发掘被评为2009 年度"全国十大考古新发现"。

武强年画。该年画产地在武强，具有浓郁的乡土气息和地方特色，主要用来装饰新年。武强年画始于宋，兴于明，盛于清。武强旧县城南关曾是我国北方最大的画业中心之一，有字号可考的画店 144 家，附近 68 个村庄中上千户作坊从事年画生产和销售，在全国各地开设批发庄点 189 处，年产量最高达一亿对开张，行销大半个中国。1985 年建立了全国第一家年画专题博物馆——武强年画博物馆，2006 年 5 月入选第一批国家级非物质文化遗产名录，2011 年武强年画博物馆成为国家 4A 级旅游景区。目前，武强年画博物馆馆藏文物 1 万余件，主要包括木刻画版、年画拓片及民俗文物三类，其中三级以上文物近千件。

周窝音乐小镇。音乐小镇依托周窝村传统的北方民居特色，2011 年由武强县与中国吉他学会、北京璐德文化公司、金音集团共同建设打造而成，通过将近百套传统民居院落改造成为具有创意特色的吉他、萨克斯、提琴体验馆，形成了集音乐创作、艺术体验、音乐节庆、文化旅游、教育培训等一体化，具有地域风情的国际音乐小镇。2012 年周窝音乐小镇被评为河北省"十大文化产业项目"，2013 年入选全国魅力新农村"十佳乡村"。

二、时尚产业发展的主要特点

上述地区通过将传统文化与时尚元素紧密融合，推动了时尚产业发展壮大。

（一）产业规模迅速扩大，基本形成了全产业链发展的态势

1. 曲阳石雕与定瓷产业

近年来，曲阳县通过以文化时尚聚财气、凝人气、扬名气，整合资源，传承创新，将人才、科技、文化、教育、研发等科技要素与雕塑这一传统文化相融合，打造了县域文化时尚品牌，推动雕塑文化产业的全产业链发展和转型升级，使曲阳雕塑成为全国同行业的龙头。目前该县共有雕塑企业 2300 多家，雕塑业年产值达 65 亿元。目前，曲阳雕塑产业已经形成了石雕、木雕、玉雕、牙雕、铜雕、不锈钢雕、泥塑等多种技术，构建起传统雕塑、城市雕塑、园林雕塑、仿古雕塑、巨型雕塑五大雕塑体系。由 20 世纪 80 年代单一的石雕加工，逐步发展为集设计、研发、教育、培训、包装、展销、废料加工、安装维修于一体的雕塑文化产业链，并带动了观赏石、定瓷、泥塑等文化产业发展。曲阳通过在土地、财政、人才、信贷等方面予以倾斜，致力于打造定瓷产业，使失传千年的定瓷艺术重焕生机，定瓷的知名度、美誉度、影响力都得到极大提升。目前，全县共有定瓷企业 30 余家，产品销往日本、加拿大、美国、英国、中国港澳等 50 多个国家和地区，年产值超亿元。涌现出曲阳定瓷有限公司、曲阳秋鸿定瓷有限公司、河北弘传定瓷文化创意有限公司等定瓷文化企业。

2. 衡水内画产业

衡水习三内画始终遵循一条"工艺品实用化，实用品艺术化"的发展思路，秉承文化保护和产业化开发并重的理念，形成了以鼻烟壶为主的内画产业。过去河北没有鼻烟壶，内画大师王习三通过吸收集成国际国内鼻烟壶内画的特点，形成了"冀派"鼻烟壶内画。1995 年创建了衡水习三内画艺术有限公司，2003 年创建衡水内画艺术博物馆。目前，衡水鼻烟壶内画达到年产值约 10 亿元的产业规模，鼻烟壶内画产品大量出口，在国外收藏家的橱窗里陈列，成为西方了解中国传统文化的一个窗口。近年来，内画产业在集群化以及产业链的形成、管理、延伸等方面得到快速发展，由传统的生产—销售，发展为创意设计、制作加工、销售、客户培养、售后服务、文化提升、科研、传播等一体化的全产业链、全价值链体系。

3. 武强年画产业

通过抓产品创新、市场拓展，延伸了年画产业链条。他们将年画传统艺术与现代生活有机融合，创新推出了年画特种邮票、工艺瓷盘、水杯等 20 多个系列、100 多种年画相关产品。同时将古老年画与现代科技、工艺相结合，探索开发了年画题材的动漫、服装、银行卡等衍生品。武强年画通过发展经纪人队伍、开辟网络商铺、利用各类会展推销等举措，积极拓展国内外市场，努力构建全球化销售网络。目前已在北京、贵州、云南等地建立实体店近百家，开设网店 30 多家，形成了比较稳固的国内销售市场。2013 年武强年画产业产值达到 1.8 亿元，增加值达 3500 多万元。

4. 武强县音乐与乐器产业

武强县着力于打造西洋乐器的全产业链。该县的乐器产业起步于 20 世纪80 年代末，目前已经成为市场竞争力强、吸纳就业多、纳税贡献大的特色富民强县产业。2013 年武强乐器产业增加值达 4.8 亿元，占 GDP 的 10.15%。形成了一个集乐器生产制造、物流配送、教育培训、创意创作、音乐展演为一体的国际化、市场化全产业链条。全县共有乐器制造和配套加工企业 51 家，乐器产品七大系列，出口 80 多个国家和地区，初步实现了西洋乐器产品全覆盖、销售全球化。同时，乐器产业的发展壮大带动了一系列配套企业生产。周窝音乐小镇因其特有的音乐文化、民俗风情，吸引了众多音乐人前来体验交流，成为作词、作曲、舞蹈等艺术创作以及举办各项音乐节庆活动的集聚地，每年通过举办中国吉他文化节、麦田艺术节等大型文化活动，吸引了大批城市游客来此参观游览，带动了乐器制作销售、餐饮酒店服务等相关产业日益兴旺。

5. 邢窑产业

邢窑不断优化延伸产业链，全方位发掘邢瓷文化资源，逐步构建完整的产业体系，包括陶瓷网络文化、陶瓷演艺娱乐文化、陶瓷会展、陶瓷文化旅游及纪念品销售等多种运作形式。发掘整合邢窑文化和相关产业资源互补合作，形成产业链、产业集群，增强规模效应。

（二）创意人才不断涌现，科技支撑引领创新

上述地区通过发展时尚产业，培养了一批艺术大师和专家，这些大师不仅将这些传统文化艺术传承下去，而且使其注入现代科技、现代时尚元素；在人才教育培养上，突破了过去家族式、师傅带徒弟的传统模式，通过创办专业学校、多媒体教育等方式，培养了大批行业创意人才，逐步形成了以人才为支撑，产学研相结合的科技创新模式。

曲阳雕塑涌现出一批雕塑艺术大师和专家，引领了曲阳传统雕塑向创新、创造、创意方向发展。现有国家级非物质文化遗产传承人 3 人，省级以上工艺美术大师 70 人，高级技师 15000 多人。同时，与清华、中央美院等 16 所高等院校建立合作关系，聘请韩美林、钱绍武等大师为雕塑文化产业顾问。雕塑园区拥有全国唯一一所雕刻职业学校，目前为曲阳的雕刻、定瓷等输送了 3000 余名创意、制作、销售等专业人才。园区创办了研究所，成立了省雕塑协会、省石材雕刻产品质监站等机构，不仅结束了曲阳县石材雕刻产品无法判定产品质量的历史，还填补了河北省石材雕刻产品质量检验的空白。2012 年 5 月我国第一个石雕石刻制品行业标准在曲阳诞生，这一标准的诞生，对于强化我国雕塑行业质量监控，规范雕塑市场秩序，实现雕刻产业健康、有序、规范发展具有重要意义。定瓷依靠人才战略提高了定瓷产品的文化价值，扩展了定瓷产业的发展空间。曲阳定瓷有限公司艺术总监陈文增创作的"瓷、诗、书"三联艺术品被载入世界吉尼斯纪录，被授予国家级非物质文化

遗产（定瓷）传承人称号。曲阳定瓷有限公司共 150 名员工，拥有国家级工艺美术大师 2 名，国家级非物质文化遗产代表性传承人 1 名，省级工艺美术大师 3 名，全国劳动模范 1 名，享受国务院特殊津贴专家 3 名，省级专家 2 名，河北省十大金牌工人 2 名。

衡水内画传承人王自勇最早将传统内画艺术与现代时尚相融合，开发的第一件新型产品是内画奖杯，并注册为国家专利。他先后发明了"衡水三绝"内画工艺礼品套装，并荣获了"国家实用新型及外观设计"两项专利；他还将传统鼻烟与现代工艺相结合，研制出新型保健鼻烟，成为时尚的馈赠品和使用品。1997 年 4 月，王习三、王自勇父子创办了中国唯一一所"衡水习三工艺美术中等专业学校"，编写教材、探索教法，通过多媒体教学等现代化教育手段，为内画艺术培养了现代化后备人才。武强县依托乐器产业优势和武强璐德国际艺术学校的人才优势，大力开展乐器进校园、进社区、进农村活动，提高了大众音乐素养，丰富了精神文化生活，同时为国际国内音乐院校输送了一批音乐人才。

邢窑以市场为导向，不断进行工艺创新和艺术创新。以大师张志忠为首的传承人注重培养设计开发能力，创新生产工艺，开发邢瓷新品种，推动产品升级。在邢瓷产品设计中，保留传统邢瓷艺术精华的同时，融入现代化的时尚元素，使邢窑保持古代邢瓷之神韵，使之形成现代文化资产。

（三）产业集聚发展，就业效应十分显著

从调研情况看，这些时尚产业已经成为当地吸纳就业的主要产业。曲阳雕塑业从业人员 10 万余人，定瓷从业人员 5000 余人；衡水鼻烟壶内画从业人员近 4 万人，武强乐器产业吸纳就业 1.3 万人。

这些地区基本通过建设产业园区的方式，引导促进时尚产业集聚发展。

曲阳雕塑文化产业园被文化部批准为国家级文化产业试验园区，通过优化园区环境，已经成为雕塑产业发展的重要空间载体。该园区占地 22 平方公里，总投资 57 亿元，全部建成后将成为国内最大的雕塑文化产业创意研发、产品制作、会展交易、产业信息和人才培育中心。目前投资 2.2 亿元的艺术家部落、投资 8500 万元的雕刻大道均已建设完成；投资 5.1 亿元的雕塑创意园、

投资 3 亿元的雕塑示范基地、投资 20 亿元的现代雕塑园、投资 5.1 亿元的凯瑞创业园，以及投资 2 亿元的大理石雕塑园也正在建设。2013 年曲阳定瓷文化产业园已经竣工，该园区聚集了定瓷企业、人才、市场、文化等要素，为定瓷产业发展搭建了一个平台，推动了定瓷产业走向专业化、集约化、规模化发展。

武强县重点规划了乐器文化产业园，着力引进国际知名企业和名牌，相继吸引德国盖瓦、美国赛西里欧、德国博兰斯勒等十几家国际知名企业入驻。同时，引导金音集团投资 6 亿元在产业园内建成了中小乐器企业孵化园，吸引国内外中小乐器企业聚集。在打造年画集聚区方面，启动了总投资 18 亿元的中国武强国际年画城项目，重点建设年画文化产业创意区、年画 DIY 体验、会展中心等五个功能区。项目建成后，年上缴税金 3200 万元，可以带动年画人才、创作、乐器销售、特产销售等相关产业发展。

(四) 发挥龙头企业带动作用，产业竞争力不断增强

这些地区通过培养时尚产业龙头企业，提升了产业竞争力。武强县通过引导金音集团与日本雅马哈乐器公司开展对标，开展专家咨询活动，使金音集团由一个名不见经传的乐器加工厂发展成为旗下拥有 8 家子公司、年销售额达到 4 亿多元的乐器集团，西洋管弦乐器产量跻身中国第一、世界第二，仅围绕金音集团发展起来的配套加工企业就达到 13 家。为了解决当地乐器产业产量大，但产品单一、中低档产品多、高端产品少的状况，武强县按照"核心企业—产业链延伸—产业聚集—产业基地"的发展思路，先后引进德国盖瓦、美国塞西里欧、德国隆尼施钢琴、意大利迪恩迪画业公司等国际知名企业，同时引进先进理念、管理经验、高端技术等在全县推广，推动当地乐器产业与国际融合，共同打造生产制造、仓储物流、世界分销于一体的现代化乐器集散基地。同时，引进北京璐德音乐文化发展有限公司，大力发展音乐普及教育、职业教育培训、科技研发、演绎旅游等产业。这些项目总投资 50 多亿元，年纳税近 4 亿元。曲阳县组建了河北恒州雕刻集团、河北千仁园林建筑集团等九大雕塑集团，"抱团"对外承揽大工程，集体开拓雕塑市场。曲阳县龙头企业—宏州石业集团力争打造成为"中国雕刻第一股"。

（五）注重品牌塑造，强化宣传推广

这些地区通过影视报刊媒体推广、举办展览、建设博物馆、节庆活动等方式，加大产业宣传力度，提升品牌影响力。2010 年曲阳的雕刻、定瓷、泥塑精彩亮相上海世博会，引起了轰动。曲阳筹措 1.5 亿元建设了占地 28888 平方米的雕刻广场和雕刻博物馆、雕刻展厅。举办了雕刻艺术节、旅游文化周等系列文化活动，同时把文化事业发展与扶贫开发、维护稳定相结合，统筹谋划，糅合发展。2011 年 8 月国家工商总局商标局批准"曲阳石雕"商标正式启用，结束了曲阳石雕没有商标保护的历史。邢台邢窑、习三内画也创办了私人博物馆。

三、时尚产业发展面临的主要问题

调研发现，目前这些地区的时尚产业仍存在以下主要问题。

第一，产业规模小，尚未形成知名品牌。总体上看，这些时尚产业还没有形成较大规模。邢窑、定瓷还没有形成规模化生产能力。传统定瓷产品重艺术轻实用，市场狭窄，定瓷企业由于受产品创新能力、定瓷装饰手法等影响的局限，无法进行工业化生产，从而制约了定瓷产业的规模壮大。曲阳雕塑处于大规模、小群体的状态，年产值超亿元的企业极少，企业管理不规范，基本上属于松散型管理模式，在人才培养、原料采购、技术标准、市场开拓、资金整合、质量监管等方面散乱无序，企业竞争力有待提高。由于缺少创意人才，曲阳雕塑大部分企业停留于模仿加工阶段，雕塑文化产业附加值低。

第二，人才青黄不接，创意人才严重缺乏。近年来，曲阳雕塑人才队伍出现萎缩，基于工资、环境、健康、前途等方面考虑，曲阳从事雕塑的青壮年劳动力锐减，大批优秀技工涌向北京、广州、杭州等地，许多企业出现"用工荒"，有订单没人干或争抢工人现象时常发生。曲阳雕塑学校招生面临困境，出现生源减少、学校规模缩减的现象，定瓷从业人员素质普遍不高，大多为传统的师徒相授，缺乏系统科学的人才培训机构和培训体系。武强由

于是革命老区、国家级贫困县，在引进人才方面劣势突出，尤其是年画工艺传承、音乐创意等方面人才匮乏。武强年画面临创作队伍老化，年画创作缺少人才支撑，从事年画创作印制的艺人越来越少，产品形式单调，创作手段单一，年画艺术深度开发不够等问题。邢窑由于教育体系不完善，导致人才缺乏，仿制、抄袭现象严重，缺少文化精品。

第三，税负过高，资金短缺问题突出。曲阳雕塑企业反映，雕塑制品按照 17%征收，再加上 15%的个人所得税，共计 32%的税负使企业不堪重负。这些企业大多处于刚起步阶段，资金缺口严重，融资渠道不畅，普遍缺乏资金支撑。武强县财政收入少，文化基础设施建设方面资金短缺问题突出。邢窑由于缺乏资金，在保护、开发、宣传、利用的力度上均显不足，制瓷工艺的保护及发展前景令人忧心，虽然目前由张志忠大师建立的邢窑博物馆对邢窑文化、历史文物等已经实施静态保护，但成本过大，且不利于文化传承。文物收藏、办公环境等条件也十分艰苦。

第四，市场秩序混乱，恶性竞争突出。如曲阳雕塑产业突出表现在雕塑市场出现"怪圈"："恶意竞争—压缩利润—产品质量降低—再次恶意竞争"，出现产品粗制滥造、质量下滑、品牌受损等问题。

第五，资源、土地、环境约束加剧。由于曲阳大理石资源日趋枯竭，雕塑文化产业的不可持续问题逐渐显现。定瓷由于高凝土缺乏，只能用其他替代品。武强县是农业县，用地指标少，文化企业用地紧张问题较为突出。粗放生产方式带来的空气污染、环境污染问题比较突出。目前曲阳县部分雕塑企业没有安装除尘设备，大多生产没有防护措施，基本没进行过环保教育培训，工人健康很受影响。

四、推动时尚产业的发展思路及对策建议

通过调研我们认为，发展时尚产业对于推动地区的产业结构转型升级，以及扩大就业、促进文化消费、倡导精神文明、弘扬传承民族文化、提高创新创意人才素质等方面都将发挥积极重要作用。为此，应作为鼓励发展的新

兴产业下大力气给予扶持，按照规模化、品牌化、科技化、市场化、国际化的思路做大做强时尚产业，实现时尚产业价值链的高端攀升，全产业链发展。

第一，加强规划引导，加大财税、土地等政策支持力度。应把时尚产业发展作为"十三五"时期着力发展的新兴产业进行规划，重点解决目前小、散、乱等问题，扩大产业规模和国际化水平。加大财政引导资金补贴力度，用于传统工艺开发、创新设计、教育培训、展览展示以及博物馆等基础设施建设，全面提升时尚产业价值链和创新链。优先满足时尚产业用地，鼓励利用旧厂房、旧民居等设施改造为时尚产业集聚区，提高土地利用效率。对小微、科技型时尚企业可按照国家有关支持服务业、高新技术企业的税收优惠政策，加大减免税力度。

第二，提高设计创新能力，增强园区集聚效应和规模效应。持续不断地创新是时尚产业发展的核心动力。应鼓励时尚企业加大研发设计投入力度，注重将传统文化融入时尚产品，将时尚设计融入传统工艺，大力开发衍生产品，实现全产业链发展。实践证明，利用产业园区为载体，能够快速提高时尚产业的要素集聚能力、产业配套能力、企业集合能力、公共服务能力等，快速提高时尚产业的规模化、产业化、市场化、信息化水平。应注重时尚产业园区基础设施建设、生态环境建设、生活配套设施建设等，加强园区研发设计、融资、培训等服务平台建设，规范入园企业标准，提高园区质量的集聚能力。

第三，加强教育培训，提高人才支撑能力。目前，以传统文化艺术为基础的时尚产业普遍存在人才短缺问题，由于这些产业区域特色强、规模小，大多数无法纳入国家高校人才培养计划，大多是民营机构办学、师傅带徒弟的传统教育模式，存在教育资金缺乏、学生学费较高、生源紧张、信息化手段落后等问题，无法满足现代化、规模化产业发展的人才需要。应加大对这类特色学校的办学支持力度，对民营企业办学给予适度财政补贴。

第四，加强宣传推介力度，提高品牌影响力。通过加大设计创新投入塑造时尚品牌，通过各种新闻传媒、广告宣传、展览展会等方式，加大对时尚品牌的推广力度。尤其要支持企业参加海外展览，加大海外宣传力度，向世界推广中国时尚品牌，这不仅是提高时尚产业国际化经营水平的需要，也是

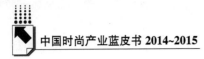

弘扬中华民族文化，让世界了解中国，提高中国在世界上的话语权的重要途径。

（作者单位：中国国际经济交流中心；河北省石家庄市文化广电新闻出版局）